Uwe Scheler
Erfolgsfaktor Networking

Zu diesem Buch

»Beziehungen schaden nur dem, der keine hat.« Wer dagegen die richtigen Leute kennt und von ihnen geschätzt wird, profitiert in allen Lebensbereichen davon. Wenn Sie also noch nicht über Ihr persönliches Netzwerk verfügen, sollten Sie schnellstmöglich damit beginnen, es aufzubauen. Mit Netzen fängt man nicht nur Fische. Networking ist ein methodisches und systematisches Vorgehen, Kontakte zu knüpfen, Beziehungen zu pflegen und längerfristig zu gestalten. Networking beruht auf Gegenseitigkeit – was ein Vorteil für den anderen ist, hat auch immer gute Folgen für einen selbst. Networking heißt Interesse an anderen Menschen haben und Kontakte sowie Begegnungen aktiv herbeiführen. Ob es um einen Tipp, eine Information oder um Hilfestellungen geht: Wer über ein funktionierendes Netzwerk verfügt, kommt schneller ans Ziel – beruflich wie privat.

Prof. Dr. Uwe Scheler unterrichtet Psychologie an der Fachhochschule für öffentliche Verwaltung in Köln. Er ist Fachbuchautor und Management-Trainer und leitet das Institut für Vortragstraining und Präsentation (IVP) in Bergisch Gladbach.

Uwe Scheler
Erfolgsfaktor Networking
Mit Beziehungsintelligenz die richtigen Kontakte knüpfen, pflegen und nutzen

11 Illustrationen von Fietse Nowitzki

Piper München Zürich

Dieses Taschenbuch wurde auf FSC-zertifiziertem Papier gedruckt.
FSC (Forest Stewardship Council) ist eine nichtstaatliche, gemeinnützige
Organisation, die sich für eine ökologische und sozialverantwortliche
Nutzung der Wälder unserer Erde einsetzt (vgl. Logo auf der Umschlagrückseite).

Ungekürzte Taschenbuchausgabe
Piper Verlag GmbH, München
Januar 2003 (SP 3769)
September 2005
© 2000 Campus Verlag, Frankfurt am Main
Umschlag/Bildredaktion: Büro Hamburg
Heike Dehning, Charlotte Wippermann,
Alke Bücking, Kathrin Hilse
Umschlagabbildung: Janusz Kapusta/Illustration Source/Picture Press
Satz: TypoForum GmbH, Nassau
Papier: Munken Print von Arctic Paper Munkedals AB, Schweden
Druck und Bindung: Clausen & Bosse, Leck
Printed in Germany
ISBN-13: 978-3-492-24537-1
ISBN-10: 3-492-24537-4

www.piper.de

Inhalt

Vorwort 8

1. Warum Networking und Beziehungsintelligenz für Sie wichtig sind 10

2. Netzwerke sozialer Beziehungen 17

Was Networking ist 18
Die sechs Elemente des Networking 22
Was ist Beziehungsintelligenz? 27
Wie sich Networking auswirkt 32
Institutionelle Netzwerke damals und heute 37
Persönliche Netzwerke: Ihr Beziehungsmanagement
   für morgen 42
Networking online 44

3. Was Sie für Ihr Networking benötigen 47

Die »Karten«: Visitenkarten und Business-Cards 48
Das Konzept des persönlichen Adressbuchs 55
Ihre Kontaktnotizen 64
Telefon, Handy, Fax und E-Mail 69

4. Entwerfen Sie Ihre eigene Networking-Strategie 89

Die Größe Ihres Netzwerkes 90

Welche Ziele haben Sie? 96

Der Zeitaufwand für Ihr erfolgreiches Networking 103

Networking für Introvertierte und Extrovertierte 108

5. Networking in Reinkultur: Ihr persönliches Netzwerk sozialer Beziehungen 116

Beginnen Sie mit Ihren Verwandten und Bekannten 117

Neue Menschen treffen und Kontakte knüpfen:
Die ersten vier Minuten 125

Die zweiten vier Minuten 132

So bereiten Sie sich auf Kontakte vor 139

Orte und Gelegenheiten für Kontakte 146

Mögen Sie Small Talk? 153

6. So geht's weiter: Networking in Aktion ... 162

Die gezielte Kontaktsuche 163

Wenn Sie schüchtern sind: Ihr Kontakttraining 169

So pflegen Sie Ihre Kontakte 176

So nutzen Sie das Telefon und schreiben
erfolgreich Briefe, Faxe und E-Mails 182

Gelungene Einladungen 197

Verabreden Sie sich zu einem Treffen 205

Kleine Geschenke erhalten die Freundschaft 208

7. Das Netzwerk für Ihren Erfolg 214

Wie der Erfolgsfaktor Networking wirkt 214
Networking plus Erfolgsintelligenz führen zum Ziel 223
Gliedern Sie Ihr persönliches Netzwerk 230
An institutionellen Netzwerken teilnehmen. 240
So finden Sie Ihr institutionelles Netzwerk 241

8. Aus Kontakten werden Beziehungen 246

Was macht Sie für andere Menschen interessant? 247
Das Gespräch zu einem Erlebnis machen 253
Danke sagen 259
Vorbilder, Coaches und Mentoren 261

9. Zwölf wichtige Regeln für Ihr Networking 269

Anhang: Informationen, die weiterhelfen 273

Bücher 273
Seminare und Coaching zum Buch 275

Vorwort

Networking ist *der* Erfolgsfaktor für das Erreichen Ihrer Ziele. Dieses Buch stellt Ihnen alle Informationen zur Verfügung, die Sie für die erfolgreiche Anwendung von Networking brauchen.

Networking ist auch ein Lebensstil. Tauchen Sie durch diese Lektüre in die Welt der Gespräche ein. Wie wir mit anderen reden, wie wir zuhören und daraus ein besonderes Erlebnis machen können, ist auch ein Thema dieses Buches.

In welchen Berufszweigen und Lebensbereichen wollen Sie Ihre Ziele erreichen? Ich kann Sie als Autor danach fragen, aber ich kann Ihre Antwort nicht hören. Ihre Ziele können so vielfältig sein wie das Leben selbst. Sie können nicht »im Allgemeinen« oder »abstrakt« Erfolg haben. Sie müssen sich einer konkreten beruflichen Anforderung stellen oder sich eine solche suchen: als Freiberufler oder als Künstler, als Unternehmer oder als Angestellter, als Beamter oder als Politiker. All dies sind verschiedene Welten mit unterschiedlichen Gesetzen für den Erfolg.

Die Informationen, die ich Ihnen hier vorstelle, werden für Ihre persönliche Situation nützlich sein, wie auch immer diese aussehen mag. Sie lernen die »Grundregeln« des Networking kennen, die für alle Lebens- und Berufssituationen gelten.

Diese »Grundregeln« sind allgemein und konkret zugleich. Dabei geht es um ganz praktische Dinge wie das Einrichten eines Adressbuchs, aber auch um Theoretisches und Grundsätzliches, wie etwa die Frage: »Was bedeuten Ihnen die Kontakte mit anderen Menschen?« Es werden sehr persönliche Dinge angesprochen, wie etwa Ihre Schüchternheit, genauso aber allgemeine Verhaltensweisen, wie etwa die Höflichkeit am Telefon.

Vorwort

»Networking als Erfolgsfaktor« ist ein Buch, das Ihnen Anleitungen und Orientierungen gibt. Manches wird für Sie vielleicht selbstverständlich sein, weil Sie schon immer so gehandelt haben. Aber Sie werden auch auf viele Anregungen stoßen, die Sie bisher noch nicht befolgt haben. Und das ist wichtig. Der große Erfolg durch Networking stellt sich nicht plötzlich durch die Anwendung *eines* genialen Tricks ein. Es ist notwendig, *sehr viele kleine Verhaltensregeln* kennen zu lernen und diese bewusst anzuwenden. Den einzigartigen Trick, um den Erfolg über Nacht herbeizuführen, gibt es leider nicht.

Networking ist eine langwierige Geschichte. Ein persönliches Netzwerk aufzubauen braucht seine Zeit. Und Sie müssen alles ganz allein machen. Sie können sich kein Netzwerk sozialer Beziehungen kaufen oder durch andere Menschen ›herstellen‹ lassen. Denn Ihre Beziehungen sind das Ergebnis gelebter Kontakte. Und diese Kontakte müssen Sie selbst leben.

Wie Sie das machen und was Sie dabei zu beachten haben, das erfahren Sie auf den folgenden Seiten.

Ich wünsche Ihnen viel Erfolg bei Ihrem Networking. Es würde mich außerordentlich freuen, wenn sich unsere beiden Netzwerke, Ihres und meins, eines Tages einmal verknüpfen würden.

Uwe Scheler

Kapitel 1

Warum Networking und Beziehungsintelligenz für Sie wichtig sind

Der Titel dieses Buches hat Sie angesprochen. Sie stehen in der Buchhandlung, öffnen dieses Buch und lesen die Geschichte von Markus Fischer.

Markus Fischer ist ein begabter junger Mann, Einzelkind und stammt aus bescheidenen Verhältnissen. Das Ingenieurstudium hat er mit einem glänzenden Examen abgeschlossen. Er besitzt ein ausgezeichnetes Gedächtnis und einen klaren Verstand und hat in der Schule und im Studium gelernt, seine Fähigkeiten erfolgreich einzusetzen. Auf dem Tennisplatz macht er eine gute Figur und spielt hervorragend.

Markus Fischer ist seit seiner Kindheit ein Einzelgänger und ein wenig introvertiert. Kontakte zu knüpfen fällt ihm nicht ganz leicht. Er hat einige Bekannte. Aber er sagt selbst, dass er keinen eigentlichen Freund habe. Seine Verlobte, die er seit der Schulzeit kennt, ist drei Jahre älter als er.

Die größte Enttäuschung erlebte er, als er sich um seine erste Anstellung bewarb – in einer Zeit, als es auf dem Arbeitsmarkt sehr viel mehr Ingenieure als freie Stellen gab. Markus Fischer war der festen Überzeugung, mit seinem guten Examen eine Anstellung bei einer seiner drei Wunschfirmen zu erhalten. Er musste jedoch erleben, dass ihm jedes Mal Kandidaten mit weniger guten Abschlussnoten vorgezogen wurden. Wie er später von einem Studienkollegen erfuhr, verfügten die anderen Bewerber einfach über die besseren Beziehungen. Er bekam schließlich eine Stellung bei einer Firma, die keinesfalls seinen Vorstellungen entsprach.

Ein weiteres Erlebnis war der Ausgang eines Rechtsstreites. Markus Fischer erwarb eine Eigentumswohnung in einem Bauherrenmodell. Obgleich die genaue Höhe des Preises vertraglich garantiert war, kostete das Objekt schließlich fast das Doppelte. Markus Fischer meinte, das Recht eindeutig auf seiner Seite zu haben. Er suchte sich aus dem Telefonbuch einen Rechtsanwalt und beauftragte ihn mit der Wahrnehmung seiner Interessen. Es kam zum Prozess, den Markus Fischer verlor. Der Grund? Die andere Seite hatte eindeutig den fähigeren Rechtsanwalt.

Das dritte Erlebnis, das ihm nachhaltig in Erinnerung blieb, betraf seine Gesundheit. Beim Tennis traf ihn ein Ball auf das rechte Auge. Nach einigen Tagen traten Sehstörungen auf, und er begab sich in das örtliche Krankenhaus. Dort behandelte man seine Beschwerden mit Bettruhe und Tropfen. Von einem Mitpatienten erfuhr er, dass die Augenabteilung dieses Krankenhauses nicht gerade gut ausgestattet sei, und er empfahl ihm eine Spezialklinik. Markus Fischer suchte die empfohlene Klinik auf und wurde dort sofort operiert. Die Verletzung seiner Netzhaut hätte ohne diese Operation sehr wahrscheinlich zum Verlust der Sehkraft geführt.

Markus Fischer erlebte in drei wichtigen Lebensbereichen, was es bedeutet, kein Netzwerk sozialer Beziehungen zu besitzen. Bei seiner Bewerbung hat ihn niemand unterstützt. Kein Mensch hat ihm einen guten Rechtsanwalt empfohlen, und er konnte niemanden nach einer guten Klinik fragen.

Er musste bitter erfahren, wie gravierend sich ein Manko an sozialen Erfahrungen auswirken kann.

Wenn Sie die Geschichte von Markus Fischer lesen, entdecken Sie dabei Parallelen zu Ihrem eigenen Leben? Haben Sie genügend Freunde, sodass Ihnen das nicht passiert wäre? Würde Ihnen jemand bei Ihrer Bewerbung behilflich sein? Wissen Sie, wen Sie fragen müssen, wenn Sie einen guten Rechtsanwalt benötigen? Würden Sie innerhalb eines Tages eine verlässliche Empfehlung für eine Fachklinik erhalten?

Wenn ich diese Fragen anderen Menschen gestellt habe, erhielt ich meist eher ausweichende Antworten. Nur wenige können alle Fragen mit einem glatten »Ja« beantworten. Viele haben eher einen Nachholbedarf an menschlichen Beziehungen. Fast jeder gibt zu, er könnte durchaus mehr Freunde, verlässlichere Bekannte und erfolgreichere

Kontakte haben. Jeder wünscht sich ein gut funktionierendes Netzwerk sozialer Beziehungen.

Ob Sie ein solches Netzwerk besitzen oder nicht ist keine Frage des Zufalls, sondern immer das Ergebnis zielgerichteter Bemühungen. Nur mit angemessenem Aufwand und Anstrengung werden Sie Ihr persönliches Netzwerk aufbauen und zum Erfolg führen.

Es ist niemals zu spät und niemals zu früh, das Thema Networking anzugehen. Wie Sie es richtig machen und wann Ihr Aufwand angemessen ist, erfahren Sie in diesem Buch.

Warum auch Sie ein Netzwerk benötigen

Ein paar Bekannte haben Sie schon, sicher auch einige Freunde. Mit Ihrem Job sind Sie recht zufrieden. Und bei Rechtsproblemen oder gesundheitlichen Fragen vertrauen Sie darauf, eine gute Lösung zu finden.

Gerne möchten Sie Ihre vorhandenen Beziehungen verbessern und in Ihrem Beruf erfolgreicher sein. Um diese Ziele zu verwirklichen, haben Sie das richtige Buch gekauft. Networking ist die ideale Methode, Ihre Beziehungsintelligenz zu entfalten und es beruflich und privat zu Spitzenerfolgen zu bringen. Networking ist allerdings mehr als nur ein Verfahren, um ein paar bestehende Bekanntschaften zu verbessern und einige neue Freunde zu gewinnen. Solche Kontakte bilden noch nicht das Netzwerk, das Sie durch ein systematisches Networking gewinnen.

In den meisten Fällen gehen Sie strategisch und systematisch vor. Ob Sie Auto fahren oder Kleidung kaufen, ob Sie Ihren Beruf ausüben oder Ihr erspartes Geld anlegen: Sie versuchen immer vernünftig und systematisch Ihr erstrebtes Ziel zu erreichen. Tun Sie dies auch, wenn Sie Menschen kennen lernen und Kontakte pflegen?

 Erfolgreiche Menschen knüpfen und pflegen Kontakte auffallend viel besser als andere. Je erfolgreicher jemand ist, desto besser ist sein Netzwerk sozialer Beziehungen.

Und keiner dieser Erfolgreichen verlässt sich dabei auf den Zufall. Keiner lässt sich treiben, was die Pflege seiner sozialen Beziehungen anbelangt. Networking ist für diese Menschen der Erfolgsfaktor Nummer eins.

Es gibt vier gute Gründe, aus den Kontakten zu anderen Menschen mehr zu machen, als sich zufällig ergibt.

1. Sie wollen in Ihrem Beruf Karriere machen.
2. Sie wollen als Unternehmer oder Künstler erfolgreich sein.
3. Sie wollen Freunde gewinnen.
4. Sie wollen etwas für andere tun.

1. Sie wollen in Ihrem Beruf Karriere machen

Wir haben es schon gesagt: Erfolgreiche Menschen haben alle ein sehr gutes Netzwerk sozialer Beziehungen. Erfolgreiche Menschen gelangen schneller an die Informationen, die sie benötigen, und sie wissen, von wem sie vertrauenswürdige Informationen erhalten. Erfolgreiche Menschen verkaufen sich selbst und ihre Leistungen besser als andere.

Der Erfolg im Beruf hängt nicht *nur* von der Leistung ab. Das gilt sowohl für die Bewerbung als auch für den späteren Aufstieg. Wer bei einer Aufstiegsbewerbung in seinem Unternehmen die nächsthöhere Position nicht bekommen hat, ist enttäuscht. Er ist zornig und wütend, wenn er erfährt, dass der erfolgreiche Konkurrent die besseren Beziehungen hatte. Er kommt zu der bitteren Einsicht: »Leistung zählt nicht, was zählt, ist das Herumschleimen.«

Solche Gefühle sind verständlich. Die Schlussfolgerung ist aber falsch. Die »richtigen« Menschen zu kennen und Kontakt mit ihnen zu pflegen hat nichts mit Schleimerei zu tun. Wenn ein Bewerber mit den besseren Beziehungen vorgezogen wird, dann *ist* er für die höhere Position besser geeignet – weil er in der Lage ist, *Beziehungen zu pflegen*. Er hat den Entscheidungsträgern die Wahl erleichtert, weil er Ihnen durch seine Kontakte schon im Vorfeld mehr Informationen über sich gegeben hat als die anderen Aspiranten. Und er hat gezeigt, das er in der Lage ist, auf andere Menschen Einfluss auszuüben.

Was für den beruflichen Aufstieg in Ihrem Unternehmen gilt, passt auch auf jede andere Beziehung zu Geschäftspartnern und Kunden. Das spielt vor allem im Verkaufsbereich eine entscheidende Rolle.

2. Sie wollen als Freiberufler oder Künstler erfolgreich sein

Sie sind Architekt, Trainer, Rechtsanwalt oder Arzt. Als Freiberufler wollen Sie natürlich auch erfolgreich sein. Sie wollen gute Arbeit leisten und gutes Geld verdienen. Dazu brauchen Sie Interessenten, Kunden und Klienten. Freiberufler haben häufig das Problem, dass sie teilweise für ihr Leistungsangebot nicht werben dürfen oder nicht werben wollen. Sie sind also sehr auf persönliche Empfehlung angewiesen. Die Erfolgreichsten dieser Branchen sind auch die Beliebtesten, weil sie ein großes Netzwerk von Beziehungen ihr Eigen nennen.

Wenn Sie Ihr Leben der Kunst geweiht haben, dann wollen Sie sicherlich nicht in Armut leben und sterben. Und Erfolg bedeutet für Sie als Künstler auch öffentliche Anerkennung und eine möglichst große Fangemeinde. Ob Sie als Schauspieler, Maler, Sänger oder Romanautor beim Publikum ankommen wollen: Sie können nur mit Hilfe derer, die im Kunstbetrieb an den Hebeln der Macht sitzen, erfolgreich werden, niemals gegen sie. Sie brauchen Förderer, Manager und Mentoren. Sie benötigen als Künstler mehr als alle anderen ein wirksames Netzwerk sozialer Beziehungen. Als Künstler werden Sie kaum Erfolg haben, wenn sie nicht die richtigen Leute kennen.

Der letzte Fall: Sie wollen Politiker werden. Politisch tätig zu sein ist fast ein Synonym für »*in und mit sozialen Beziehungen leben*«. Sie müssen Zustimmung finden und gewählt werden. Dies geschieht erst einmal innerhalb einer politischen Partei.

Das Netz Ihrer sozialen Beziehungen muss immer sehr viel größer sein als das Ihrer Gegenkandidaten. Sie müssen die richtigen Leute kennen und dauerhaft ein gutes Verhältnis zu ihnen haben. Das erreichen Sie nur durch die richtige Strategie eines systematischen Networking.

Welche Erfolgsziele Sie im Leben auch haben, es geht nie ohne soziale Kontakte. Wenn Sie kein Networking betreiben, machen es andere. Ob es Ihnen recht ist oder nicht, man redet sowieso über Sie. Machen Sie also mit! Mit professionellem Networking werden Sie immer schneller und erfolgreicher vorankommen als mit einem amateurhaften. Spitzenpositionen werden Sie nur erreichen, wenn Sie das richtige Netzwerk haben. Das geht aber natürlich *nicht ohne* Qualifikation und Leistung. Die wenigen Ausnahmen, die es hier geben mag, sind kein Gegenbeweis.

Leistung plus Networking heißt die Erfolgsformel. Leistung setzt sich nicht automatisch durch, sondern bedarf immer auch der Förderung, Zustimmung und Anerkennung durch andere Personen.

Die Erfolgsformel für Ihre Karriere:
Leistung + Networking = Erfolg

3. Sie wollen Freunde gewinnen

Networking hilft Ihnen nicht nur im beruflichen Umfeld, sondern auch bei der Auswahl und Pflege Ihrer privaten Beziehungen.

Kontakte zu knüpfen ist eins, Beziehungen längerfristig aufrecht zu erhalten ein anderes. In beiden Bereichen sind Menschen unterschiedlich erfolgreich und unterschiedlich geschickt. Das hat wenig mit Bildung und Intelligenz zu tun. Man spricht heute von »sozialer Intelligenz« oder »Beziehungsintelligenz«. Inwieweit uns eine solche Art der Intelligenz in die Wiege gelegt worden ist oder ob wir sie lernen, üben und verbessern können, sei zunächst einmal dahingestellt. Sicher ist, dass Networking erlernbar ist. Fest steht jedenfalls, dass jeder von uns seine Beziehungsintelligenz verbessern kann.

Genießen Sie die Beziehung zu anderen Menschen

Sie haben wie jeder andere auch ein Bedürfnis nach Kontakt und Nähe zu anderen Menschen. Wenn Ihnen jedoch die Nähe zu viel wird und die Kontakte belasten, dann fragen Sie nach den Gründen dafür. Lassen Sie uns diese Gründe gemeinsam herausfinden und die dahinterstehenden Probleme lösen.

4. Sie wollen etwas für andere tun

Networking bedeutet nicht, andere Menschen für seine Bedürfnisse auszubeuten. Beziehungsintelligenz ist nicht die Fähigkeit, alles zum eigenen Vorteil zu wenden. Wenn Sie Networking richtig und erfolgreich anwenden, werden Sie erfahren, wie befriedigend es ist, für andere Menschen da zu sein.

Wie viel Zeit Sie für ein erfolgreiches Networking aufwenden, hängt von der Größe Ihres Netzwerks ab und lässt sich nur bezüglich der ›äußeren‹ Tätigkeiten schätzen. Bei kleinen Netzwerken genügen sicherlich einige Stunden wöchentlich, in denen Sie sich mit Ihrem Adressbuch und Ihren Kontaktnotizen beschäftigen. Bei größeren Netzwerken wird das erheblich mehr sein. Was sich nicht bemessen lässt, ist die Zeit, in der Sie sich mit Ihren Vorstellungen und Gedanken auf die Mitglieder Ihres Netzwerks beziehen. Je wichtiger Ihnen diese Menschen sind, desto mehr werden Sie sich mit ihnen beschäftigen.

Kontakte zu anderen Menschen herzustellen und zu pflegen lässt sich lernen. Auch wenn Sie darin recht ungeschickt und schüchtern sind, können Sie es trotzdem mit Anstrengung zu einigem Erfolg bringen.

Für ein erfolgreiches Networking ist es notwendig, dass Sie sich mit den Menschen Ihres Beziehungsgeflechtes immer wieder beschäftigen: in Gedanken, durch das Schreiben von Briefen, durch Telefonieren, durch Kontakte und Begegnungen. Dies bedeutet zunächst einmal eine ganze Portion Mühe und Arbeit.

Das vorliegende Buch wird Sie bei Ihrem Networking-Prozess unterstützen. Sie erhalten viele Tipps, wie Sie Zeit sparen und den erforderlichen Aufwand reduzieren können. Welche Einstellung Sie aber grundsätzlich zu den Menschen Ihres Beziehungsgeflechts haben sollten, das entscheiden Sie selbst.

Kapitel 2
Netzwerke sozialer Beziehungen

Networking heißt: »in und mit Netzen arbeiten«. Das kann vielerlei bedeuten: Netze knüpfen und reparieren, Fische fangen, Computer durch Leitungen verbinden, Kommunikationswege organisieren oder Denkvorgänge strukturieren. Uns interessieren hier aber die Netzwerke sozialer Beziehungen. Menschen knüpfen Kontakte und gehen Verbindungen ein. Sie tauschen Informationen aus und helfen sich gegenseitig. Soziale Netzwerke sind Beziehungsgeflechte menschlicher Interaktionen.

Ein Netzwerk sozialer Beziehungen besteht natürlich nicht aus materiellen Fäden. Wenn Computer, Telefone oder andere Geräte miteinander verkabelt werden, dann handelt es sich dabei um physikalische Netzwerke. Auch Fischernetze existieren als materielle Gegenstände. *Netzwerk* ist hingegen hier ein Bild, das menschliches Verhalten und menschliche Verhaltensmöglichkeiten darstellt.

Soziale Netzwerke sind also keine materiell existierenden Netzwerke. Trotzdem gibt es eine Reihe von Gemeinsamkeiten. Der Networker wirft wie ein Fischer seine Netze aus. Durch Zufall oder Fleiß fängt er große und kleine Fische, manchmal in trüben, manchmal in klaren Gewässern. Diese Tätigkeit bringt Gewinn. Er liebt das Abenteuer seines Berufes. Mancher Fisch entgeht ihm auch, wenn sein Netz zerrissen ist. Daher muss er es immer wieder sorgfältig knüpfen und erneuern.

Auch die moderne Form des Wassersports, das Internet-Surfen, hat Parallelen zum sozialen Networking. In beiden Fällen werden Verbindungen hergestellt, gepflegt und aufrechterhalten, aus denen sich gegenseitige Vorteile ergeben.

Was Networking ist

Der Begriff *Networking* ist relativ neu und hat Hochkonjunktur.

 Networking ist eine systematische Form der Beziehungspflege mit Freunden, Bekannten, Geschäftspartnern und Förderern.

Aber was ist daran neu? Vernetzen sich Menschen nicht schon seit eh und je, wenn sie miteinander Kontakt pflegen, ohne von *Networking* und *Netzwerk* zu sprechen?

Sind Menschen nicht immer miteinander verknüpft, wenn sie in Familien, Freundschaftskreisen, Clubs, Vereinen und Situationen zusammenleben und zusammenarbeiten? Die Antwort lautet: ja und nein.

Zuerst einmal ist nicht jede soziale Beziehung ein Netzwerk. Networking ist etwas anderes, als in einer Familie zu leben, Freunde zu haben und mit Kollegen zusammenzuarbeiten. Wir können bei jedem Gruppenprozess von einem *Interaktionsgefüge* sprechen. In jeder Gruppe kommunizieren Menschen miteinander und wirken aufeinander ein. Diese Interaktionen stellen ein *Beziehungsgeflecht* dar, das sich gut in so genannten *Soziogrammen* darstellen lässt.

Sicherlich kann man ein solches Beziehungsgeflecht *Netzwerk* nennen. Man spricht zum Beispiel von *informellen Netzwerken*, die sich neben der *offiziellen Organisationsstruktur* in Unternehmen herausbilden. Oder man nennt die sozialen Kontakte, die die Bewohner eines Stadtviertels haben, ein *Netzwerk*.

Das moderne Networking meint jedoch ein *systematisches und strategisches* Vorgehen, das im Knüpfen und Erhalten von menschlichen Beziehungen besteht. Damit unterscheidet sich *Networking* ganz erheblich von alltäglichen Interaktionsprozessen. Ein Kind in einer Familie, ein Junge in der Clique seiner Freunde, ein Mädchen im Umgang mit seinen Verehrern *erlebt* Interaktionen. Wir pflegen *Umgang* mit unseren Nachbarn, Freunden oder Kollegen, aber wir *betreiben* normalerweise kein Networking.

Das »natürliche Beziehungsgeflecht« menschlicher Interaktionen

Wir leben alltäglich in Beziehungen. Wir sind im Umgang mit anderen unterschiedlich erfolgreich. Wir werden von anderen Menschen beeinflusst und geprägt, und wir üben auf andere Menschen Einfluss aus. Diese Prozesse sind von der Psychologie und der Soziologie vielfältig beschrieben worden. Viele Zusammenhänge, insbesondere die Gründe für Erfolg und Misserfolg des Umgangs miteinander, sind recht gut bekannt.

Der Mensch ist ein soziales Wesen. Er lebt immer in und durch Gruppen und erhält dort seine Grundorientierung. Es gibt natürlich individuelle Unterschiede, was das Ausmaß der Orientierung an Gruppennormen betrifft. Mancher Mensch ist sehr stark geprägt und äußerst abhängig von dem, was andere denken, sagen und tun. Andere Menschen wiederum sind sehr viel mehr an eigenen Maßstäben orientiert.

Eine angemessene Entwicklung in der Kindheit ist nur durch soziale Bezüge möglich. Wir werden in die Familie, in das ethnische Umfeld und in die Nachbarschaftsbezüge hinein geboren. Auch das Umfeld von Kindergarten und Schule kann von einem Kleinkind nicht freiwillig gewählt werden. Man kann hier von *primären, natürlichen* oder *geborenen* Gruppen sprechen. Ein Merkmal dieser Gruppen ist, dass sich darin soziale Kontakte von selbst *ergeben*. Sie brauchen nicht ausdrücklich organisiert zu werden. Auch in Sekundärgruppen wie Cliquen, Freizeitvereinen und Berufsumfeld, ergeben sich in den meisten Fällen die sozialen Kontakte. Ob es Ihnen gelingt, diese für sich und andere erfolgreich zu gestalten, darauf haben Sie häufig keinen großen Einfluss.

Testen Sie einmal, ob und in welchen Ausmaß Sie bereits Networking durchführen. Nehmen Sie Papier und Bleistift, und beantworten Sie die Fragen schriftlich.

Ein Networking-Test

Wie jeder Mensch leben auch Sie in vielen Gruppen: Familie, Nachbarschaft, Kollegen am Arbeitsplatz und Freunde im Sportverein. Wählen Sie zwei Gruppen aus, und schreiben Sie auf je einen Bogen alle Namen der Personen der Gruppe, die Sie kennen. Setzen Sie jeweils ein großes Fragezeichen, wenn Sie den Vor- oder Nachnamen einer Person nicht kennen, und zeichnen Sie zum Schluss noch Fragezeichen für jene Personen auf Ihren Bogen, an deren Namen Sie sich nicht erinnern können. Ihr eigenes Adressbuch dürfen Sie als Hilfsmittel zum Nachschlagen benutzen. In keinem Fall aber dürfen Sie Telefonbücher, Mitgliederverzeichnisse oder andere von anderen Personen erstellte Listen verwenden.

Wenn Sie mithilfe Ihres Gedächtnisses oder Ihres Adressbuches eine vollständige Liste ohne Fragezeichen zustande gebracht haben, dann wenden Sie bereits Networking-Strategien an. Bei den meisten Menschen hat diese Liste jedoch viele Fragezeichen. Es ist erstaunlich, wie viele Leute wir kennen, deren Namen wir nicht einmal vollständig und korrekt angeben können.

Nun nehmen Sie sich bitte Ihre beiden Listen noch einmal vor und überlegen Sie bei jeder Person, was Sie über sie wissen oder durch schnellen Zugriff in Ihren persönlichen Unterlagen nachschlagen können. Überprüfen Sie das zum Beispiel an drei Merkmalen: Adresse, Geburtstag und Lieblingsbeschäftigung. Wenn Sie nicht schon systematisch Networking betreiben, werden Sie nur bei sehr wenigen Personen über diese Informationen verfügen.

Sie können eine große Familie haben, viele Leute kennen und Mitglied in vielen Vereinen sein. Von *Networking* können Sie aber nur dann sprechen, wenn Sie alle Personen genau kennen, wissen, wie Sie sie erreichen und von wem Sie Informationen, Förderung und Hilfe erwarten können.

Networking hilft dem Zufall auf die Sprünge. Networking ist methodisches und systematisches Vorgehen mit hoher Erfolgsgarantie. Sie kommen an die Leute heran, die für Sie wichtig sind und die Ihnen etwas bedeuten. Networking erhöht die Chance, auf die richtigen Personen zu treffen.

Wie andere Networking definieren

Über Networking wird viel geschrieben, und es erscheinen immer wieder neue Bücher zu diesem Thema. Gudrun Fey sagt in ihrem Buch *Kontakte knüpfen*: »Netzwerke bilden eine anspruchsvolle und hoch komplexe Organisationsform, der Zusammenschluss erfolgt auf freiwilliger Basis ...« Und Harvey Mackay definiert in *Networking*: »Ein Beziehungsnetz ist eine organisierte Sammlung Ihrer persönlichen Freunde und Bekannten und deren Kontakte.« Susan RoAne drückt es in ihrem Buch *Natürlich zum Erfolg* folgendermaßen aus: »Netzwerke knüpfen, sich vernetzen ist ein reziproker Prozess, der auf dem Austausch von Ideen, Ratschlägen, Informationen, Referenzen, Hinweisen und Kontakten basiert und bei dem Ressourcen gemeinsam genutzt und dankbar anerkannt werden.«

Bei Michelle Tullier in *Networking for Everyone* lese ich: »Networking ist ein Prozess der Pflege und Aufrechterhaltung von Beziehungen, durch die ein gegenseitiger Austausch von Informationen, Rat und Unterstützung die persönliche Entwicklung, den Erfolg und das Glück aller Beteiligten fördert.«

Alle diese Beschreibungen sagen nichts darüber aus, was ich wie tun muss, um Networking erfolgreich anzuwenden.

Manche Autoren verstehen unter einem *Netzwerk* auch jede Art von sozialer Gruppe, wie etwa Familie, Freundeskreis und Vereine. In *Karriere durch Networking* ist für Kirsten Wolf Networking eine »soziale Fähigkeit, die Stärken anderer zu erkennen und sie mit den eigenen zu kombinieren; ... die Kunst, Beziehungen aufzubauen, sie zu pflegen und zu nutzen«. Hier wird Networking mit der allgemeinen Beziehungs- und Kommunikationsfähigkeit gleichgesetzt. Insofern trifft auch diese Definition nicht das Besondere an Networking.

Wie ich »Networking« definiere

Wenn jemand innerhalb seines »natürlichen« Geflechtes von Beziehungen zu anderen Menschen Kontakte pflegt, können wir noch nicht von *Networking* zu reden. Beim Networking geht es um eine *metho-*

dische und systematische Art der Beziehungspflege, die in der offenen Absicht der gegenseitigen Förderung, des Austauschs und des persönlichen Vorteils geschieht. Networking erfolgt immer zugleich auch mit echter Anteilnahme am anderen Menschen und mit Freude an der Kommunikation.

Es gibt unterschiedliche Formen des Sich-Vernetzens. Wenn Sie ein persönliches Netzwerk sozialer Beziehungen aufbauen wollen, müssen Sie zum Teil andere Verhaltensweisen an den Tag legen, als wenn Sie an einem bestehenden institutionellen Netzwerk teilnehmen. Um Kontakte online zu knüpfen und zu pflegen, brauchen Sie wiederum andere Kenntnisse und Verhaltensweisen.

Aber jedes Networking hat eine Reihe von Merkmalen, die ich die *sechs Elemente* nennen möchte. Ob ein Beziehungsgeflecht wirklich Networking ist oder nicht, können Sie durch das Vorhandensein dieser sechs Elemente prüfen.

Networking heißt, ...
1. ... Kontakte und Begegnungen aktiv herbeizuführen.
2. ... Interesse an anderen Menschen zu haben und Anteilnahme zu zeigen.
3. ... Gespräche mit anderen zu führen und Spaß daran zu haben.
4. ... Informationen über alles und jeden zu sammeln.
5. ... den Austausch von Hilfe und Unterstützung zu praktizieren.
6. ... Beziehungen zu pflegen und langfristig zu gestalten.

Die sechs Elemente des Networking

1. Networking heißt, Kontakte und Begegnungen aktiv herbeizuführen

Networking ist zuerst einmal eine Tätigkeit. Wer Networking betreibt, liefert sich nicht zufälligen Begegnungen oder dem nicht absehbaren Chaos eines Vereinslebens aus. Er lässt sich in seiner Beziehungsgestaltung nicht fremdbestimmen. Ob er an institutionellen Netzwerken teilnimmt oder ein persönliches Netzwerk aufbaut: Das Ziel von Networking besteht erst einmal darin, mehr, häufiger und öfter Kontakte zu anderen Menschen zu haben.

2. Networking heißt, Interesse an anderen Menschen zu haben und Anteilnahme zu zeigen

Zum erfolgreichen Networking gehört immer auch eine bestimmte Grundhaltung: das Interesse an Menschen und die Freude am Kontakt auch mit Fremden. Wer jeden Kontakt nur unter dem Gesichtspunkt seines persönlichen Vorteils sieht, betreibt nicht Networking, sondern Ausbeutung.

Networking bringt Vorteile, ermöglicht Geschäftserfolge und verschafft Informationen. Aber all dies ist nicht der alleinige Zweck der Kontaktnahme und Beziehung zu anderen Menschen. Wer Networking richtig betreibt, erlebt die Begegnung mit anderen Menschen als interessant, und der Vorteil, der sich aus dieser Beziehung ergibt, ist für ihn nützlich. *Nicht umgekehrt.*

Networking basiert auf der Grundhaltung des Anteil nehmenden Interesses an anderen Menschen. Wenn Sie glauben, diese Grundhaltung eines Anteil nehmenden Interesses nicht zu haben, versuchen Sie sich darauf einzulassen. Sie können das Schwimmen nicht lernen, wenn Sie nicht ins Wasser gehen. Sie können von den Erscheinungsformen menschlichen Verhaltens und den verschlungenen Wegen psychischen Erlebens nicht fasziniert sein, wenn Sie sie nicht beobachten.

Anteil nehmendes Interesse bedeutet nicht, dass man alle Menschen lieben muss. Das persönliche Netzwerk hat aber viele Mitglieder, für die man sehr unterschiedliche Gefühle haben kann. Netzwerkmitglieder sind auch nicht immer alle sympathisch. Es gibt auch einige, die mir von Zeit zu Zeit auf die Nerven gehen. Aber sie interessieren mich doch. Ich bin ihnen gegenüber offen und loyal und nehme Anteil an ihrem Schicksal, ohne sie zu bewerten oder zu verurteilen.

3. Networking heißt, Gespräche mit anderen zu führen und Spaß daran zu haben

Menschen haben nur etwas miteinander zu tun, wenn sie auch miteinander reden. Wer Networking erfolgreich betreiben will, muss im Gespräch bleiben. Er muss mit anderen reden, über andere reden und es sich gefallen lassen, dass andere über ihn reden. Über andere zu reden heißt aber nicht unbedingt, über andere zu tratschen. Klatschen und Tratschen ist ein negatives Verhalten, bei dem viele hämische Gefühle eine Rolle spielen. Wie wir miteinander und übereinander reden, macht die Kultur unseres Lebens aus. Das Gespräch ist ein elementarer Grundvorgang. Man kann dadurch andere Menschen verletzen und ihnen schaden. Man kann dadurch aber auch sich und andere fördern.

Menschen, die durch ihre Beziehungen Erfolg haben, bereiten Gespräche Spaß und Freude. Wenn auch Sie mit Networking erfolgreich sein wollen, stellen Sie sich folgende Fragen: Stellen Gespräche mit anderen Menschen für Sie eine Belastung dar? Sind Sie grundsätzlich lieber allein mit Ihrem Buch, Ihrem Computer, Ihrem Hund oder der Natur? Alle Menschen haben unterschiedliche Vorlieben, Gewohnheiten und Ängste. Wenn Sie von der Einsamkeit der Berge oder der Weite des Meeres eher fasziniert sind als von den Gesprächen mit Menschen, dann sollten Sie durch Networking nicht Ihr gesamtes Leben völlig umkrempeln. Passen Sie Networking in Ihr Lebenskonzept ein, indem Sie nur ein kleines oder mittleres Netzwerk aufbauen.

Wenn Ihnen Gespräche mit anderen Menschen keinen Spaß machen, sollten Sie prüfen, woran das liegt. Vielleicht sind Sie ein wenig schüchtern. Vielleicht aber fehlt es Ihnen auch nur an der richtigen Gesprächstechnik und der adäquaten Sichtweise, um Spaß an Gesprächen zu haben. Das sollten Sie analysieren. Das Buch gibt Ihnen dazu Hilfe und Orientierung.

4. Networking heißt, Informationen über alles und jeden zu sammeln

Genauso wie das *Reden über andere* einen negativen Klang hat, weckt auch das *Neugierig sein* selten positive Assoziationen. Wer alles über andere Menschen erfahren will, kommt in den Verdacht, diese Informationen zu missbrauchen.

Aber das Interesse an einem Menschen und das Erfragen und Sammeln von Informationen gehören einfach zusammen. Wenn Sie jemanden nach seiner Ehe, seinem Beruf und seinen Hobbys fragen, können Sie schon in sehr persönliche und für den Betroffenen peinliche Bereiche vorgedrungen sein. Ihr Gesprächspartner arbeitet nach einem abgeschlossenen Studium als Taxifahrer, was ihm peinlich ist. Seine Beziehung zu seiner attraktiven Frau ist eine einzige Katastrophe, weil sie ihn nach Strich und Faden betrügt. Und sein Hobby besteht darin, Bier zu trinken und sich nächtelang Videos reinzuziehen.

Sie sehen an dem Beispiel: Jede noch so harmlose Frage kann in die Intimsphäre eines Menschen eindringen. Ob dies als verletzend erlebt wird oder nicht, hängt davon ab, wie Sie fragen und wie empfindlich Ihr Gegenüber auf bestimmte Themen reagiert. Der eine meint, seine Ehe gehe Sie gar nichts an, und der andere schüttet Ihnen sein Herz aus, wenn Sie ihn nach seiner Frau fragen.

Zum Networking gehört es, sich für andere Menschen zu interessieren, wichtige Informationen aufzunehmen und zu sammeln. Dieses *Datensammeln* geschieht nicht in Geheimdienstmanier. Wer Networking betreibt, spioniert nichts aus. Der gute Networker sammelt nur die Informationen, die andere ihm freiwillig geben. Und wenn sein Gegenüber ihn bittet, bestimmte Informationen vertraulich zu behandeln, dann tut er das.

5. Networking heißt, den Austausch von Hilfe und Unterstützung zu praktizieren

Networking bekennt sich immer offen und ehrlich zu seinen Zielen: Informationen austauschen, Hilfe leisten und andere fördern. Auch Vereine und Clubs verschaffen dem Einzelnen Vorteile und Beziehungen. Aber darüber spricht man nicht. Das steht auch nicht in den Satzungen. Die Vereinigungen, die sich Netzwerk nennen, bekennen sich dagegen ausdrücklich und offen zur fördernden Unterstützung der einzelnen Mitglieder.

Das Gleiche gilt für persönliche Netzwerke. Kontakte und Beziehungspflege *dienen* dem Ziel, sich gegenseitig Vorteile zu verschaffen: wichtige Informationen, materielle Hilfe, eine neue Stellung, eine erfolgreiche Karriere und so weiter.

Das Prinzip der Wechselseitigkeit ist für Netzwerke elementar. Nur dann, wenn ich selbst etwas gebe und geben kann, kann ich auch von anderen nehmen. Schon die alten Römer sagten: »Do ut des.« Heute heißt es: »No give no get.«

6. Networking heißt, Beziehungen zu pflegen und langfristig zu gestalten

Vielleicht haben Sie es auch schon bemerkt: Die Beziehungsfähigkeit der Menschen ist unterschiedlich ausgeprägt. Und vielleicht haben Sie auch schon beobachtet, dass es manchen Menschen sehr gut gelingt, kurzfristige Kontakte positiv zu gestalten, längerfristige Beziehungen jedoch für sie immer wieder problematisch werden.

Networking ist keine Strategie für kurzfristige Erfolge. Nur wer seine Kontakte auch zu langfristigen Beziehungen ausbaut, wird letztendlich den erstrebten Erfolg haben. Dazu ist es notwendig, über die wichtigen Grundinformationen über die Gestaltung langfristiger Beziehungen zu verfügen und diese Kenntnisse auch in der Praxis anzuwenden.

> Networking ist eine methodische und systematische Tätigkeit, die darin besteht, Kontakte zu Menschen zu suchen, Beziehungen zu pflegen und längerfristig zu gestalten. All das geschieht in der offenen Absicht der gegenseitigen Förderung und des gegenseitigen persönlichen Vorteils.

Erfolgreich funktionieren kann das Ganze nur, wenn Sie Ihr Gegenüber nicht zum Zielobjekt von Manipulationen machen. Benutzen Sie einen anderen Menschen niemals nur zu Ihrem persönlichen Vorteil, sondern lassen Sie jede Beziehung immer auch von echter Anteilnahme und Interesse an dem anderen Menschen getragen sein. Dieses ist nicht nur ein Gebot der Moral, sondern hat auch einen ganz pragmatischen Grund: Wenn Sie Networking zur Ausbeutung anderer Menschen betreiben, wird es schon aus psychologischen Gründen nicht funktionieren. Es mag zwar hier und da kleine Manipulationserfolge geben, aber grundsätzlich kann das auf Dauer nicht gut gehen.

Wenn Sie in Ihren Beziehungen zu anderen Menschen erfolgreich sein wollen, überprüfen Sie, ob Ihr Verhalten die genannten sechs elementaren Networking-Elemente enthält.

Nur wenn diese sechs Elemente vorhanden sind, können wir in sinnvoller Weise von *Networking* und *Netzwerken* sprechen.

Was ist Beziehungsintelligenz?

Es wird Ihnen sicherlich schon einmal aufgefallen sein, dass es Menschen gibt, die sehr leicht Kontakte knüpfen können. Es gelingt ihnen problemlos, auf andere Menschen zuzugehen, eine Beziehung herzustellen und davon zu profitieren. All dies sieht so mühelos aus, als ob es sich um eine angeborene Fähigkeit handelt. Diese Menschen verfügen über Beziehungsintelligenz.

 Beziehungsintelligenz ist ein Talent im Umgang mit anderen Menschen.

Der Begriff »Intelligenz« bezieht sich nicht nur auf intellektuelle Fähigkeiten. Auch Emotionen sind *intelligent*. Wir kennen neben der intellektuellen Intelligenz viele verschiedene Intelligenzen, so auch die *emotionale Intelligenz*.

Emotionale Intelligenz

Daniel Goleman hat die *emotionale Intelligenz* definiert als die »Fähigkeit, unsere eigenen Gefühle und die anderer zu erkennen, uns selbst zu motivieren und gut mit Emotionen in uns selbst und in unseren Beziehungen umzugehen«.

Zur emotionalen Intelligenz gehören sechs eng zusammenhängende, aber deutlich unterscheidbare Bereiche. Ich habe diese in meinem Buch *Management der Emotionen* ausführlich dargestellt. Wer seine emotionale Intelligenz verbessern will, muss versuchen,

1. mehr über Gefühle zu erfahren,
2. Gefühle besser und intensiver zu erleben,

3. seine Gefühle zu managen,
4. sein Einfühlungsvermögen, die so genannte *Empathie*, ständig zu verbessern,
5. auf andere Menschen emotionalen Einfluss zu nehmen und
6. Beziehungen zu anderen Menschen auch langfristig erfolgreich zu gestalten.

Ob emotionale Intelligenz überwiegend angeboren oder eher durch Lernerfahrungen bestimmt wird, ist für die Praxis nicht so relevant. Fest steht, dass jeder Mensch sich zu jeder Zeit in allen Intelligenzbereichen ständig verbessern kann. Für den Achtjährigen ist es nicht zu früh, für den Achtzigjährigen nicht zu spät.

Emotionale Intelligenz und *Beziehungsintelligenz* sind ziemlich ähnliche Fähigkeiten. Die *emotionale Intelligenz* ist der umfassendere Begriff, der auch den Umgang mit den eigenen Gefühlen einschließt. *Beziehungsintelligenz* kann man auch als *soziale Intelligenz* oder *soziale Kompetenz* bezeichnen.

Merkmale der Beziehungsintelligenz

Jeder Mensch verfügt über Beziehungsintelligenz. Die Menschen unterscheiden sich wie bei allen intellektuellen und psychischen Fähigkeiten durch das Ausmaß der Ausprägung. So wie es Menschen mit mehr oder weniger ausgeprägter intellektueller Intelligenz gibt, besitzen die einen eine bessere, die anderen eine geringere Beziehungsintelligenz. Interessanterweise gibt es im mittleren und hohen Begabungsbereich keine Korrelationen zwischen geistigen und psychisch-sozialen Fähigkeiten. Personen mit höherer Beziehungsintelligenz verfügen über eine Reihe von Merkmalen:

- *Interesse an Beziehungen:* Menschen mit höherer Beziehungsintelligenz fallen dadurch auf, dass sie interessierter und umsichtiger mit Beziehungen umgehen als andere. Diese Umsicht und Aufmerksamkeit ist nicht nur eine intellektuell-analytische, sondern zeichnet sich immer auch durch einen emotionalen Charakter aus.

- *Fähigkeit, leicht Kontakte zu knüpfen:* Menschen mit hoher Beziehungsintelligenz fällt es auffällig leicht, Kontakte zu knüpfen und Gespräche interessant zu gestalten. Sie können, wenn sie wollen, *einnehmend* wirken und andere Menschen für sich gewinnen. Es ist faszinierend zu sehen, mit welcher Leichtigkeit sie auf andere Menschen zugehen, Kontakte knüpfen und akzeptiert werden.

- *Sehr gutes Einfühlungsvermögen:* Menschen mit hoher Beziehungsintelligenz sind sehr gut in der Lage, die individuellen Persönlichkeitsmerkmale des Gegenübers zu erfassen. Sie wissen fast immer, was andere Menschen denken, fühlen und wollen.

- *Emotionale Einflussnahme:* Menschen mit hoher Beziehungsintelligenz gelingt es recht oft, andere Menschen emotional zu beeinflussen. Es ist ihnen ein Leichtes, das Selbstwertgefühl anderer zu stärken. Sie können ihnen Mut machen und sie motivieren. Sie sind in der Lage, gezielt auf das Gefühlserleben anderer Einfluss zu nehmen.

- *Beziehungen kontrolliert gestalten:* Menschen mit hoher Beziehungsintelligenz können langfristige Beziehungen bewusst und gezielt gestalten. Sie sind fähig, die wichtigen Voraussetzungen für das Gelingen einer dauerhaften Partnerschaft selbst zu steuern. Eine zufrieden stellende Beziehung hängt für sie nicht von zufälligen Umständen und der »Willkür« des Partners ab. Sie wissen, dass das Gelingen oder Misslingen einer Beziehung immer von dem Verhalten beider Partner abhängig ist. Und dieses Wissen setzen sie so um, dass sie tendenziell versuchen, mehr Verantwortung als der Partner zu übernehmen.

- *Eigene Aktivität:* Beziehungsintelligente Menschen sind in der Beziehungsgestaltung nicht nur kompetenter, sondern sie tun auch mehr für eine Beziehung als andere. Für ein Misslingen eines sozialen Kontaktes werden sie niemals dem anderen Menschen die Schuld geben, sondern es immer als ein selbst verschuldetes Versagen erleben.
»Was hätte *ich* anders machen müssen?« lautet ihre Frage. Sie verschwenden keine Zeit mit der Erforschung, was der andere falsch gemacht hat.

- *Keine intellektuellen Zweifel:* Es gibt Menschen, die sehen in allen Beziehungsfragen Probleme. Networking ist für sie etwas moralisch Anrüchiges. Sie haben Bedenken, Beziehungsnetze zu knüpfen, um persönliche Vorteile zu erlangen. Sie sehen in den Regeln der Etikette den Feind einer individuellen Persönlichkeitsentfaltung. In jeder Höflichkeitsgeste vermuten sie eine Selbstverleugnung.

Die Leichtigkeit und Brillanz im Umgang mit anderen: Beziehungsintelligenz.

Menschen mit hoher Beziehungsintelligenz spüren kein Bedürfnis, Kontakte und Begegnungen ständig theoretisch zu hinterfragen. Dabei sind sie in der Regel nicht weniger reflektiert als andere. Aber derartige »moralische« Fragen stellen keine ernsthaften Probleme für sie dar. Sie beherrschen, was vor über zweihundert Jahren Adolph Freiherr von Knigge in seinem Buch *Über den Umgang mit Men-*

schen, eine *Kunst* nannte: »Sich bemerkbar, geltend, geachtet zu machen, ohne beneidet zu werden; sich nach den Temperamenten, Einsichten und Neigungen der Menschen zu richten, ohne falsch zu sein, sich ungezwungen in den Ton jeder Gesellschaft stimmen zu können, ohne weder Eigentümlichkeit des Charakters zu verlieren, noch sich zu niedriger Schmeichelei herabzulassen.«

Ob jemand über eine gute oder eine weniger gut ausgeprägte Beziehungsintelligenz verfügt, lässt sich also an dem Geschick und der Leichtigkeit des Umgangs mit anderen erkennen.

Diese Intelligenz ist, wie alle Begabungen, bei den verschiedenen Menschen unterschiedlich ausgeprägt. Ob es sich dabei um eine angeborene Anlage oder eher um eine gelernte Fähigkeit handelt, lässt sich nicht genau sagen. Sicher ist jedoch, dass eine stete Verbesserung der Beziehungsfähigkeiten durch Lernerfahrungen möglich ist.

Warum für Ihr Networking emotionale Intelligenz wichtig ist

Beziehungsintelligenz setzt sich aus einem Bündel sozialer Fähigkeiten zusammen. Diese Fähigkeiten entfalten sich von der frühen Kindheit an. Die psychologische Forschung weiß ziemlich genau, durch welche Faktoren in der Erziehung die Entfaltung dieser sozialen Fähigkeiten gestört werden kann. *Entwicklungsstörungen* führen zu *Hemmungen*. Und Hemmungen sind Beeinträchtigungen der Beziehungsintelligenz.

Wir bezeichnen die *Beziehungsfähigkeit* als eine *Intelligenz*. Diese Intelligenz hat wenig mit der Intelligenz der rationalen Vernunft zu tun, die man auch als *intellektuelle Intelligenz* bezeichnen kann. Sie garantiert nicht unbedingt eine hohe soziale Kompetenz. Es gibt intellektuell hoch Begabte, die nur eine schwache Beziehungsintelligenz haben. Und umgekehrt.

Die Gene stellen kein unausweichliches Schicksal dar. Ob Sie Ihre mitgegebenen Fähigkeit angemessen entwickeln oder verkümmern lassen, hängt von Ihnen selbst ab. Die Menschen besitzen also nicht von Geburt an unterschiedliche Fähigkeiten in der Ausgestaltung von

Beziehungen, sondern sie haben ihre Anlage unterschiedlich entwickelt. Es ist nie zu spät, Versäumnisse nachzuholen.

Beziehungsintelligenz ist eine *intuitive Fähigkeit*. Hier ist nicht so sehr schlussfolgerndes Denken gefordert, sondern eher Einfühlungsvermögen und die Fähigkeit, mit eigenen und fremden Gefühlen angemessen umzugehen.

Erfolgreiches soziales Verhalten gründet sich auf Anschauung und Vorstellung, also auf Intuition. Intuition meint nicht die Zufälligkeit eines beliebigen Gefühls, sondern bedarf der systematischen Entwicklung.

Versuchen Sie stets, die *Intuition Ihrer emotionalen Selbsterfahrung* zu verbessern. So verbessern Sie auch Ihre Beziehungsintelligenz. Übungen zur emotionalen Intelligenz finden Sie in meinem Buch *Management der Gefühle*.

Beziehungsintelligente Menschen verfügen darüber hinaus auch über die Fähigkeit zur *Empathie* – ein gutes Einfühlungsvermögen und die Grundfähigkeit emotionaler Intelligenz. Mit Empathie können Sie in andere Menschen hineinschauen. Sie können voraussehen, wie sie reagieren werden. Mithilfe der Empathie können Sie die passenden Handlungsstrategien finden, mit denen Sie erfolgreich sind.

Wie sich Networking auswirkt

Was Sie mit Networking erreichen können, habe ich schon aufgezählt: Sie können in Ihrem Beruf Karriere machen, als Unternehmer erfolgreich sein, neue Freunde gewinnen und so weiter. Welche Folgen aber hat Networking? Wie wirkt es sich aus? Dazu ein persönliches Erlebnis:

Fred ist ein Studienkollege, den ich schon seit fünfzehn Jahren nicht mehr gesehen habe. Ich bekomme jedes Jahr von ihm eine Karte zum Geburtstag, und kürzlich hat er mich zu seinem fünfzigsten Geburtstag eingeladen. Es war eine Party mit über zweihundert Gästen. Als ich ihn in dem Gedränge gefunden hatte, begrüßte er mich herzlich.

»Wie siehst du aus? Lass dich ansehen. Fast unverändert. Bei dir sind es ja auch noch drei Jahre hin bis zum Fünfzigsten.«

Erstaunlich, er kann sich an mein Alter erinnern!

»Was machen deine reizenden Töchter? Wie geht es Marina, und wie geht es Alexandra? Alexandra müsste jetzt neunzehn Jahre alt sein ...«

Ein Lob über seine Töchter hört jeder Vater gern. Aber dass Fred sich noch nach so langer Zeit an die Namen und an das Alter meiner Töchter erinnern kann, erstaunte mich doch sehr.

»Übrigens, das wollte ich dir noch sagen: Dein neues Buch hat wirklich einen interessanten Titel: ›Management der Emotionen‹. Da wird man richtig neugierig, wie man das machen muss mit den Gefühlen ...«

Und so weiter ... Der Mann musste ein fantastisches Gedächtnis haben. Ich hörte nun aufmerksam zu, wie Fred sich mit anderen Gästen in ähnlicher Weise unterhielt. Er wusste über jeden ganz persönliche Dinge zu seiner Familie, seinem Beruf und über seine Freizeitaktivitäten. Und jeder war wie ich von seiner persönlichen Anteilnahme begeistert. Fred hatte mir in seinem kleinen Gespräch das Gefühl vermittelt, dass ich der wichtigste Mensch für ihn sei. Ich habe Fred gefragt:

»Woher weißt du, dass ich dieses Buch geschrieben habe?«

Er hat geantwortet:

»Oh, ich könnte jetzt sagen, ich habe es gelesen. Aber das stimmt nicht. Ich weiß noch viel mehr: Ich weiß, dass du in der nächsten Woche bei einem Kongress in Düsseldorf einen Vortrag hältst. Und ich weiß auch, dass du im Januar an einem Symposium teilgenommen hast. Ferner weiß ich ...«

»Schon gut, Fred. Sag mir endlich, woher du das alles weißt.«

»Nun, alter Knabe, du solltest mal öfter im Internet surfen, da stößt man so auf alles Mögliche!«

Ich muss zugeben: Fred ist der bessere Networker. Er weiß alles, was man nur wissen kann über seine Freunde und Bekannten. Er ist an dem Schicksal von Menschen mehr interessiert als an Fußballergebnissen und Talkshows. Ich weiß auch, dass er all diese Informationen nicht im Kopf hat, sondern sie seinen Kontaktnotizen entnimmt.

Ich habe auf jenem Geburtstag gelernt, dass man im Internet sehr viele Informationen über andere Menschen finden kann. In Zeitungsarchiven, Buchkatalogen und Suchmaschinen stößt man auf das, was Fred über mich in Erfahrung gebracht hat.

Fred betreibt Networking, weil es ihm Spaß macht. Ich glaube, er hat sich mit allen zweihundert Gästen seiner Geburtstagsparty persönlich unterhalten. Und alle diese Gäste sind gern gekommen. Nun zu den positiven »Folgen« von Networking.

1. Beim Networking haben Sie Spaß an Beziehungen

Fred ist Networker aus Passion. Er will niemandem etwas verkaufen, und einen neuen Job sucht er auch nicht. Er ist das, was man einen *geselligen Typen* nennt. Er hat Freude an großen und kleinen Gesprächen, und seine Freude ist ansteckend.

Fred verfügt auch über eine gute Beziehungsintelligenz. Seine Gefühle sind ansteckend, und es ist einfach angenehm, mit ihm zusammen zu sein. Dies ist ein auffälliges Kennzeichen von Beziehungsintelligenz.

2. Networking gibt Sicherheit

Fred hat ein so sonniges Gemüt, dass man sich kaum vorstellen kann, er könnte je in Schwierigkeiten geraten. Ich habe ihn sechs Wochen nach seiner Geburtstagsparty noch einmal getroffen, und er hat mir erzählt, dass es schon viele Situationen in seinem Leben gab, in denen er die Unterstützung seiner Freude bitter nötig hatte.

Jeder braucht im Leben manchmal einen Rat oder eine Unterstützung, die man nur von guten Freunden bekommen kann.

Und mit vertrauenswürdigen Empfehlungen können wir nur dann rechnen, wenn wir auch vertrauensvolle Beziehungen aufgebaut haben. Beziehungsnetze sozialer Kontakte können uns in Notsituationen auffangen. Sie schützen uns vor Schaden und helfen uns, Krisen zu meistern.

3. Networking fördert Ihre Entwicklung

Kein Mensch kann alle Möglichkeiten, die in ihm stecken, ohne die Hilfe anderer realisieren. Das beginnt schon im Kleinkindalter, in dem das Erziehungsklima unsere persönliche Entwicklung fördert oder hemmt. In der schulischen und beruflichen Ausbildung zeigt sich, was in uns steckt. Wie können unsere Fähigkeiten und Talente entfaltet werden? Bleiben Begabungen verschüttet?

Unsere berufliche Entwicklung wird weitgehend davon bestimmt, wie viel Erfolg wir haben, wie zufrieden wir mit der Tätigkeit sind und inwieweit wir uns mir ihr identifizieren können.

Einen Teil der Menschen, die unsere Entwicklung beeinflussen, haben wir uns nicht ausgesucht. Eltern, Familie und Lehrer gehören zu den *natürlichen* Netzwerken. Welche Personen wir in dieser Zeit zu unseren Freunden zählen, ist schon eher durch unser eigenes Handeln bestimmt. Wenn wir erwachsen sind, können wir Networking dann systematisch betreiben. Wir suchen uns Vorbilder, die uns attraktiv erscheinen. So möchten wir werden! Vielleicht haben auch Sie das Glück, Mentoren zu finden, das sind Personen, die Sie ausdrücklich und zielgerichtet fördern. Mentoren gibt es etwa im Sport, während des Studiums oder eventuell auch am Arbeitsplatz.

Die Entfaltung Ihrer Persönlichkeit ist niemals abgeschlossen. Sie können diese Entwicklung den Umständen überlassen. Sie können aber auch Ihre Persönlichkeitsförderung gezielt zu einer Aufgabe Ihres Networking machen.

4. Networking hilft beim »Verkaufen«

Markus Fischer meinte, mit seinem guten Examen eine Anstellung bei einer seiner drei Wunschfirmen zu erhalten. Es klappte nicht. Er hatte nicht die richtigen Beziehungen. Ein Ziel von Networking besteht darin, die richtigen Leute zu kennen, wenn Sie einen Job suchen, Karriere machen wollen und etwas verkaufen wollen. Sie haben Ziele in Ihrem Leben. Sie wollen etwas erreichen. Sie wollen Erfolg haben. All das funktioniert nicht ohne die Menschen, die die Entscheidungen treffen. Sie müssen diese Menschen besser kennen als die anderen, damit sie sich letztendlich für Sie entscheiden. Das hat viel mit dem Thema »Verkauf« zu tun.

Egal, ob Sie nun in der Berufssparte Vertrieb tätig sind: Zum beruflichen Erfolg gehört immer der Verkauf, und das im doppelten Sinn. Sie müssen sich selbst oder Ihre Leistung anderen *verkaufen*. Sie bewerben sich um eine höhere Position. Diejenigen, die Sie befördern, müssen Ihnen *abkaufen*, dass Sie besser sind als Ihr Konkurrent. Sie bieten Ihre Leistung an und erhalten dafür als Lohn die höhere Position, Ansehen, Macht, Leistung und auch ein höheres Gehalt. Wenn Sie als Politiker gewählt werden wollen, müssen Sie Ihre politischen Ideen *verkaufen*. Ob Sie nun Computer verkaufen oder Versicherungsverträge abschließen wollen, ob Sie als Rechtsanwalt Klienten suchen oder als Musiker auftreten, es ist immer der gleiche Vorgang, der zum Erfolg führt. Sie müssen andere Menschen überzeugen, damit sie »Ja« zu Ihnen sagen.

Für das, was Sie anbieten, erhalten Sie materielle oder ideelle Gegenleistungen. Wenn der Verkäufer seine Ware los ist und das Geld in der Kasse klingelt, hatte er Erfolg. Wenn alle Kollegen Sie für den geeigneten Abteilungsleiter halten, Sie den Posten aber nicht bekommen, dann haben Sie sich bei Ihrer Werbung eben nicht gut genug verkauft.

Haben Sie noch immer Vorbehalte gegen das Wort *verkaufen*? Dann ersetzen Sie es einfach durch das Wort *überzeugen*. Und »überzeugen« meint mehr als eine bloß verbale Zustimmung.

 Mit Networking ...
- ... genießen Sie Beziehungen.
- ... erhalten Sie Sicherheit.
- ... wird Ihre persönliche Entwicklung gefördert.
- ... verkaufen Sie sich und Ihre Leistungen besser.

Nun mag es sein, dass Sie moralische Skrupel haben, Ihre Ziele durch das Nutzen von Beziehungen zu erreichen. Sie sagen sich vielleicht: »Wenn ich gut bin, muss es doch auch ohne Beziehungsmanagement klappen.« Das kann sein, aber machen Sie es sich nicht unnötig schwer. Auch Ihre Konkurrenten lassen ihre Beziehungen spielen. ==Wenn Sie Networking richtig betreiben, dann tun Sie nichts, was moralisch verwerflich wäre.==

Es ist also gar keine Frage, ob Sie Networking betreiben wollen oder nicht. In gewisser Weise tun Sie das schon immer. Es gibt für Sie also nur eine Möglichkeit: Machen Sie es richtig. Betreiben Sie Networking, um menschliche Kontakte genussvoll zu erleben. Pflegen Sie die Kontakte zu anderen Menschen, um Ihre psychischen, sozialen und materiellen Ressourcen zu bewahren und zu sichern. Sie müssen Ihre Möglichkeiten ständig entwickeln und entfalten. Lassen Sie sich durch Mentoren und Vorbilder Ihres sozialen Netzwerkes dabei helfen. Und wenn Sie ehrgeizige Ziele haben, dann müssen Sie sich richtig gut verkaufen. Erfolg im Beruf ist immer auch Erfolg im sozialen Umgang mit anderen Menschen.

Institutionelle Netzwerke damals und heute

Menschen haben sich immer schon genauso wie heute zu *Verbänden* und *Vereinen* zusammengeschlossen. Vereine sind heute *Netzwerke*. Die Netzwerk-Idee ist relativ neu. Sie stammt aus den USA und England und wird dort mehr als bei uns praktiziert. ==Was ist bei Netzwerken nun anders als bei Vereinen?==

Zusammenschlüsse in der Vergangenheit

Das Lebensgefühl der Menschen vergangener Jahrhunderte sah *erheblich anders* aus als heute. Das lag zum großen Teil an den völlig anderen Organisationsformen von gesellschaftlichen Gruppen.

Die Gesellschaft im Mittelalter war streng in Stände und Zünfte unterteilt. Der Adel oder der Klerus bildeten jeweils ein Netzwerk, in dem Kontakte, Beziehungen und Austausch von Hilfe und Unterstützung genau geregelt waren.

Ganz ähnlich ging es innerhalb der Zünfte zu. Ein Schuster lebte in seiner Zunft wie in einer großen Familie. Bis ins 19. Jahrhundert konnte er als Wanderbursche bei allen Schustern Arbeit, Kost und Unterkunft erhalten.

Angelpunkt der Gesellschaft des Mittelalters war die persönliche Treue. Der Treueschwur gegenüber dem Herrn bedeutete ein gegenseitige Verpflichtung: Gehorsam und Unterwerfung durch den Lehnsmann und materielle Sicherung und Schutz durch den Herrn. Verbände, Vereine und Clubs, wie wir sie kennen, entstanden erst, als die gesellschaftliche Ordnung in der Neuzeit sich völlig veränderte. Viele orientierten sich dabei an alten Strukturen. So stellen zum Beispiel die Freimaurer eine Adaption der mittelalterlichen Zünfte dar.

Bei diesen historischen Hinweisen wird deutlich: Für Kontakte, Hilfe und Unterstützung organisierten Menschen schon immer Zusammenschlüsse. Und wenn sich die staatlichen und gesellschaftlichen Verhältnisse grundlegend ändern, müssen sich auch die Strukturen der Zusammenschlüsse ändern. Nachdem Guts- und Lehnsherren nicht mehr für die Alterssicherung der Menschen zuständig waren, wurde es notwendig, Versorgungsvereine ins Leben zu rufen. Auf diese Weise entstanden Renten- und Krankenkassen.

Vereine, Verbände, Clubs, »Gesellschaften« und Interessenvertretungen

Das nationale und politische Engagement des Bürgertums konnte sich nur durch Gruppenbildungen in Vereinen realisieren. Auch politische Parteien, die Träger der politischen Willensbildung in einer Demokratie, sind Vereine. Im 19. Jahrhundert entstand die Bewegung der Burschenschaften. Die akademische Jugend fand sich in schlagenden Verbindungen zusammen, die teilweise heute noch bestehen.

Mit dem ausdrücklichen Ziel des sozialen Engagements wurde 1905 ein Herrenclub gegründet, der heute 1,2 Millionen Mitglieder in 28000 Clubs hat und in 148 Ländern vertreten ist: *Rotary International*. Nicht weniger bekannt und ebenso elitär ist der *Lions-Club*. Wohltätigkeitsveranstaltungen und Spenden für soziale Einrichtungen sind Inhalt und Ziel dieser Gemeinschaft.

Die letztgenannten Verbindungen kommen dem, was wir heute

unter Netzwerken verstehen, sehr nahe. Typisch dafür sind die persönlichen Kontakte, der Informationsaustausch und die gegenseitige Förderung und Hilfe unter den Mitgliedern. Protektion und Karriereförderung sind nicht die offiziellen Ziele derartiger Clubs. Aber faktisch geschieht es doch. Und in diesem Punkt unterscheiden sie sich wesentlich von Netzwerken moderner Prägung, die sich stets offen zur persönlichen Förderung und Hilfe bekennen.

Zwei weitere Formen von Zusammenschlüssen ähneln sehr den institutionellen Netzwerken: Gewerkschaften und Verbände. Jede Berufssparte hat einen oder mehrere Verbände. Der *Bundesverband der deutschen Industrie* beispielsweise ist die Dachorganisation von 35 Wirtschaftsverbänden der Industrie, die rund 80 000 Betriebe repräsentiert.

Die Mitgliedschaft bei berufsständischen Verbänden, Interessenvertretungen und Gewerkschaften ist freiwillig. Bei den *Kammern*, wie Industrie- und Handelskammern, Ärztekammern, Handwerkskammern und so weiter, ist die Mitgliedschaft für die entsprechenden Berufe verpflichtend. Kammern nehmen auch hoheitliche Aufgaben wahr und können daher als *halbstaatliche* Institutionen bezeichnet werden.

Verbände und Vereine vertreten das Interesse ihrer Mitglieder in Politik und Gesellschaft. Sie beteiligen sich an jeder politischen Diskussion und werden vom Gesetzgeber ausdrücklich bei der Planung und Beratung von neuen Verordnungen und Gesetzen hinzugezogen. Ferner informieren und beraten sie ihre Mitglieder. Bei einigen Organisationen gibt es auch Fortbildungs- und Schulungsangebote, wie etwa bei Gewerkschaften und Kammern.

Viele berufsständische Verbände ähneln den modernen Netzwerken. Sie schaffen Kontakte und stellen für die Mitglieder Hilfen bereit. Große Organisationen sind aber eher Dienstleistungsunternehmen, und der Netzwerkcharakter verliert sich dabei. Sie sollten jedoch auf jeden Fall die für Sie passenden Kammern, Gewerkschaften oder Verbände kennen und nutzen. Und Sie können *in, mit* oder *durch* diese Vereine Ihr persönliches Networking betreiben.

 Wer beim Networking erfolgreich sein will, kommt an der Mitgliedschaft in Vereinen und Verbänden nicht vorbei.

Institutionelle Netzwerke heute

Deutschland ist das Land der Vereine und Verbände, gleichzeitig aber auch das Land der Vereinsgegner und Eigenbrötler. Der Überdruss an Vereinsritualen hat sicherlich dazu geführt, dass die Netzwerk-Idee, wie sie aus England und den USA zu uns gekommen ist, sehr schnell Verbreitung gefunden hat.

Bei Netzwerken handelt es sich in der Regel um einen losen Zusammenschluss von Menschen. Meist gibt es keine schriftlichen Aufnahmeanträge, genau geregelte Kündigungsfristen und endlose Formalien bei Vereinssitzungen in verräucherten Kneipen. Netzwerke beschäftigen sich kaum mit Statusproblemen des Vorstandes. Vereine sind eher Männersache, Netzwerke bisher fast ausschließlich die Sache von Frauen.

Netzwerke bekennen sich ausdrücklich und offen zur gegenseitigen Förderung. Bei Vereinen sind es meist *abstrakte Ideale* oder ein *allgemeines Wohl*, das offiziell angestrebt wird. In der Praxis kann das durchaus anders sein.

In den achtziger Jahren schlossen sich Frauen nach amerikanischem Vorbild zusammen, um sich gegenseitig bei Beruf und Karriere behilflich zu sein. So entstanden die Netzwerke *FAU, Frauen als Unternehmerinnen*, die Vereinigung *FIM, Frauen im Management* und das internationale Netzwerk *EWMD: The European Women's Management Development Network*, ein Netzwerk, das auch für Männer offen ist.

Es gibt fast für jede Lebens- und Berufssituation Netzwerke. Viele von ihnen entwickelten sich zu äußerst effektiven Karrierehelfern. Dabei geht es den vernetzten Frauen nicht nur um die Erlangung von Spitzenpositionen, sondern um gleichberechtigte Beteiligung im Beruf, um gerechte Verteilung der Familienarbeit und um Hilfen bei der Aufnahme der beruflichen Tätigkeit nach der Kinderpause. Netzwerke von Frauen haben eine gewisse Nähe zur Frauenbewegung und deren emanzipatorischen Zielen.

Der Unterschied: Verbände und Netzwerke

Klassische Berufsverbände sind Standesorganisationen. Sie werden bei Anhörungen im Parlament und bei gesetzgeberischen Vorhaben beteiligt und gehört. Bei Netzwerken fehlt meist diese öffentliche und politische Einflussnahme. Verglichen mit dem offiziellen Charakter von Berufsverbänden sind Netzwerke eher informeller und persönlicher ausgerichtet.

Die Zugehörigkeit zu einem institutionellen Netzwerk ist mit einem Eintritt in einen Verein oder Verband vergleichbar. Sie sollten sich zuerst genau überlegen, wie Ihre gegenwärtige Lebens- und Berufssituation aussieht und welche Ziele Sie haben. Ihnen steht in dem Kapitel »An institutionellen Netzwerken teilnehmen«, eine Checkliste zur Verfügung, die Ihnen dabei hilft. Schließlich müssen Sie auch einem Netzwerk in irgendeiner Weise *beitreten* und *zahlen*, was meist aber weniger formal abläuft als bei Vereinen.

Für alles und jeden ein passendes Netzwerk

Professionelle (Frauen-)Netzwerke sind nicht nur für Beruf und Karriere da. Es gibt für viele Lebensbereiche und Alltagsprobleme Netzwerke. Wenn es für Ihr spezielles Problem noch kein institutionelles Netzwerk gibt, gründen Sie einfach eins.

Alle Themen und Probleme des Alltags eignen sich für Netzwerkgruppen. Eine lange Tradition haben die Selbsthilfegruppen für Sucht, Therapie und Betreuung, auch bevor sie sich »Netzwerke« nannten. Die Selbsthilfegruppe der *AA*, der *Anonymen Alkoholiker*, ist ein klassisches Netzwerk. Kontakt, Hilfe, Unterstützung und Beziehungsgestaltung finden im Stil von Networking statt.

Immer mehr Hochschulabsolventen vereinigen sich in *Alumni-Clubs.* »Alumne« ist der Pflegling eines »Alumnats«, meist der Zögling eines Priesterseminars. Die Universitäten erinnern sich ihrer Ehemaligen und suchen durch Inserate ihre Alumni. Freiburg, Heidelberg, München oder Berlin: Das Interesse daran, was aus den Studenten geworden ist, ist allgemein erwacht. Vorbild sind wiederum die

USA, in denen die Absolventen ein Leben lang ihrer Uni treu bleiben und mit Spenden erheblich zu deren Finanzierung beitragen. Das Treffen der Ehemaligen ist immer ein wichtiges Networking-Ereignis, das Sie nie versäumen sollten.

Die Netzwerk-Idee findet auch in anderen Bereichen Eingang. Wirtschafts- und Handlungsstrukturen werden nach neuen Gesichtspunkten organisiert. Das so genannte *Netzwerk-Marketing* ist bereits eine gut funktionierende Organisationsform im Verkauf. Neue Arbeitsformen entstehen, die irgendwo zwischen freiberuflicher Selbstständigkeit und der Abhängigkeit als Arbeitnehmer angesiedelt sind.

Man spricht sogar davon, dass sich ein neuer Mittelstand etabliert, der zur Maßnahme gegen Macht und Hierarchiestrukturen Netzwerk-Prinzipien anwendet. Es soll nicht unerwähnt bleiben, dass auch das organisierte Verbrechen Networking praktiziert. Insbesondere wird der russischen Mafia »gute« Netzwerk-Arbeit nachgesagt.

Persönliche Netzwerke: Ihr Beziehungsmanagement für morgen

Institutionelle Netzwerke sind immer etwas Öffentliches. Sie nehmen an einem Beziehungsgeflecht teil, das auch ohne Sie besteht.

Ganz anders verhält es sich mit einem *persönlichen Netzwerk*. Dieses setzt sich aus Ihren eigenen Kontakten und Interaktionen zusammen. Ein persönliches Netzwerk stellt ein individuelles Beziehungsgeflecht dar. Es spiegelt sozusagen die *Geschichte Ihrer persönlichen Kontakte* mit anderen Menschen wider. Ihr Adressbuch und Ihre Kontaktnotizen sind die Spuren, die diese Kommunikationsereignisse hinterlassen haben.

Persönliche Netzwerke werden ganz bewusst systematisch aufgebaut, gestaltet und genutzt. Das ist mehr als nur Beziehungspflege im klassischen Sinne. Wer Networking richtig betreibt, verfügt über mehr Erfolgspotenzial als derjenige, der unsystematisch gute Beziehungen zu vielen Menschen unterhält. Gezieltes Networking optimiert die Chancen, die dieses Beziehungsgeflecht enthält.

Persönliches Networking ist ein System von *Techniken* und *Hand-*

habungen. Diese können Sie einfach übernehmen oder nach Ihrem persönlichen Geschmack abwandeln. Es kostete zum Beispiel viel Zeit, ein Adressbuch richtig anzulegen. In diesem Fall kopieren Sie einfach die hier präsentierten Lösungen.

Zum erfolgreichen Networking gehören aber auch Handlungsmuster, die Sie nicht einfach kopieren können, sondern die sie Ihren persönlichen Verhältnissen anpassen müssen. Die Verhaltensweisen für den erfolgreichen Umgang mit anderen Menschen können Sie auf verschiedene Arten lernen: durch Vorbilder, aus Büchern und durch eigenes Ausprobieren. Wenn man Menschen, die den Umgang mit anderen brillant beherrschen, nach ihrem Erfolgsrezept fragt, können sie oftmals nicht sagen, *wie* sie es machen. Oft berichten sie nur von Beispielen, können aber keine allgemeinen Verhaltensregeln formulieren.

Wenn Sie Networking richtig betreiben, nutzen Sie alle Kenntnisse und Erfahrungen, die über erfolgreiches Beziehungsmanagement bis heute zusammengetragen worden sind. Das sind sowohl die klassischen Networking-Regeln als auch die gesicherten psychologischen Erfahrungen zur Beziehungsintelligenz. Sie sollten die Grundregeln der Kommunikation kennen und anwenden können und über die Grundlagen der emotionalen Intelligenz orientiert sein.

Beim Networking gehen Sie mit einer bestimmten Grundhaltung auf Menschen zu, knüpfen Kontakte und pflegen diese Beziehung systematisch. Da Sie nicht alles im Gedächtnis behalten können, werden Sie vieles schriftlich fixieren. Ein *Adressbuch* und Ihre *Kontaktnotizen* müssen Sie regelmäßig und sorgfältig pflegen. Ohne diese wichtigen Hilfsmittel geht nichts.

Beziehungsintelligenz ist die Fähigkeit, mit Leichtigkeit auf Menschen zuzugehen und Kontakte zu knüpfen. Networking beginnt dagegen zuerst einmal mit der sorgfältigen Fleißarbeit. Es ist aber auch eine Philosophie. Wer aufrichtiges Interesse an anderen Menschen hat, ist auch selbst interessant. Wer andere akzeptiert, findet auch selbst Akzeptanz. Wer anderen etwas gibt, kann auch von anderen etwas nehmen. Networking ist immer ein Austausch von Hilfe und Unterstützung.

Wenn Ihr persönliches Netzwerk richtig funktioniert, ist dies Ihr

Erfolgsfaktor Nummer eins. Sie erhalten wichtige Informationen leichter, schneller und zuverlässiger als durch andere Verfahren. Sie werden in allen Bereichen, bei denen es auf die Entscheidung anderer Menschen ankommt, siegen. Sie werden andere Menschen fördern, und Sie werden durch andere gefördert. Sie können bei Problemen und in Notsituationen eher von anderen Menschen Hilfe erwarten als diejenigen, die kein Networking betreiben.

Erfolgreiche Menschen sind nicht automatisch auch glückliche Menschen. Aber Erfolgreiche sind eher als andere in der Lage, ihre Lebensumstände glücklich zu gestalten.

Networking online

Das Internet ist ein Netzwerk – ein Netzwerk von Computern. Die Technik tritt in den Hintergrund, wenn der Mensch diese Datenleitungen benutzt, wenn er *online geht*. Am Anfang des Jahres 2000 haben weltweit 120 Millionen Menschen Zugang zum Internet, in Deutschland sollen es circa 16 Millionen sein, eine Zahl, die sich in den nächsten zwei Jahren verdoppeln soll. Um es gleich vorweg zu sagen: Eine intensive Nutzung dieses neuen Mediums verringert natürlich andere zwischenmenschliche Kontakte. Nach einer Umfrage in den USA geben 13 Prozent der Internet-User an, dass sie weniger Zeit mit der Familie und den Freunden verbringen würden. Ein Viertel aller Befragten gab an, nun weniger zu telefonieren.

Für die einen ist das Internet eine Spielwiese, für die anderen ein modernes Kommunikationsmittel. Sie können im Internet Informationen abfragen, etwas veröffentlichen, kaufen oder verkaufen, Bankgeschäfte tätigen, Adressen suchen und vieles mehr. Die Internet-Technik fasziniert häufig dadurch, dass sie Lösungen für Probleme anbietet, die vorher keiner hatte. Ein ursprünglich von wirtschaftlichen Interessen freier Raum ist in wenigen Jahren zu einem gewaltigen Markt geworden.

Wenn Sie einen Internetzugang haben, so nutzen Sie ihn, um Ihre Networking-Arbeit zu erleichtern.

Aber seien Sie vorsichtig. Man kann sich darin verlieren und seine Zeit vertun, in der Sie besser Networking-Kontakte realisiert hätten.

Welche Vorteile bietet das Internet für ein Netzwerk sozialer Beziehungen? Jeder wird im Internet sicherlich für sich einen anderen Nutzen entdecken. Daher ist meine Aufzählung und Abfolge sehr subjektiv.

Im Internet können Sie Informationen finden, die Sie auf andere Weise sehr viel aufwändiger oder gar nicht erhalten würden. Einmalig ist die Geschwindigkeit, mit der Sie weltweit recherchieren können und schier erdrückend die Fülle der Informationen, auf die Sie stoßen.

Das Internet bietet zurzeit, von wenigen Ausnahmen abgesehen, noch keinen Zugang zum Inhalt von Büchern und Artikeln in Fachzeitschriften. Es sind also nicht längst alle Informationen im Internet zu finden. Zeitungen dagegen können Sie auch zum Teil im Internet einsehen. Außerordentlich nützlich ist die Möglichkeit, in Zeitungsarchiven zu blättern. Hier finden Sie Informationen über Tagesereignisse der Vergangenheit, die Sie für Ihr Networking benötigen.

Sollten Sie Bücher zu bestimmten Themen suchen, bieten die Datenbanken der Online-Buchhandlungen Hilfestellung. Das ist aber die gleiche Dienstleistung, die Sie auch in einem herkömmlichen Buchladen erhalten.

Sie finden über das Internet auch Personen, Institutionen oder andere Netzwerke. Sie werden erstaunt sein, wie viele Menschen dort schon mit einer Selbstdarstellung vertreten sind oder durch irgendein anderes Ereignis Spuren im Internet hinterlassen haben.

Suchmaschinen und Kataloge helfen Ihnen, die geeigneten Informationen im Internet zu finden. Sie müssen sich allerdings mit den *Suchoperationen* ein wenig auskennen.

E-Mail, die elektronische Post, ist eine weitere für das Networking nützliche Funktion des Internet. Sie können in Sekunden rund um die Welt Briefe und Computerdateien versenden. Voraussetzung ist, dass Ihr Empfänger eine E-Mail-Adresse hat und sein elektronisches Postfach regelmäßig leert.

Es gibt darüber hinaus Telefonverbindungen über das Internet. Es besteht die Möglichkeit, weltweit zum Ortstarif zu telefonieren, den allerdings jeweils beide Partner bezahlen müssen. Konnte das Auslandsgespräch aus Kostengründen früher nur ein Gelegenheitskontakt sein, so kann es zukünftig auch als ausführliches Beziehungsgespräch praktiziert werden.

Zu erwähnen sind auch die so genannten »Newsgroups«. Hier werden zu bestimmten Themen Diskussionsbeiträge gesammelt, die auch von Ihnen ergänzt werden können. Noch lebendiger geht es in so genannten »Chatrooms« zu. Mehrere Internet-Teilnehmer finden sich in einem virtuellen Raum zu einem Gespräch zusammen. Dort legen sich alle ein Pseudonym zu. Die »Wortmeldungen« sind per Tastatur einzugeben und erscheinen bei allen auf dem Bildschirm. Auf diese Weise sind sehr persönliche und intime Gespräche möglich, aber auch Diskussionen mit Experten.

Die Menschen, die an diesen »Gesprächen« teilnehmen, also *chatten*, halten sich hinter Pseudonymen versteckt, bis sie zur Aufnahme realer Kontakte ihre wirkliche Identität, Adresse und Telefonnummer preisgeben. Es sollen sich schon auf diese Weise Partner für eine Ehe gefunden haben. Probieren Sie aus, ob diese Art der Kommunikation für Ihre Networking-Ziele geeignet ist.

Wenn Sie Menschen suchen, die das gleiche Anliegen haben wie Sie, können Sie diese Kommunikationsdienste des Internets in Anspruch nehmen. Sie wollen selbst ein Netzwerk gründen? Machen Sie Ihre Idee im Internet bekannt, und sprechen Sie andere an. Dieser Weg ist preiswerter als die klassische Form über Anzeigen. Sie erreichen aber im Internet natürlich ein anderes Publikum als beispielsweise über eine Anzeige in einer Tageszeitung.

Kapitel 3

Was Sie für Ihr Networking benötigen

Sie haben ein Adressbuch mit vielen interessanten Telefonnummern. Darunter sind auch einige bekannte Politiker und weltberühmte Stars. Sie haben mit diesen Leuten schon einmal gesprochen und Ihnen Ihre Visitenkarte aufgedrängt. Sind Sie deshalb schon ein Netzwerk-Experte?

Mitnichten. Networking ist kein Adressensammeln. Auf die Pflege von Kontakten kommt es an. Sie benötigen einige Hilfsmittel für die Kontaktaufnahme, für den Adressenaustausch, das Festhalten der Informationen und die Sicherung der Beziehung. Kein Mensch kann alle Adressen, Telefon- und Faxnummern im Kopf behalten. Sie brauchen also ein gut geführtes *Adressbuch*, ferner *Visitenkarten*, um Ihre Daten dem anderen verlustfrei zu übermitteln. Sie müssen sich auch aufschreiben, über was Sie mit Ihren Gesprächspartnern geredet haben. Es ist dabei unerlässlich, so genannte *Kontaktnotizen* sorgfältig und systematisch zu führen, um Ihr Networking zum Erfolg zu führen.

Networking ist ein Kommunikationsprozess. Alle Kommunikationsformen wie das Schreiben von Briefen, das Telefonieren und Faxen sollten Ihnen leicht von der Hand gehen. Telefon mit Anrufbeantworter, Handy und Fax gehören einfach dazu. Ohne PC mit Internet-Anschluss geht es zur Not. Aber mit ihm ist vieles leichter.

Wenn Sie mit dem Computer nicht vertraut sind, braucht es zuerst einen nicht unerheblichen Lernaufwand, bis sich die Vorteile dieser modernen Schreibmaschine wirklich in Zeitersparnis niederschlagen. Versuchen Sie es. Wenn Sie einmal für dreißig Personen Serienbriefe erstellt haben, werden Sie begeistert sein. Außerdem bietet das Internet für Ihr Networking Informationen, die Sie anders kaum oder nur mit sehr großem Zeitaufwand erhalten.

»Wenn einer, der mit Mühe kaum gekrochen ist auf einen Baum, schon meint, dass er ein Vogel wär, der irrt sich sehr.« W. Busch

Die »Karten«: Visitenkarten und Business-Cards

Zuerst einmal benötigen Sie Visitenkarten, und Sie müssen sich angewöhnen, mit diesen Karten korrekt und locker umzugehen. Wer sich auf der Rückseite von Zigarettenschachteln Adressen notiert, wird Networking nie erfolgreich betreiben können. Im Zeitalter des preiswerten Computerdrucks sind Visitenkarten nichts Exklusives.

Ursprünglich war die Visitenkarte eine Besuchskarte, auf der nur der Name und der Rang oder Titel stand. Der Besucher legte diese Karte dem Butler auf das Tablett, damit er den Herrschaften die Ankunft melden konnte. Heute können Sie diese Art von Karten ohne Angabe von Adressen zu nichts mehr gebrauchen.

Visitenkarten sind *Adresskarten.* Im Berufsalltag werden sie *Geschäftskarten* oder *Business Cards* genannt. Sie brauchen sie für drei Anlässe:

1. Sie stellen sich zu Beginn eines Gespräches vor.
2. Sie möchten am Ende eines Gespräches Ihre Adresse und Telefonnummer mitteilen.
3. Sie nutzen die Karten für Kurzmitteilungen oder sonstige Botschaften.

Lassen Sie viele Karten drucken, und haben Sie sie *immer* bei sich. Nutzen Sie jede Gelegenheit, Ihrem Gesprächspartner Ihre Karte zu geben und seine zu erhalten. Wie man das richtig macht, ohne anderen etwas aufzudrängen, gehört zum Geschick im Umgang mit Menschen, also zur Beziehungsintelligenz.

Auf jede Visitenkarte gehören immer folgende Angaben: Vollständiger Name mit akademischen Titeln, eventuell Beruf, vollständige Anschrift und alle Telefon-, Fax- und Handynummern, unter denen Sie kontaktiert werden wollen. Dazu zählt auch die E-Mail-Adresse. Bankverbindungen gehören nicht auf die Visitenkarte. Auf der Rückseite können Sie eine kleine Skizze oder Hinweise für die Anreise anbringen.

Schreiben Sie Ihren Vornamen immer aus. ›E. Müller‹ ist keine Namensangabe, sondern eine Provokation. Soll ich diesen Menschen mit ›Eh‹ anreden? Schreiben Sie immer und überall Ihren Vornamen aus, auch auf Briefbögen und im Telefonbuch der Post.

Wenn Sie einen »zweideutigen« Namen wie zum Beispiel »Helge« haben oder einen sehr ausgefallenen, nicht allgemein bekannten Namen, dann sollten Sie auf Ihrer Visitenkarte Ihre Berufsbezeichnung in der entsprechenden männlichen oder weiblichen Form angeben: »Helge Müller, Dipl.-Designerin«.

Grundsätzlich ist es Ihnen freigestellt, ob Sie Ihren Beruf und Ihre Berufsposition auf Ihrer Visitenkarte angeben oder nicht. Sie sollten aber niemals Ihre akademischen Titel unterschlagen, auch dann nicht, wenn Sie sehr bescheiden sind und nicht damit angeredet werden möchten. Ihre Visitenkarte enthält Informationen über Ihre Person. Wenn Sie nun einmal »Dr. Ing.« sind, dann können Sie das nicht weglassen. Das wäre sonst eine Fehlinformation.

Zum Wohnort gehört die Postleitzahl. Das müsste eigentlich selbstverständlich sein. Genauso selbstverständlich ist es, zur Telefonnummer die Vorwahl anzugeben. Fehlen solche Informationen, muss der, der Sie erreichen will, diese mühevoll nachschlagen.

Schreiben Sie Ihre Handynummer nur dann auf Ihre Visitenkarte, wenn Sie damit auch erreichbar sind und erreicht werden wollen. Die Nummer eines Handys, das nur gelegentlich eingeschaltet ist, sollten Sie nicht weitergeben.

Brauchen Sie für Ihre berufliche und Ihre private Adresse eine oder zwei unterschiedliche Karten? Das hängt von der Art Ihrer beruflichen Tätigkeit ab. Es kommt darauf an, ob Sie Ihr berufliches und privates Netzwerks streng gegeneinander abgrenzen oder ob beide ineinander übergehen. Wenn Sie im Finanzamt arbeiten, werden Sie sicherlich bemüht sein, Privates und Dienstliches strikt zu trennen. Eine dienstliche Visitenkarte können Sie Ihrer neuen Urlaubsbekanntschaft nicht präsentieren. Sollten Sie allerdings Versicherungsmakler sein, werden Sie nichts dagegen haben, dass dies jeder erfährt. Aus jedem Freizeitkontakt kann sich für Sie eine Geschäftsbeziehung entwickeln.

Je nach Ihrer persönlichen Situation müssen Sie entscheiden, ob Sie eine oder mehrere unterschiedliche Karten benötigen. **Sparen Sie nicht an den Druckkosten.** Zwei Netzwerke erfordern auch zwei unterschiedliche Adresskarten. Damit Sie beide Karten nicht ständig verwechseln, sollten Sie auf unterschiedliches Papier, eventuell mit leichter farbiger Tönung gedruckt sein.

 Bei strikter Trennung von beruflichen und privaten Netzwerken benötigen Sie unterschiedliche Visitenkarten.

Sie können sich Ihre Business-Cards am PC selbst erstellen. Im Bürofachhandel erhalten Sie entsprechende Druckvorlagen, die schon in der üblichen Kartengröße vorgestanzt sind.

Seien Sie aber vorsichtig in der Gestaltung Ihrer Visitenkarten. Verwenden Sie niemals mehr als zwei Schriftarten. Übernehmen Sie ruhig erprobte Gestaltungsmuster. Die Gestaltung eines guten Schriftbildes ist nicht leicht. Oft sehen selbst erstellte Visitenkarten leider auch wie selbst gebastelt aus.

Sowohl Druckereien als auch PC-Programme bieten eine Vielzahl lustiger Bilder zum Auflockern Ihrer Visitenkarten an. Seien Sie auch hier vorsichtig. Mit der Visitenkarte stellen Sie sich ja auch selbst dar. Ihr Gegenüber sieht sehr leicht in der Figur, die Sie auf Ihrer Karte zeigen, die Darstellung Ihrer Person.

Was auch Druckereien nicht immer beachten: Die Schrift muss so groß und so deutlich sein, dass auch die zweite Hälfte der Menschheit sie ohne Hilfe ihrer Lesebrille leicht entziffern kann. Wenn Sie zu der ersten Hälfte gehören, die *noch* keine Lesebrille benötigt, dann machen Sie einen Lesetest mit Ihrem Großvater.

Für die Größe gibt es keine gültige Norm. Die Scheckkartengröße von 54 mal 85 Millimeter ist üblich. Die Visitenkarte kann aber auch bis 70 mal 100 Millimeter groß sein. Das größere Format erlaubt auch eine größere Schrift und bietet mehr Platz für Kurzmitteilungen.

Das Papier sollte immer Kartonstärke besitzen. Kunststoff, Metall oder sehr dunkles Papier mögen unter bestimmten Voraussetzungen ganz attraktiv sein, sträuben sich aber gegen wichtige Networking-Praktiken. Sie können diese Karten nicht für Kurzmitteilungen verwenden, und der Empfänger kann sich darauf keine Notizen machen. **Wählen Sie einfach einen guten hellen Karton.** Das Papier sollte nicht so edel und teuer sein, dass Sie die kostbaren Stücke nur zögerlich hergeben. **Wenn Sie Networking richtig betreiben wollen, lassen Sie 1000 Stück drucken. Das reicht erst einmal – für den Anfang.**

Stecken Sie sich außer in Ihr Portemonnaie zusätzlich Karten in den Anzug, die Handtasche, die Aktenmappe und so weiter. Auf Messen, Kongressen oder großen Partys treffen Sie viele Menschen. Nehmen Sie dann auch viele Karten mit. Wie überreichen Sie Ihre Visitenkarte korrekt? Die Grundregel lautet:

 Geben Sie dem anderen Ihre Karte immer in die Hand!

Drängen Sie also niemals jemandem Ihre Karte auf. Schieben Sie sie auch nicht über den Tisch, und lassen Sie sie nicht nur einfach liegen. Das Überreichen der Visitenkarte ist ein Teil der Kommunikation mit einem Menschen. Dabei kommt es, wie bei jeder Kommunikation, nicht nur auf den Inhalt, sondern auch auf die Form an.

Wann überreichen Sie Ihre Karte? Hier müssen wir zwischen privaten und geschäftlichen Kontakten unterscheiden. Die Besucher, die die gnädige Frau seinerzeit im Salon empfing, pflegten sich mit Ihrer Visitenkarte anzumelden und vorzustellen. Dies ist heute nur noch im Business üblich.

 Im Geschäftsbereich überreichen Sie Ihre Karte bei Ihrer Vorstellung am Beginn des Gespräches.

Dies gilt für alle üblichen Business-Kontakte, die meist durch telefonische oder schriftliche Terminabsprachen vereinbart wurden. Das Gleiche gilt auch für unvorbereitete Kontakte.

Von dieser Regel weichen Sie nur in zwei Fällen ab. Zum einen, wenn Sie davon ausgehen können, dass Ihr Gegenüber sie kennt, ohne Sie vorher schon persönlich getroffen zu haben. Das wird bei allen vorbereiteten Verhandlungen so sein. Hier genügt die Nennung des Namens. Der zweite Fall liegt dann vor, wenn Sie mit einem Small Talk Ihr Gegenüber erst kennen lernen wollen, bevor Sie durch die Nennung Ihres Namens oder Ihrer Firma wichtige Informationen offenlegen. Wenn Sie sich mit Ihrer Karte als Versicherungsmakler vorstellen, eröffnen Sie in gewisser Weise schon das Verkaufsgespräch. Das wollen Sie aber so lange nicht, bis Ihr Gegenüber etwas signalisiert, woran Sie anknüpfen können.

 Im privaten Bereich überreichen Sie Ihre Visitenkarte während des Gespräches bei der Nennung Ihres Namens oder am Ende des Kontaktes.

Einen persönlichen Kontakt mit dem Überreichen der Visitenkarten zu eröffnen gilt als steif und geschäftsmäßig und ist nicht angemessen. Dagegen ist es sehr wohl angemessen und auch höflich, schon am Beginn eines Kontaktes mit einem Fremden seinen eigenen Namen zu nennen.

Ob Sie kleine Geschenke versenden, jemandem eine Information zukommen lassen, eine ganz kurze Nachricht in den Briefkasten stecken wollen oder einen kleinen Blumenstrauß schicken: Hier überall ist die Visitenkarte für Kurzmitteilungen gut geeignet. Sie können sie in ein Buchgeschenk so einlegen, dass sie ein wenig herausschaut. Sie können sie an einen Zeitungsausschnitt anklammern, oder Sie können sie in eine aufgeklebte kleine Folientasche einschieben, wenn Sie Ihre Prospektmappe überreichen.

Schreiben Sie auf die Karte nur ein paar Worte ohne Anrede. »Hier der versprochene Artikel. Viele Grüße, Klaus.« Oder: »Viel Spaß. Angelika.« Oder: »Wie telefonisch vereinbart. Herbert Meier.«

Die Visitenkarte ersetzt damit die so genannten Kurzbriefe mit ihren Standardsätzen, die es als Vordrucke im Handel gibt. Für Ihr privates Networking machen diese einen sehr unpersönlichen Eindruck, und für Ihre Geschäftsvorgänge gibt es bessere Lösungen. Versuchen Sie, alle Kommunikationsvorgänge so persönlich wie möglich zu gestalten.

Auch für die Entgegennahme von Visitenkarten gibt es Höflichkeitsregeln. Die wichtigste lautet:

 Geben Sie eine überreichte Visitenkarte niemals zurück!

Eine angebotene Karte nehmen Sie aus der Hand des anderen entgegen, schauen einen Moment auf die Karte und sagen eine Kleinigkeit dazu. Sie können beispielsweise den Namen wiederholen und ihn sich damit einprägen oder etwas zu seinem Wohnort sagen. Nehmen Sie die Karte an, auch wenn Sie an dem Kontakt mit dem anderen absolut nicht interessiert sind. Sie können sie später entsorgen. Sie zurückzugeben oder vor seinen Augen in den Papierkorb zu werfen ist eine grobe Unhöflichkeit.

Wenn Sie Ihrem Gesprächspartner etwas versprechen oder eine Vereinbarung treffen, notieren Sie es sich auf die Rückseite der Karte. Sofort und in Gegenwart des anderen. Das zeigt ihm, dass Sie entschlossen sind, Ihr Versprechen zu halten, und hilft Ihnen, dieses nicht zu vergessen. Sie wollen ihm eine Information senden, einen Prospekt, eine Einladung oder ein Werbegeschenk Ihrer Firma. Schreiben Sie es auf. Wenn Ihr Networking richtig anläuft, haben Sie an noch mehr als an diese eine Zusage zu denken. Das Aufschreiben wirkt Stress reduzierend.

Alle anderen Informationen, die Sie im Laufe eines Gespräches bekommen haben und sich für Ihr Networking merken wollen, schreiben Sie nicht in Gegenwart Ihres Gesprächspartners nieder. Das tun Sie nach dem Gespräch. Auch hierfür eignet sich die Rückseite der Karte ausgezeichnet.

 Notieren Sie wichtige Informationen auf der Rückseite der erhaltenen Visitenkarte.

Wenn Ihr Gegenüber seinen Namen nennt, dann stellen Sie sich auch mit Ihrem Namen vor und umgekehrt. Dies gehört zu den einfachen Regeln des höflichen Miteinanders. Beim Überreichen von Visitenkarten gilt diese Regel genauso. Wer Ihnen seine Visitenkarte mit Adresse und Telefonnummer anbietet, vertraut Ihnen seine persönlichen Daten an. Es ist ein Gebot der Höflichkeit, sich mit dem gleichen Angebot zu revanchieren.

Ausnahmen: Wenn Sie Gastgeber sind, dann kennt Sie der Gast. Ein Lieferant will mit Ihrer Firma ins Geschäft kommen. Er hat mit Ihnen einen Termin vereinbart und besucht Sie in Ihrem Büro. Er stellt sich mit seiner Business-Card vor. In diesen Situationen brauchen Sie als Gastgeber nicht Ihre Karte zurückzureichen, denn Ihr Gast wird alle notwendigen Informationen über Sie bereits besitzen. Entsprechendes gilt im privaten Bereich.

 Visitenkarten werden nicht nur einseitig angeboten oder angenommen, sondern immer gegenseitig ausgetauscht, es sei denn, das Angebot der eigenen Karte macht keinen Sinn.

Zeigen Sie sich also als Profi, indem Sie Ihre Karte jederzeit ohne langes Suchen zur Hand haben. Manche beherrschen das so perfekt, als ob sie die Karten aus dem Ärmel zaubern würden.

Was für Sie als Netzwerk-Profi selbstverständlich ist, stellt leider für Ihre Gesprächspartner oftmals ein Problem dar: Sie haben keine Visitenkarten. Seien Sie darauf vorbereitet, indem Sie eine Blanko-Karte und einen Stift zur Hand haben und beides Ihrem Gegenüber anbieten können. Statt Blanko-Karten können Sie auch die Rückseite Ihrer eigenen Karte verwenden.

Scheuen Sie sich niemals, Ihren Gesprächspartner um seine Karte oder seine Adresse zu bitten, wenn er sie nicht von sich aus anbietet. Tun Sie es genau in dem Moment, in dem Sie Ihre Karte überreichen. Lassen Sie sich nicht auf später vertrösten oder mit dem Hinweis abspeisen, dass er Ihnen seine Adresse brieflich übermitteln will.

Wenn Ihr Gesprächspartner auf Ihre Bitte seine Karte nicht anbietet, halten Sie ihm Ihre Blanko-Karte und den Stift hin und bitten ihn noch einmal um seine Adresse. Sollte er dies offen oder versteckt ablehnen, dann will er keinen Kontakt mit Ihnen. Hier wäre jede weitere Networking-Bemühung vergebens. Wenn Sie bissig sein wollen, erbitten Sie Ihre Karte zurück. Beenden Sie das Gespräch und halten Sie Ausschau nach Menschen, die Interesse an Kontakten haben.

Die hier geschilderte Networking-Strategie ist sehr wichtig. Wenn Sie so vorgehen wie beschrieben, erhalten Sie nicht nur die gewünschten Adressen, sondern zugleich auch Information über die Kontaktbereitschaft Ihres Gegenübers.

Wichtige Networking-Regel: Niemals die eigene Visitenkarte weggeben, ohne die des anderen oder seine Adresse zurückzubekommen.

Das Konzept des persönlichen Adressbuchs

Ein Adressbuch hat jeder. Es gibt hundert verschiedene Arten, solch ein »Buch« zu führen: Sie können den Kalenderanhang nutzen oder ein separates Ringheft anlegen. Sie können die Adressen auch auf Karteikarten schreiben oder die erhaltenen Visitenkarten in einen Schuhkarton werfen. Für ein professionelles Networking muss Ihr Adressbuch folgende Bedingungen erfüllen:

- Es sollte klein und handlich sein, damit Sie es auch problemlos mitführen können.
- Es sollte leicht zu kopieren und zu sichern sein.
- Ergänzungen sollten leicht zu integrieren sein.
- Adressen sollten leicht zu entfernen sein.
- Es sollte eine Geburtstagsliste enthalten.

Wenn Sie ein Adressbuch ausschließlich handschriftlich anlegen, haben Sie bei all diesen Punkten Schwierigkeiten. Sollten Sie Ihre Adressen nur im Computer gespeichert haben und nicht zusätzlich noch im Ausdruck, ist die leichte Verfügbarkeit nicht immer gegeben.

Empfehlenswert ist die Kombination von Datenbankprogramm und Ausdruck. Den Ausdruck gestalten Sie so, dass Sie die einzelnen Bögen in ein Ringheft einfügen können oder in anderer Weise zu einem Adressbuch binden. Je nachdem, ob Sie häufiger oder seltener am Computer arbeiten, werden Sie eher die gedruckte oder die digitale Form nutzen. Korrekturen und Ergänzungen machen Sie handschriftlich auf Ihrem Ausdruck, bis sie diese von Zeit zu Zeit in den PC eingeben und dann ein neues Adressbuch ausdrucken. Wenn Sie Ihr Adressbuch nur in handschriftlicher Form führen, dann artet es bei Korrekturen leicht zu einem Chaos unleserlicher Notizen aus. Wollen Sie neue Datenfelder aufnehmen, müssen Sie alles sogar noch einmal abschreiben. Das alles geht natürlich mit einem Computerprogramm sehr viel leichter.

Handerstellte Adressdateien und Kontaktnotizen erfordern mehr Arbeitsaufwand. Das ist allerdings nicht negativ zu bewerten. Es gibt sogar Netzwerk-Experten, die ausdrücklich empfehlen, Adressdateien und Kontaktnotizen handschriftlich zu führen, damit man sich ständig mit den Mitgliedern seines Netzwerkes beschäftigt. Denn je mehr Sie schreiben, übertragen, blättern und einsortieren müssen, umso häufiger gehen Sie mit den personenbezogenen Informationen Ihrer Networking-Arbeit um.

 Sie müssen Ihr Adressbuch in regelmäßigen Zeitabständen kopieren.

Verlust oder Diebstahl wäre in diesem Fall allerdings kaum wieder gutzumachen. Es könnte vielleicht sogar unmöglich sein, alle Daten wiederherzustellen. Eine digitalisierte Adressdatei ist wesentlich schneller zu kopieren als ein Buch, das Sie Seite für Seite auf den Kopierer legen müssen.

Als Computerprogramme können Sie spezielle Adressprogramme verwenden. Sie können sofort mit der Eingabe Ihrer Daten beginnen. Prüfen Sie aber zuerst, ob die vorgegebenen Felder für Sie passend sind und ob das Programm die Leistungsanforderungen erfüllt, die hier aufgelistet werden. Mir erscheint es besser, so genannte Datenbank- oder Tabellenprogramme zu verwenden. Es funktioniert auch mit einem Textverarbeitungsprogramm, ist aber weniger komfortabel. Das verwendete Programm sollte mindestens folgende Leistungen erbringen:

- Die Datensätze können als Steuerung für die Serienbrieffunktion dienen.
- Die Datensätze können sortiert werden.
- Ausgewählte Datensätze können nach bestimmten Kriterien selektiert werden.
- Eine Geburtstagsliste kann erstellt werden.

Wählen Sie ein Programm, das Ihnen vertraut ist, und arbeiten Sie nach folgendem Prinzip: Sie erstellen und benennen bestimmte *Datenfelder*, die Sie bei jeder Person und Adresse zu einem so genannten *Datensatz* zusammenfassen. In einem Tabellenprogramm stehen Ihnen dazu Zeilen und Spalten zur Verfügung. Nutzen Sie dieses Prinzip bei der Erstellung Ihrer Adressdateien von Anfang an.

Auch wenn Sie Ihre Adressdatei vielleicht vorläufig handschriftlich erstellen, sollten Sie mit festen Datenfeldern operieren. Fertigen Sie sich ein Formular an, das Sie dann kopieren oder in Ihr Adressbuch übertragen.

Bei Ihrem Adressbuch stehen Sie vor dem gleichen Problem wie bei Ihren Visitenkarten: Legen Sie ein oder zwei Adressbücher an? In der Regel werden Sie für Ihre Geschäftskontakte eine andere Adressdatei verwenden als für Ihr Networking. Menschen, bei denen Networking den *Beruf* ausmacht, wie etwa Politiker oder Handelsvertreter, werden *ein* Adressbuch führen.

Sodann überlegen Sie, ob Sie Ihre Adressen in *Personen* einerseits und *Firmen* andererseits unterteilen. Zu *Firmen* gehören natürlich auch alle Behörden, Unternehmen und Vereine. Die Dateifelder, die Sie dafür brauchen, sind teilweise unterschiedlich. Sie können aber auch beides in einer Datei miteinander kombinieren.

So legen Sie die Datenfelder an

Sie müssen entscheiden, welche Informationen Sie in Ihre Adressdatei aufnehmen, das heißt, welche Datenfelder jeder Datensatz hat. Jedes Feld bekommt einen eigenen Namen. Vorschläge für solche Benennungen sind in Großbuchstaben angegeben. Um Ihnen Ihre Entscheidung zu erleichtern, erhalten Sie einige Vorschläge:

A *Kategorie* (KAT): Dieses ist ein Aktionsfeld, mit dessen Hilfe Sie Gruppen bilden können. Sie wollen Ihr Netzwerk zum Beispiel in verschiedene Gruppen einteilen, oder Sie wollen eine bestimmte Anzahl von Personen mit einem Serienbrief anschreiben: In all diesen Fällen können Sie in dieses Feld eine Abkürzung eintragen. Welche Kategorien Sie bilden, spielt jetzt noch keine Rolle.

B *Name* (NAME): Es versteht sich von selbst, was Sie in dieses Feld einzutragen haben. Da Sie nach diesem Feld sortieren, sollten Sie Namenszusätze wie *von, van, de* und so weiter nicht hier, sondern nach dem Vornamen eintragen.

C *Vorname* (VORN): Geben Sie hier den oder die Vornamen ein, die Sie in der Anschrift oder in der Anrede eines Briefes verwenden. Wollen Sie auch alle »stillen« Vornamen sammeln, dann legen Sie noch ein weiteres Datenfeld an, das Sie *Vorname2* nennen.
Wie verfahren Sie bei Eheleuten, die die gleiche Adresse haben? Am besten reservieren Sie für jede Person einen eigenen Datensatz. Machen Sie also für Klaus und Eveline Meier zwei Eintragungen, auch wenn alle anderen Daten gleich sind. Um einen Brief an Eveline und Klaus gemeinsam zu schreiben, müssen Sie später bei den Serienbriefen eine Korrektur anbringen.

D *Titel* (TIT): Hierunter versteht man akademische Grade, Prädikate, Amtsbezeichnungen und auch Adelstitel. Am häufigsten haben Sie es mit akademischen Graden zu tun. Auch wenn Sie Klaus im vertrauten Umgang nicht »Doktor Meier«, nennen, so sollte in der Briefanschrift doch stets stehen: »Herrn Dr. Klaus Meier«.
Mit den Titeln ist es etwas kompliziert. Man unterscheidet solche,

die Sie in der *Anschrift* verwenden und solche, die zur *Anrede* gehören. Sie schreiben an »Herrn Prof. Dr. Emil Neunmalklug« und reden ihn an mit: »Sehr geehrter Herr Professor«. Sie schreiben an »Frau Studienrätin Erika Pimpels« und reden Sie an mit: »Sehr geehrte Frau Pimpels«. Sie schreiben an »Herrn Rechtsanwalt Dr. Klaus Schlaufuchs« und reden ihn aber keinesfalls an mit: »Sehr geehrter Herr Doktor«, sondern mit: »Sehr geehrter Herr Dr. Schlaufuchs«. Wenn Sie es also beim Schreiben der Briefe mit automatischer Serienbrieffunktion richtig machen wollen, dann setzen Sie in TIT alle Titel, die Sie in der *Anschrift* verwenden. Für die Anrede brauchen Sie noch eine zweite Kategorie:

E *Titel2* (TIT2): Hier kommen alle Titel rein, die Sie nur für die Anrede verwenden, also meistens »Dr.« und »Prof.«. Sie schreiben also in das Feld TIT »Prof. Dr.« und in das Feld TIT2 »Prof.« Sie schreiben ferner in das Feld TIT »Dipl.-Ing.« und in das Feld TIT2 nichts. Sie schreiben in das Feld TIT »Dr.« und Sie schreiben in das Feld TIT2 »Dr.«.

Mit Adelstiteln ist es etwas komplizierter, weil sie zum Namen gehören und nicht vor den Vornamen gestellt werden. »Herrn Klaus Graf von Bellheim« ist die korrekte Form für die Anschrift. »Herrn Graf Klaus von Bellheim« ist falsch. Tragen Sie »Graf« nicht in das Feld TIT ein, sondern schreiben Sie als VORN »Klaus Graf von« und in TIT2 »Graf von«. Die korrekte schriftliche Anrede lautet aber: »Sehr geehrter Graf von Bellheim«. Hier fehlt das »Herr«. Für Ihre Serienbrieffunktion müssen Sie einen Befehl einfügen, der das »Herr« unterdrückt oder es in den einzelnen Briefen korrigieren.

Wenn Sie in Ihr Netzwerk Majestäten, Exzellenzen und Eminenzen aufnehmen, werden Sie noch weitere Datenfelder für Titel anbringen müssen. Die Abweichungen zwischen Anschrift und Anrede sind so unterschiedlich, dass sie nicht mit dem üblichen Schema funktionieren.

F *Anrede* (ANR): Dies brauchen Sie für Ihre Serienbrieffunktion, denn Ihr Programm kann nicht erkennen, ob es sich um einen Herrn, eine Frau oder eine Firma handelt. Hier schreiben Sie

»Herrn« oder »Frau« hinein oder lassen das Feld frei. Außerdem ist manchmal eine Erinnerungshilfe notwendig. Ist »Helge Braun« ein Mann oder eine Frau?

G *Du* (DU): Richten Sie sich ein Datenfeld ein, in dem Sie ankreuzen, ob Sie die Person duzen oder (noch) siezen. Einerseits dient Ihnen dieser Vermerk wieder als Erinnerungshilfe, zum anderen ist er für Ihre Serienbrieffunktion der Auslöser für eine angemessene Formulierung der Anrede.

H *Firma* (FIRMA): Die Reihenfolge der Felder in Ihrem Adressbuch oder in Ihrer Adressdatei ist völlig beliebig. In der Anschrift kommt selbstverständlich die Firma an erster Stelle. Sie schreiben an die »Europa AG, Herrn Klaus Boss«, und nicht umgekehrt an »Herrn Klaus Boss, Europa AG«. Ob ein Feld für die Firma reicht, muss sich in der Praxis zeigen. Sie können selbstverständlich noch weitere Felder wie zum Beispiel Abteilung (ABT), Niederlassung (NIEDERL) oder Ähnliches hinzunehmen. Sie müssen nur darauf achten, dass Sie für das gesamte Anschriftenfeld fünf Zeilen brauchen.

I *Straße* (STR): Straße und Hausnummer gehören in ein Datenfeld. Es macht wenig Sinn, diese in zwei unterzubringen. Achten Sie bitte darauf, lange Straßennamen korrekt abzukürzen. Wenn Ihnen die »Dr.-Wildemar-Rauschenbach-Straße« zu lang ist, können Sie sie nicht in »Wildemar-Rauschenbach-Str.« oder »Rauschenbach-Str.« abkürzen, denn sie ist in jedem Straßenverzeichnis unter »D« = »Dr.« und nicht unter »W« oder »R« eingeordnet. Wenn Sie abkürzen müssen, kürzen Sie den Schluss des Namens: »Dr.-Wildemar-Rauschenb.-Str.«.

J *Box* (BOX): Wenn eine Person eine Postfachadresse hat, dann wird diese hier eingetragen. Nehmen Sie immer auch die Wohnanschrift in Ihre Adressdatei auf. Das brauchen Sie für die Sendung eines Päckchens oder für Ihren Besuch.
Durch die Reform der Postleitzahlen ist alles etwas komplizierter geworden. Wer eine Postfachadresse hat, hat auch eine andere Postleitzahl. Wenn eine Person oder Firma mehrere Postleitzahlen hat, legen Sie mehrere Datensätze an.

K *Land* (L): Wenn die Mitglieder Ihres Netzwerkes ausschließlich in Deutschland wohnen, erübrigt sich dieses Datenfeld. Wenn Sie nur wenige Beziehungen ins Ausland haben, müssen Sie dieses Feld schon einführen. Früher haben Sie die Länderkennung (wie Autokennzeichen – etwa »D« für Deutschland) vor die Postleitzahl geschrieben. Die Post hat die Gestaltung der Anschrift aber umgestellt. In Zukunft soll wieder das Land in Großbuchstaben unter den Zielort gesetzt werden. Tragen Sie also in dieses Datenfeld die Länder in Großbuchstaben ein.

L *Postleitzahl* (PLZ): Hier kommt die fünfstellige Postleitzahl hinein.

M *Ort* (ORT): Auch dieses Feld ist eindeutig.

N *Telefon* (FON): Tragen Sie hier die Telefonnummer mit Vorwahl ein. Bei mehreren Telefonnummern sollten Sie alle in ein Datenfeld, nicht in verschiedene eintragen.

O *Fax* (FAX): Fügen Sie der Nummer eine Bemerkung hinzu, ob das Fax des Empfängers immer empfangsbereit ist.

P *E-Mail* (EMAIL): Achten Sie bei der E-Mail-Adresse ganz besonders auf die Schreibweise. Ein falscher Punkt oder eine falsche Art von Bindestrich, schon kommt Ihre E-Mail nicht an.

Q *Geburtstag* (GEB): Wenn Sie die Geburtstagsdaten wissen, notieren Sie sie in Ihrem Adressbuch. Schreiben Sie die Zahlen immer in gleicher Form, zum Beispiel: 05.02.1975.
Zum Networking gehört es, Geburtstage nicht zu vergessen. Also werden Sie sich eine Geburtstagsliste ausdrucken. Dazu ist es notwendig, die Reihenfolge der Personen nicht nach dem Namen, sondern nach dem Geburtstag zu sortieren. Ihr Programm muss in der Lage sein, das Feld GEB als *Datum* zu interpretieren. Nur dann kann es die Felder in der richtigen Reihenfolge sortieren.
Wenn Ihr Programm das nicht kann, müssen Sie für den Geburtstag drei Felder einrichten für Tag, Monat und Jahr: TT, MM, JJ. Dann können Sie die Spalte MM mit der 1. Priorität und die Sparte TT mit der 2. Priorität sortieren. Das ergibt dann eine korrekte

Geburtstagsliste. Drucken Sie diese Liste aus, und fügen Sie sie in Ihren Kalender ein.

R *Zur Person* (PERS): Hier tragen Sie nur elementare Informationen ein, die direkt zur Person gehören, wie Beruf, Familienstand und besondere Lebensumstände. So sollten Sie grundsätzlich Verweise auf andere Personen aufnehmen. »Lieselotte Pfalz ist die Lebenspartnerin von Kurt Meier« wäre ein solcher Verweis. Auch besondere Freundschaften, Verwandtschaften und andere Querverbindungen werden hier notiert. Sie führen ja für jede Person, auch wenn Sie mit anderen eine gemeinsame Adresse hat, ein eigenes Dateiblatt.

S *Kontakte* (KONT): Dieses Datenfeld soll nicht Ihre Kontaktnotizen ersetzen. Wenn Sie die Mitglieder Ihres Netzwerkes systematisch anrufen, besuchen oder ihnen schreiben wollen, dann sollten Sie dies hier vermerken. Dieses Feld eignet sich vorzüglich für eine systematische Kontaktplanung.

> Ob als Computerdatei oder als Adressbuch per Hand: Legen Sie die Datenfelder mit eindeutigen Abkürzungen fest, und versuchen Sie stets, alle Felder auszufüllen.

Es wird Ihnen nicht immer gelingen, bei jedem Erstkontakt sofort alle Daten über eine Person zu erhalten. Manche Informationen lassen sich nicht einfach abfragen. Das gilt insbesondere für die Geburtsdaten und andere persönliche Verhältnisse.

Gestalten Sie Ihre Kontakte mit anderen Menschen mit Einfühlungsvermögen. Wenn Sie in einem Gespräch das Geburtsdatum erfahren, notieren Sie es sich und nehmen Sie es in Ihre Adressdatei auf.

Sagen Sie aber nicht plump: »Mir fehlt da noch Ihr Geburtsdatum.« Besser wäre: »Ich würde Ihnen auch zum Geburtstag gratulieren, wenn ich wüsste, wann dieses Ereignis stattfindet.«

Bei jedem Networking-Kontakt sollten Sie wissen, welche Angaben in Ihrer Adressdatei noch fehlen. Versuchen Sie, diese im Gespräch zu erfahren. Lassen Sie sich dabei aber nicht von Ihrem Perfektionsstreben nach einer lückenlosen Adressdatei leiten, sondern stellen Sie immer das einfühlsame Interesse am anderen Menschen in den Vordergrund.

Selbstverständlich sollten Sie die angesprochenen Datenfelder gemäß Ihren persönlichen Networking-Zielen einrichten und modifizieren.

So gehen Sie mit Ihrer Adressdatei um

Drucken Sie Ihr Adressbuch aus, und ersetzen Sie die ältere Version. Sie tun gut daran, Ihre Adressen nicht als Datenbank oder als Tabelle auszudrucken, sondern jeden Datensatz zu einem fortlaufenden Text umzuformen. Die einzelnen Datenfelder, die Sie in Ihrem Adressbuch benötigen, schreiben Sie dann hintereinander: NAME, TIT, VORN, FIRMA, STR, PLZ ORT, FON, FAX, EMAIL, GEB. Wie Sie diese Umformung von Tabellen oder Datenbanken in einen fortlaufenden Text vornehmen, können Sie den Programmanleitungen entnehmen.

Ihre Adressdatei können Sie nun auch dazu benutzen, die jeweilige Anschrift schnell in Briefe einzufügen. Besonders bei Briefen an mehrere Personen, die Sie über die Serienbrieffunktion erstellen, wirkt sich diese Arbeitserleichterung aus. Der Aufwand, diese Funktion einzurichten, lohnt sich nicht, um einmal dreißig Briefe zu schreiben. Wenn Sie aber öfter größere Mengen an Briefen schreiben, sollten Sie schon Zeit in die Vorbereitung investieren.

Die Anschrift für einen Serienbrief sieht dann etwa folgendermaßen aus:

ANR
TIT VORN NAME
FIRMA
Wenn STRA *nicht leer, dann* STR *sonst* BOX

PLZ ORT

Die hier in kursiv gesetzten Anweisungen müssen Sie in der Programmiersprache Ihres Textprogrammes schreiben. Hier müssen Sie den genau vorgegeben Regeln folgen und auch Vorsorge treffen, dass keine unschönen Leerstellen entstehen, wenn einige Datenfelder leer sind.

Für Vieltelefonierer ist eine automatische Telefonwahl interessant. Sie brauchen dazu eine Software, die Ihnen die Telefonwahl über den Computer erlaubt. Ferner müssen Sie einen Zugriff auf Ihre Adressdatenbank ermöglichen oder diese in das spezielle Telefonbuch Ihrer Telefonsoftware exportieren. Durch ein Anklicken des Namens wird ein Wahlvorgang ausgelöst. Eine wirklich bequeme Art des Telefonierens.

Ihre Kontaktnotizen

Überschätzen Sie die Leistungsfähigkeit Ihres Gedächtnisses nicht! Was Ihnen heute noch lebendig vor Augen steht, haben Sie bald wieder vergessen. Noch schlimmer sind Ähnlichkeiten, die zu Verwechslungen führen können. Herr Schulz hat zwei Söhne, die vierzehn und sechzehn Jahre als sind. Herr Schultze hat aber zwei Töchter, die siebzehn und achtzehn sind. Oder war es umgekehrt?

Es wird Ihnen auch schwer fallen, sich an die Themen aller Gespräche zu erinnern, die Sie führen. Das eine oder andere bleibt im Gedächtnis. Aber alle Themen?

Versuchen Sie nicht, alles im Kopf zu behalten. **Wenn Sie mit Ihrem Networking Erfolg haben wollen, müssen Sie sich über alle Kontakte Notizen machen.** Oftmals kann man nach kurzer Zeit schon nicht mehr auseinander halten, ob man etwas wirklich schon getan hat oder erst tun wollte. Wen hatten Sie denn nun schon in Ihren Golfclub eingeladen? Und den interessanten Artikel haben Sie nun schon fünf Personen geschickt. War Schulz schon dabei, oder war es Schultze?

Legen Sie sich neben Ihrer Adressdatei ein Heft mit Kontaktnotizen zu. Wie Sie diese Notizen gestalten, probieren Sie am besten selbst aus. Zuerst einmal kommt es nur darauf an, dass Sie Raum für ein paar zusätzliche Bemerkungen haben. Sie müssen auch nach zehn Jahren noch nachvollziehen können, dass Sie Schulze, Meier und Weber seinerzeit in Ihren Golfclub eingeladen hatten. Sie müssen ohne weiteres nach einem halben Jahr noch wissen, dass Sie Julia Hebenstreit am

13.08.1999 einen Zeitschriftenartikel über die Berufschancen weiblicher Vermessungsingenieure geschickt hatten.

Was Sie sich notieren sollten

Selbstverständlich schreiben Sie nicht jede Kleinigkeit auf. Wer welche Blumenkarte zum Geburtstag bekam, ist nicht relevant. Relevant aber ist, welchen Mitgliedern Ihres Netzwerkes Sie regelmäßig zum Geburtstag gratulieren.

Notieren Sie sich beispielsweise auch das Thema Ihrer Gespräche und geplanten Aktionen wie Einladungen, Anrufe, Übersenden von Informationen und so weiter. Nach dem Gespräch mit Julia Hebenstreit würden Sie notieren: »13.08.1999. T: Berufschancen Frauen. A: Artikel Vermessungsingenieure senden.« Dabei steht »T« für Thema und »A« für Aktion. Das passt alles auf die Rückseite der Visitenkarte von Frau Hebenstreit.

Neben den Gesprächsthemen und den vereinbarten Aktionen ist auch wichtig, wie Sie das Gespräch erlebt haben. Ein oder zwei Worte genügen. Nennen Sie ein Gefühl oder ein das Gespräch charakterisierendes Adjektiv. Zum Beispiel: »lustig«, »trocken«, »spannend« und so weiter.

Alles, was Sie durch direkte oder indirekte Aussagen über die Person erfahren haben, werden Sie ebenfalls notieren. Frau Hebenstreit wird Ihnen nicht sofort erzählen, dass Sie einunddreißig Jahre alt ist. Sie hat aber davon gesprochen, dass sie bei der Geburt ihrer Tochter siebenundzwanzig war und jetzt nach vier Jahren Pause wieder in ihren Beruf zurück will. Bei dieser Gelegenheit fragen Sie nach dem Namen der Tochter und erfahren, dass sie Linda heißt. Wie alt die Mutter und wie alt die Tochter sind, haben Sie durch die indirekten Aussagen bereits mitbekommen. All das lohnt es ebenfalls zu notieren.

Ausbildung, Beruf, Alter, Familienstand und Kinder sind wichtige Informationen über einen Menschen. Genauso wichtig jedoch sind die Informationen über seine besonderen Interessen. Was macht er in der Freizeit? Treibt er Sport? Wenn ja, welchen? An welchen Ereignissen nimmt er besonders Anteil? Welche Dinge liebt er, welche lehnt er ab? Interessiert er sich für Psychologie, moderne Malerei oder Segelschiffe? Und so weiter und so weiter.

Die Individualität eines Menschen wird ferner durch eine Fülle von Persönlichkeitsmerkmalen bestimmt, die in ihrer Vielfalt gar nicht aufzuzählen sind. Versuchen Sie lieber nicht, solche Persönlichkeitsmerkmale nach einem bestimmten Schema zu erfassen. Lassen Sie sich ganz einfach beeindrucken von dem, was Ihnen am anderen auffällt. Das kann zum Beispiel eine besondere Religiosität oder eine bestimmte politische Weltanschauung sein. Ihnen kann aber auch der Humor oder die Ironie, die Schüchternheit oder die brillante Logik der Argumentation auffallen. Fassen wir noch einmal zusammen. Kontaktnotizen enthalten Informationen über:

- Datum des Kontaktes, Thema, Aktionen.
- Zur Person: Alter, Ausbildung, Beruf, Interessen.
- Zur Familie: Partner, Kinder.
- Persönlichkeit: was beim Kontakt auffiel.

Notieren Sie also vor allen Dinge die Themen, die sich für eine Nachfrage bei einem erneuten Kontakt gut eignen. Dazu gehören Pläne und Ereignisse, die zu Veränderungen führen, wie Abschlüsse der Ausbildung, Beruf und Karriere, Heirat und Nachwuchs. Das gilt auch für negative Ereignisse wie Scheidung, Schwierigkeiten mit den Kindern, Krankheit und Todesfälle. Wenn Ihnen Ihr Gesprächspartner derartige Geschehnisse aus seinem Leben erzählt hat, dann ist es sowohl eine Sache der Höflichkeit als auch Ausdruck Ihrer Beziehungsintelligenz, beim nächsten Kontakt danach zu fragen.

Aber nicht nur die bedeutsamen Ereignisse sind für Ihre Networking-Arbeit wichtig, sondern auch alle Gemeinsamkeiten, die Sie bei Ihrem Gesprächspartner entdecken. Er hat die gleiche Schule besucht wie Sie. Das müssen Sie sich aufschreiben. Über seine politische Meinung, der Sie nicht zustimmen können, brauchen Sie sich nicht unbedingt eine Notiz machen. Dass er mit seinem Sohn exakt die gleichen Probleme hat wie Sie mit Ihrer Tochter, das ist wichtig. Wahrscheinlich weniger wichtig ist die Automarke, die er fährt.

Ihr Ziel ist nicht, ein *Dossier* über Ihre »Zielperson« anzulegen. Sie sind nicht beim Geheimdienst. Sie machen sich lediglich ein paar Notizen über ein Gespräch, weil Sie bestimmte Informationen nicht vergessen wollen. Sie beabsichtigen nicht, ein *vollständiges* Bild und einen *lückenlosen* Lebenslauf einer Person zu erstellen. Das ist die Sache von Detektiven und Spionen. Ihr Ziel besteht darin, die subjektiven Eindrücke einer Gesprächssituation festzuhalten.

Wie Sie mit Ihren Informationen umgehen

Nehmen wir an, Ihr Gesprächspartner will sich nicht darüber äußern, ob er verheiratet ist, Abitur hat oder wie alt er ist. Ein Mann des Geheimdienstes würde jetzt versuchen, die *objektive Wahrheit* herauszufinden. Diese ist aber für Ihr Networking weniger wichtig als die *subjektive Gewissheit*, dass Ihr Gesprächspartner auf diese Themen empfindlich reagiert. Das nehmen Sie zur Kenntnis und respektieren es. Das genügt.

 Kontaktnotizen sind keine Datensammlungen über fremde Personen, sondern Anmerkungen über das subjektive Erleben eines Gesprächs.

Machen Sie nicht nur über persönliche Begegnungen Notizen, sondern auch über alle anderen Kontaktereignisse wie Telefonate, Einladungen und Geschenke. Auch hier ist keine Vollständigkeit notwendig, sondern Sie notieren nur das, was für Ihr Networking wichtig ist. Kontaktnotizen stellen niemals eine lückenlose Aufstellung aller Kontakte dar. Besonders bei häufigen Begegnungen oder Telefonaten werden Sie vieles einfach zusammenfassen.

Wenn zu Ihrem Networking auch das Schreiben von ausführlichen Briefen gehört, dann sammeln Sie diese in einem separaten Ordner. Verweisen Sie in Ihren Kontaktnotizen auf diese Korrespondenz.

Faxe, E-Mails und Glückwunschkarten sollten Sie nicht aufbewahren. Die Aufbewahrung und Verwaltung erfordert zu viel Zeit, und der Nutzen ist gering. Vermerken Sie nur Wichtiges in Ihren Kontaktnotizen. Zum Beispiel: »Lustige Karte zu meiner Beförderung: Känguru macht Karriere-Sprung.«

Machen Sie es sich zur festen Gewohnheit, unmittelbar nach der ersten Begegnung mit einem Menschen auf der Rückseite seiner Visitenkarte ein paar Notizen zu fertigen. Nach einem Telefonat schreiben Sie direkt in Ihr Heft mit den Kontaktnotizen. Das Gleiche tun Sie, wenn Sie Faxe, E-Mails oder Briefe versenden. Wenn Sie ausführliche Briefe schreiben, speichern Sie sie in einer Datei ab, oder bewahren Sie den Durchschlag so auf, dass Sie ihn wiederfinden. Fügen Sie einen kurzen Hinweis in Ihre Notizen ein, wo der Brief abgelegt ist. Sie lesen etwas in der Zeitung über eine Person Ihres Netzwerkes. Bewahren Sie den Artikel auf, heften Sie ihn ab und schreiben Sie einen Verweis in Ihre Kontaktnotizen. Ihnen hat jemand etwas Interessantes erzählt. Schreiben Sie es auf.

Auf diese Weise beschäftigen Sie sich mit den Menschen, mit denen Sie Beziehungen pflegen. Das Führen der Kontaktnotizen zwingt Sie dazu, das Gespräch in Gedanken noch einmal durchzugehen. In Ihrer Vorstellung sehen und hören Sie den anderen Menschen. Sie wiederholen die Begegnung in Ihrem Kopf, und Sie erleben auch die Gefühle, die sie während des Kontaktes hatten.

Wie machen Sie das alles praktisch? Ihre Kontaktnotizen beginnen Sie erst einmal ganz unsystematisch. Nehmen Sie einen Ringordner mit leeren Seiten und schreiben Sie zur Person, zum Datum und zum Ereignis ein paar Stichworte nieder. Bei einem Ringordner können Sie, im Gegensatz zu einem fest gebundenen Heft, Ergänzungen vornehmen und die Bögen neu sortieren. Entwickeln Sie ein Abkürzungssystem, das für Sie eine Arbeitserleichterung darstellt.

Behalten Sie dieses System erst einmal eine Weile bei, bis Sie es für Ihre Bedürfnisse passend ausgebildet haben. Wesentliche Bestandteile des Systems sind die Abkürzungen und das Prinzip, nach dem Sie die aufzunehmenden Informationen auswählen. Lassen Sie sich bei der Auswahl von folgendem Grundsatz leiten:

 Machen Sie immer nur wenige Notizen – halten Sie jedoch alles fest, was für zukünftige Kontakte wichtig ist.

Es gibt Networking-Experten, die fertigen ihre Kontaktnotizen auf der Rückseite der Visitenkarten. Ich würde dieses System nur für den

Anfang eines Kontaktes empfehlen. Wenn sich die Beziehung positiv entwickelt, sollten Sie die Daten in Ihre Adressdatei und in Ihre Kontaktnotizen übernehmen.

Früher oder später werden Sie dazu übergehen, Ihre Kontaktnotizen in ein Tabellen- oder Dateiprogramm Ihres Computers zu übertragen. Sie müssen dazu erst ein funktionsfähiges System von Abkürzungen und Kategorien entwickeln. Das Sortieren und Ergänzen fällt dann leichter als bei Ihrem Ringordner. Die Sicherungskopie ihrer Datei ist ein Kinderspiel gegenüber der mühseligen Kopierarbeit der Seiten Ihres Ringordners.

Besonders nützlich sind die automatischen Suchfunktionen, die Ihnen Computerprogramme zur Verfügung stellen. Wem hatten Sie neulich das Buch geschickt? Wer war auf Ihrer Geburtstagsparty? Wer hat ab-, wer hat zugesagt? So etwas lässt sich in einem Dateiprogramm mühelos finden, wenn Sie bei der Datenaufnahme immer feststehende Begriffe eingeben.

Auch wenn Sie Ihre Kontaktnotizen am PC erstellen, müssen Sie nicht immer am Monitor arbeiten. Verfahren Sie genauso wie mit Ihrem Adressbuch. Machen Sie sich von Zeit zu Zeit einen Ausdruck auf Papier. Sie können ihn mit kleiner Schrift und fortlaufendem Text so gestalten, dass Ihre Kontaktnotizen auch bei großen Datenmengen nur wenige Seiten beanspruchen. Wie man einzelne Eintragungen in Datenfeldern in ein Textverarbeitungsprogramm überträgt und zu einem fortlaufenden Text umformatiert, erfahren Sie in den Anleitungen der Programme.

Telefon, Handy, Fax und E-Mail

Liebe Leserin, lieber Leser, natürlich können Sie telefonieren und vermutlich auch mit Handy, Fax und E-Mail umgehen. Aber überblättern Sie dieses Kapitel bitte nicht gleich! Vielleicht kann ich Ihnen noch ein paar zusätzliche Anregungen geben und auf häufige Fehler hinweisen.

Die Kunst des Telefonierens

Ich will Sie nicht mit diesen Weisheiten langweilen: »Zum Networking gehört das Telefon wie zum Schlafen das Bett oder zum Essen das Besteck. Auf einen Anrufbeantworter oder eine Voice-Box können Sie als Netzwerk-Experte nicht verzichten.«

So etwas hatten Sie sich schon gedacht. Aber Sie sollten doch einmal kurz darüber nachdenken, was Sie sich mit Networking einhandeln:

 Je mehr Kontakte Sie pflegen, desto mehr Anrufe werden Sie bekommen.

Das kann dazu führen, dass ständig das Telefon klingelt und Sie bei keinem Gespräch und keiner Mahlzeit mehr ungestört sind. Der Ablauf Ihres gesamten Lebens wird durch Anrufe fremdbestimmt.

Da müssen Sie gegenhalten. Reservieren Sie sich Zeiten der Ruhe vor dem Telefon: Das gemeinsame Essen mit der Familie, der Genuss eines guten Fernsehfilmes oder die Zweisamkeit mit Ihrem Partner im Bett.

Das ist leichter gesagt als getan. Das Klingeln des Telefons hat die Macht, jedes andere Verhalten sofort und nachdrücklich zu unterbrechen. Jedes Gespräch stockt. Das Telefon hat Vorrang.

Was tun? Abschalten oder klingeln lassen ist keine Lösung. Wer ein persönliches Netzwerk von Freunden und Bekannten aufbauen möchte, muss auch erreichbar sein.

Dennoch darf das Telefon keine Probleme schaffen, sondern es ist dazu da, diese zu lösen.

 Nutzen Sie die Möglichkeiten der modernen Kommunikationstechnik, und entwickeln Sie eine optimale Telefonstrategie!

Wer am Telefon verzweifelt, ist selbst daran schuld. Zumindest in seiner häuslichen Umgebung. Wie weit Sie die Gegebenheiten in dem Unternehmen, in dem Sie tätig sind, beeinflussen können, ist eine andere Frage. Nehmen wir an, Sie können die Anschaffung von Geräten und Anschlüssen und die Gestaltung von Verhaltensweisen selbst steuern, dann würde ich Folgendes empfehlen:

Wählen Sie einen ISDN-Anschluss, und kaufen Sie sich eine Telefonanlage. Unter den vielen Vorteilen dieser Anschlussart sind folgende für Ihr Networking besonders wichtig:

Ihnen stehen mehrere Telefonnummern zur Verfügung, unter denen Sie erreichbar sind. Sie sind auch dann erreichbar, wenn Sie im Internet surfen oder ein Fax verschicken. Sie können Ihre Anrufe weiterleiten, zum Beispiel auf Ihr Handy. Sie können mit mehreren Anrufern zugleich sprechen, wenn Sie eine Konferenzschaltung herstellen. Und Sie können die T-Net-Box der Telekom, eine Art Anrufbeantworter, auch von unterwegs abhören.

Nun verfahren Sie wie folgt: Eine Telefonnummer ist Ihre Hauptnummer, die Sie auf alle Visitenkarten und Briefköpfe schreiben. An diese Nummer hängen Sie Ihren Anrufbeantworter oder schalten auf die T-Net-Box. Mit der zweiten Telefonnummer ist Ihr Fax zu erreichen. Eine dritte Nummer ist für Notfälle reserviert. Über diese sind Sie immer zu erreichen, weil Sie gegebenenfalls die Anrufe auf Ihr Handy umleiten. Hier hängen Sie niemals einen Anrufbeantworter an! Diese Nummer teilen Sie nur den Personen mit, die Sie unter allen Umständen erreichen müssen, wie zum Beispiel Ihre Familienmitglieder. Eine vierte Nummer lassen Sie für besondere Gelegenheiten zur freien Verfügung. Die fünfte und sechste Nummer steht dann Ihrem Partner, Ihren Kindern oder Ihnen selbst als Geschäftsnummer zur Verfügung.

Die einzelnen Rufnummern ordnen Sie mithilfe einer kleinen Telefonanlage verschiedenen Sprechapparaten zu. Damit haben Sie Folgendes erreicht: Sie können frei entscheiden, ob Sie Ihre Networking-Anrufe entgegennehmen, weiterleiten oder mithilfe des Anrufbeantworters den Kontakt zum Anrufer zu anderer Zeit herstellen. Zugleich aber sind sie über Fax oder »Notrufnummer« immer erreichbar. Und wenn Sie stundenlang telefonisches Networking betreiben, kann auch Ihre Tochter ihre »wichtigen« Gespräche führen. Und umgekehrt.

So melden Sie sich richtig am Telefon: Es haben sich bei der Telefonkommunikation eine Reihe von Unarten eingeschlichen, über die Sie sich wahrscheinlich genauso ärgern wie jeder andere.

Wenn Sie ein Gespräch entgegennehmen, sprechen Sie immer langsam und deutlich und nennen Sie Ihren Namen und gegebenenfalls den Ihres Unternehmens, in dem Sie arbeiten. Da die ersten Worte bei der Übertragung verloren gehen können, sagen Sie am besten erst »Guten Tag« und stellen sich dann vor. Bei Firmen mit geschultem Personal nennen die Mitarbeiter in der Telefonzentrale oder im Vorzimmer auch ihre Funktion. Folgende Form ist also höflich und üblich:

- »Guten Tag. Landjäger AG. Vorzimmer von Dr. Maier. Sie sprechen mit Sabine Jörnsen. Was kann ich für Sie tun?« Oder:
- »Guten Tag. Landjäger AG. Telefonzentrale. Mit wem darf ich Sie verbinden?« Oder:
- »Grüß Gott. Landjäger AG. Dr. Uwe Maier am Apparat.«

Es ist im Businessbereich üblich geworden, den Vornamen zu nennen, um Verwechslungen bei Namensgleichheit auszuschließen. Natürlich gehört es sich nicht, Frau Jörnsen nun mit ›Sabine‹ anzureden oder zu duzen. So melden Sie sich am Telefon:

a. Business: Tagesgruß. Firmenname. Vor- und Zuname und eventuell Funktion. Möglich: »Was kann ich für Sie tun?«
b. Privat: Tagesgruß. Vor- und Zuname.

Die Nennung von Vor- und Nachnamen ist besonders bei Ihrem privaten Telefonanschluss zu empfehlen. Bringen Sie vor allen Dingen Ihren Kindern bei, sich immer mit Vor- und Nachnamen zu melden. Wenn Sie klein sind, kann man sie an ihren piepsigen Stimmen als Kinder erkennen. Werden sie größer, gibt es ständig Verwechslungen mit den Eltern.

Im privaten Bereich hat sich die Unsitte eingebürgert, sich mit »Hallo« oder »Ja, bitte« zu melden. Manche Menschen begründen diese Unart damit, dass sie sich nicht potenziellen Einbrechern zu erkennen geben wollen. Dieses Argument ist nicht mehr stichhaltig. Denn auch Einbrecher wissen, dass sie zu jeder Telefonnummer mithilfe einer Telefon-CD auch Name und Adresse ermitteln können. Es gibt also keinen Grund, sich nicht in höflicher Weise mit seinem Namen zu melden.

Eine weitere Unart ist es, den Kindern das Telefon als Spielzeug zu überlassen. Das Gespräch kann dann sehr mühselig sein, und unter Umständen bekommt der Anrufer die gewünschte Person gar nicht an den Apparat.

Wenn Sie selbst Kinder haben, lassen Sie sie erst an das Telefon, wenn sie folgende Sätze klar und deutlich sprechen können:

»Guten Tag, hier spricht Klaus Bergmann. Mein Vater ist zurzeit nicht zu Hause. Wann er wiederkommt, weiß ich leider nicht. Kann ich etwas ausrichten?«

Wenn Ihr Sprössling das noch nicht kann, hängen Sie an Ihren Anschluss einen Anrufbeantworter. Lassen Sie ihn seinen Spruch mit einem Spieltelefon erst einmal üben.

Solche Telefonate kommen nicht nur mit Kindern vor, sondern auch mit Haushaltshilfen und Ehepartnern und im Geschäftsleben durchaus auch mit Sekretärinnen und Kollegen. Wer den Telefonhörer für eine andere Person abnimmt, sollte entweder wissen, wann diese Person zu erreichen ist oder anbieten, sie über den Anruf zu informieren. Folgendes Gespräch bei einem großen Industrieunternehmen hat sich wirklich zugetragen:

»Königsberg.«

»Ich wollte aber Herrn Klaus Bergmann bei der Landjäger AG sprechen. Dann bin ich wohl falsch verbunden?«

»Nein, nein, Sie sind nicht falsch verbunden.«

»Sind Sie denn Herr Bergmann? Sie sagten doch ...«

»Sie sind schon richtig verbunden, weil das das Zimmer von Herrn Bergmann ist.«

»Und wie kann ich ihn heute erreichen?«

»Das ist eine gute Frage. Er müsste normalerweise schon zurück sein. Probieren Sie es doch einfach später noch einmal.«

Lieber Vorstand der Landjäger AG! Wie wäre es mit einem Telefonseminar für die Mitarbeiter?

Im Grunde genommen ist es doch ganz einfach, wie man sich korrekt am Telefon melden muss. Sie brauchen sich nur in den Anrufer zu versetzen. Wenn er eine Nummer wählt, hat er eine bestimmte Erwartung, wer sich melden wird. Zuerst will er wissen, ob er richtig verbunden ist. Missverständnisse lassen sich vermeiden oder leicht aufklären. Herr Königsberg hätte also sagen müssen:

»Guten Tag, Sie sind mit der Landjäger AG verbunden. Mein Name ist Königsberg, zurzeit am Apparat von Herrn Bergmann.«

Man erzählt einem Anrufer nicht, was man *nicht* weiß, sondern das, was man weiß:

»Sie können Herrn Bergmann ganz sicher morgens zwischen zehn und zwölf Uhr erreichen. Ich lege ihm auch gerne eine Information hin, wenn Sie mir Ihre Telefonnummer geben, ruft er Sie zurück.«

 Vereinbaren Sie mit Ihren Mitarbeitern und Ihrer Familie, was sie in Ihrer Abwesenheit Anrufern sagen sollen, was sie notieren müssen und wann Sie wieder erreichbar sind.

Nützliche Tipps: Wenn Sie viel und lange telefonieren: Kaufen Sie sich eine Sprechgarnitur (Headset). Dies ist ein Kopfhörer mit Mikrofon und ersetzt den Hörer Ihres Sprechapparates. Wenn Sie einmal diesen Vorteil körperlich erlebt haben, werden Sie bei Telefonaten, die sich über Stunden erstrecken, diese Sprechgarnitur nicht mehr missen wollen. Oder lieben Sie einen tauben Telefonarm oder verkrampfte Schultern?

Konferenzschaltung: Sie wollen sich mit vier Leuten auf einen gemeinsamen Termin für ein Meeting einigen. Das ist per Telefonkontakt recht schwierig, bei schriftlicher Kommunikation sehr zeitaufwändig. Nachdem Sie Ihre Meeting-Teilnehmer schon zum dritten Mal angerufen haben, weil die Terminwünsche der Einzelnen noch immer nicht übereinstimmen, fällt Ihnen ein: Es gibt ja auch eine Konferenzschaltung. Wenn jeder mit jedem sprechen kann, wird es leichter, eine gemeinsame Lösung zu finden.

Anrufbeantworter, Call-Box und Rufweiterleitung: Anrufbeantworter sind nützlich, aber sie stören die Kommunikation. Bei vielen Menschen löst die sprechende Maschine negative Gefühle aus: Wut, Scheu oder sogar Angst. Nach einer neueren Untersuchung hinterlassen 57

Prozent der Anrufer keine Nachricht. Nur die Hälfte davon ruft noch ein zweites Mal an. Lediglich 16 Prozent sprechen beim ersten Versuch eine verwertbare Nachricht auf das Band. Mindestens ein Drittel aller Geschäftskontakte kommt gar nicht zustande.

Falls Erstkontakte für Sie wichtig sind, sollten Sie doch eine direkte persönliche Verbindung herstellen. Sie haben zwei Möglichkeiten:

- Sie beauftragen einen Sekretariatsservice, Ihre Anrufe entgegenzunehmen.
- Sie leiten Ihre Anrufe automatisch auf Ihr Handy oder einen anderen Anschluss um, unter dem Sie jederzeit zu erreichen sind.

Anrufbeantworter richtig nutzen: Wenn Sie bei Ihrem Anrufbeantworter bleiben wollen, überprüfen Sie Ihren Ansagetext. Jeder Text lässt sich immer auch besser formulieren und freundlicher sprechen. Wenn Ihre Anrufer Hemmungen haben, auf das Band zu sprechen, bieten Sie Alternativen an:

»Ich rufe Sie zurück, oder Sie versuchen es noch einmal zwischen achtzehn und zwanzig Uhr, dann bin ich ganz bestimmt zu erreichen, oder Sie senden mir ein Fax an die Nummer 11 22 33.«

Es gibt nun mal Menschen, die wollen oder können nicht auf das Band sprechen. Vielfach wollen die Anrufenden auch nicht zu einer beliebigen Zeit zurückgerufen werden. Deshalb ist das Angebot von Alternativen sinnvoll.

Ihr Text auf dem Band muss sowohl kurz als auch freundlich und verbindlich sein. Entschuldigen Sie sich nicht dafür, dass Sie nicht anwesend sind. Geben Sie auch keine Handlungsanweisungen, was der Anrufer tun soll:

»Legen Sie nicht auf und hinterlassen Sie einfach Ihre Nachricht nach dem Ton.«

Ihr Ansagetext könnte etwa folgendermaßen lauten (wenn es sich um eine Firma handelt, sprechen Sie in der Wir-Form):

»Guten Tag, Sie sind mit dem Anschluss Bernd Meier verbunden. Ich bin zurzeit unterwegs. Sie können mich täglich zwischen achtzehn und zwanzig Uhr erreichen, oder Sie hinterlassen mir eine Nachricht, und ich rufe Sie sobald wie möglich zurück. Sprechen Sie bitte nach dem Ton.«

Schreiben Sie Ihren Text vorher auf, und sprechen Sie ihn ruhig und ohne zu stocken. Lächeln Sie freundlich dabei. Freundliches Lächeln wirkt sich auf Ihre Stimme aus, ist also »hörbar«.

Menschen kommunizieren miteinander. Apparate sind nur Hilfsmittel für diese Kommunikation. Eine Bandansage ist etwas ganz anderes als ein lebendiger Dialog. Sagen Sie niemals: »Hier spricht Bernd.« Denn es sind nicht Sie selbst, der jetzt zu dem Anrufer spricht. Sagen Sie daher immer: »Hier ist der Anschluss...« oder »... der Anrufbeantworter« oder »... meine Stimme auf Band«. Versuchen Sie also auf jeden Fall den Eindruck zu vermeiden, der Anrufer würde mit Ihnen persönlich sprechen.

Der Text auf Ihrem Anrufbeantworter sollte kurz und präzise sein. Verändern Sie Ihren Text und die Aufforderung an den Anrufenden so lange, bis die Kommunikation immer besser klappt. Passen Sie Ihren Text auch den veränderten Umständen an. Wenn Sie vierzehn Tage verreisen, darf Ihr Text nicht lauten: »Ich rufe Sie sobald wie möglich zurück.« Formulieren Sie in diesem Fall eine neue Bandansage, zum Beispiel diese:

»Ich bin bis zum 20.03. auf Dienstreise. Sie können mir aber eine Nachricht hinterlassen. Ich höre das Band täglich ab und rufe Sie zurück. Sagen Sie auch, wann Ihnen ein Rückruf angenehm ist. Sprechen Sie nach dem Ton.«

Selbstverständlich können Sie auch andere Alternativen anbieten. Ihre Handynummer oder Ihre freie ISDN-Nummer, für die Sie eine Umleitung auf Ihr Handy geschaltet haben:

»Bis zum 20.03. bin ich unterwegs. Sie können mich aber über die Nummer 22 33 44 täglich zwischen acht und neun Uhr und zwischen sechzehn und achtzehn Uhr erreichen, oder Sie rufen mich nach dem 20.03. auf diesem Anschluss erneut an. Vielen Dank, auf Wiederhören.«

Bei diesem Arrangement tragen Sie die Verbindungskosten von Ihrem Anschluss zum Handy, haben Ihre Handynummer aber nicht allgemein bekannt gemacht.

Alles, was ich über die Ansagetexte des Anrufbeantworters gesagt habe, gilt in gleicher Weise bei Voice-Box-Systemen. Verwenden Sie möglichst nicht den Standardtext dieser Systeme, sondern verändern Sie ihn nach Ihren Bedürfnissen. Bieten Sie auch hier dem Anrufer immer Alternativen an: auf das Band zu sprechen oder Sie zu einem bestimmten Zeitpunkt unter einer bestimmten Nummer anzurufen oder Ihnen ein Fax zu schicken.

Natürlich kann eine Sekretärin Ihre Anrufe viel besser annehmen, weil sie situationsangepasst reagieren kann. Für Ihr Networking aber werden Sie aber kaum eine Sekretärin zur Verfügung haben. Auch dann, wenn Sie sich bei Ihrer geschäftlichen Aufgabenerledigung auf eine derartige Unterstützung verlassen können, werden Sie doch einen Großteil Ihrer Networking-Arbeit nicht im Businessbereich abwickeln. Viele Kontakte laufen über Ihren häuslichen Telefonanschluss. Und dafür ist ein Anrufbeantworter oder ein Voice-Box-System unverzichtbar.

Das Telefondilemma Ihres Networking besteht darin, dass Sie einerseits immer erreichbar sein wollen, andererseits das Telefonklingeln nicht ständig stören darf. Daher sollten Sie bestimmte Zeiten für Ihre Erreichbarkeit über den Networking-Anschluss freihalten. Um in den anderen Zeiten vor dem Telefon geschützt zu sein, schalten Sie den Anrufbeantworter ein. Durch den Ansagetext erfährt dann der Anrufer, wann und wie Sie direkt erreichbar sind.

Sie sollten die Zeiten der direkten telefonischen Erreichbarkeit nicht zu eng bemessen. Wenn Sie jeweils nur freitags von fünfzehn bis neunzehn Uhr für Ihr Networking zur Verfügung stehen, dann wird nicht viel daraus. Machen Sie es eher umgekehrt. Sie sind zum Beispiel jeden Tag, außer montags, zwischen siebzehn und zwanzig Uhr zu erreichen. Gerade das Wochenende müssen Sie für Ihre Networking-Kontakte offen halten.

Die Art, wie Sie solche zeitlichen Gestaltungen regeln, sagt viel über Ihre Person aus. Handhaben Sie es locker und geschickt. Wenn Sie anderen rigorose Regelungen aufdrängen wollen, haben Sie beim Networking etwas missverstanden. Als Vorgesetzter oder Chef können Sie Ihren Mitarbeitern etwas vorschreiben. Wenn Sie ein Netzwerk sozialer Beziehungen aufbauen, sind Sie Gleicher unter Gleichen, und das sollten Sie stets im Gedächtnis behalten.

Sie sehen, dass Sie schon bei der Formulierung eines Ansagetextes für einen Anrufbeantworter beziehungsintelligent vorgehen müssen. Formulieren Sie locker, leicht und freundlich, und berücksichtigen Sie immer die Bedürfnisse und Erwartungen des Anrufers.

Auf Anrufbeantworter sprechen: Nicht nur bei Ihnen zu Hause steht einer, sondern auch dort, wo Sie anrufen, treffen Sie auf einen Anrufbeantworter oder auf ein Voice-Mail-System. Viele Menschen sind irritiert, weil Sie damit nicht gerechnet haben. Sie legen auf oder stottern ein paar sinnlose Sätze:

»Hallo, du bist gerade nicht da. Ich wollte mit dir sprechen. Mit dem blöden Gerät will ich nicht reden. Na gut, ich ruf' mal wieder an. Auf Wiederhören.«

Dieser Anrufer hätte auch gleich wieder auflegen können. Er unternimmt nichts, was zu einem Kontakt führt.

Überlegen Sie sich grundsätzlich vor jedem Telefonat, was Sie sagen, wenn Sie auf einen Anrufbeantworter stoßen. Auf jeden Fall sagen Sie langsam und deutlich Ihren Namen und dann noch langsamer Ihre Telefonnummer. Sie können um einen Rückruf bitten. Sie sagen auch gleich dazu, wann Sie zu erreichen sind und zu welchen Zeiten Ihnen der Rückruf am besten passt. Bieten Sie auch eine Lösung an, wenn der Anrufer Sie dann persönlich verfehlt und es wiederum mit Ihrem Anrufbeantworter zu tun hat. Soll er dann sagen, wann er zu erreichen ist oder soll er es öfter bei Ihnen zu einer bestimmten Tageszeit versuchen? Nennen Sie auch Datum und Uhrzeit Ihres Anrufs. Hier ein Beispiel:

»Guten Tag, mein Name ist Bernd Meier. Der Grund meines Anrufes ist folgender... Seien Sie bitte so freundlich, mich zurückzurufen unter der Nummer 22 33 44. Sie erreichen mich am besten täglich zwischen acht und neun Uhr. Heute ist der 20.3., siebzehn Uhr. Vielen Dank. Auf Wiederhören.«

Wenn Sie einen Bekannten anrufen, können Sie das Ganze in einem vertraulicheren Ton vortragen. Die Elemente sind immer die gleichen:

 Seien Sie bei jedem Anruf darauf vorbereitet, dass Sie eine Nachricht auf Band sprechen müssen. Folgende Informationen sind wichtig:

Begrüßung – Ihr Name – der Grund Ihres Anrufes – Ihre Telefonnummer – wann Sie zu erreichen sind (oder wie der Kontakt zustande kommen soll) – Datum und Uhrzeit Ihres Anrufes – Verabschiedung.

Beim Networking sollten Sie niemals den Angerufenen unter Druck setzen, indem Sie einen erneuten Anruf zu einem bestimmten Termin ankündigen. Das können Sie nur mit Menschen machen, die Sie für ihre Zeit und Dienstleistung bezahlen oder denen Sie etwas abkaufen wollen. Aber in freien Beziehungen, die auf Gegenseitigkeit beruhen, bestimmt man nicht über die Zeit des anderen.

Brauchen Sie für ein erfolgreiches Networking ein Handy?

Das kommt darauf an, wie häufig Sie unterwegs sind. Wenn Sie mit vielen Menschen intensiven telefonischen Kontakt pflegen, wird dies teuer. Ein Handy ist kein geeignetes Mittel regelmäßiger Kontaktpflege, sondern ein vorzügliches Instrument für kurze Informationen. Ausführliche Telefonate führen Sie besser von Ihrem Festnetz-Anschluss aus.

Geben Sie lieber nicht allen Menschen Ihre Handynummer. Sie wollen sicher nicht in allen möglichen und unmöglichen Situationen von Anrufen gestört werden. Es lässt sich auf der Straße, beim Flirt oder auf der Toilette nicht gerade entspannt telefonieren. Sichern Sie Ihre telefonische Erreichbarkeit für Ihr Networking besser durch Anrufbeantworter, Fernabfrage oder Voice-Mail-Systeme. Ihre Handynummer geben Sie nur den Personen, die Sie unterwegs auch erreichen müssen. Ansonsten ist das Handy ein vorzügliches Instrument, selbst Kontakt mit anderen aufzunehmen.

Da wir gerade von den Kosten sprechen: Wenn Sie das Handy nur dazu benutzen, stets erreichbar zu sein und es selbst nur für wenige Kurzinformationen benötigen, dann ist eine Jahreskarte ohne Grundgebühr, eine Prepaid-Karte, eine sehr preiswerte Angelegenheit. Zwar ist das Einzelgespräch, das Sie mit dem Handy führen, teurer, als wenn Sie einen Vertrag mit monatlicher Grundgebühr haben, aber die

Das Handy ist kein Prestigeobjekt mehr

Grundgebühr kostet mindestens das Fünffache der Jahreskarte, und damit haben Sie noch nicht eine Minute telefoniert. Erfragen Sie die aktuellen Preise, und rechnen Sie dies im Einzelnen nach.

Unter diesem Gesichtspunkt sind Funkrufsysteme wie Scall, Skyper oder City-Ruf völlig unattraktiv. Sie mögen für spezielle Aufgaben noch gebraucht werden, aber für allgemeine Kommunikationszwecke ist ein Handy unschlagbar.

Jedes Handy kann auch kurze Textnachrichten empfangen und im Display anzeigen. Diese SMS-Nachrichten (Short Message Service) lassen sich von einem anderen Handy, einem Festnetz-Telefon oder einem PC aus versenden. Der Vorteil der SMS-Nachrichten: Der Empfänger kann die Nachricht in Situationen empfangen, in denen Telefonieren störend ist. Wenn er den akustischen Ruf abschaltet, kann er auch in einer Konferenz eine Information entgegennehmen. Die Nachricht wird

48 Stunden aufbewahrt und innerhalb dieser Zeit so oft gesendet, bis Ihr Handy den Empfang bestätigt. Wenn Ihr Gerät nicht empfangsbereit ist, und Sie stellen es wieder an, erscheinen die vorliegenden Nachrichten im Display, ohne dass Sie sie ausdrücklich abrufen müssen.

SMS-Nachrichten kann man von Handys und Festnetz-Telefonen aus absenden. Sehr mühselig ist die Eingabe von Buchstaben auf der numerischen Tastatur, da jede Taste mehrfach belegt ist. Leichter geht es über Ihren PC mit einem kleinen Kommunikationsprogramm. Ihr PC muss natürlich dabei mit einem Modem oder via ISDN an die Telefonleitung angeschlossen sein.

Sie können mit Ihrem Handy auch an Faxgeräte senden oder E-Mails abschicken. Auch in diesen Fällen besteht aber immer das Problem der sehr mühevollen Eingabe auf der numerischen Tastatur.

Kleine Handy-Etikette: Über den Umgang mit dem Handy finden Sie in jedem neueren Buch über Stil und Etikette detaillierte Verhaltensanweisungen. Meist wird da aufgezählt, wo man es überall nicht benutzen darf: im Restaurant, im Speisewagen der Bahn, bei Vorlesungen, im Wartezimmer, bei Empfängen usw. Richtig ist, dass das Klingeln des Handys in manchen Situationen auf andere Personen störend wirkt. Die Lösung kann aber nicht darin bestehen, es ständig auszuschalten. Ein Mobiltelefon bietet nun einmal die fantastische Möglichkeit, überall direkt erreichbar zu sein. Andererseits muss eine Störung vermieden werden.

Die Lösung des Problems wurde mir blitzartig klar, als ich eines Tages zufällig bemerkte, dass ein Student während meiner Vorlesung mit einem Handy telefonierte. Ich hatte weder ein Klingeln gehört, noch störte sein Sprechen irgendjemanden. Er hatte das Handy so geschickt in der Hand und sprach so leise, dass wirklich niemand beeinträchtigt wurde. Ich hatte sein Telefonat nur bemerkt, weil ich ihn zufällig für einen Moment anschaute.

Die Verhaltensregel für den Handy-Gebrauch lautet also nicht, es in dieser oder jener Situation abzuschalten, sondern sein Rufzeichen sehr leise zu stellen oder ganz zu unterdrücken. Es ist technisch kein Problem, so dezent zu telefonieren, dass niemand anderes dadurch beeinträchtigt wird.

Vor einer Situation, in der Sie grundsätzlich kein Gespräch annehmen können, sollten Sie das Handy ausschalten und das Gespräch auf die Mail-Box umleiten – etwa vor einem Vortrag, den Sie halten, oder einem Bewerbungsgespräch. Wenn Sie unbedingt auch bei einer Beerdigung oder beim Gottesdienst erreichbar sein müssen, dann stellen Sie Ihr Handy auf *Vibrieren* oder *Blinken*, sodass niemand sonst den Anruf mitbekommt. Verlassen Sie dezent den Ort, und telefonieren Sie draußen.

Wenn ein Anruf zur Störung wird: Ob Handy oder Festnetz-Telefon: Beobachten Sie einmal genau, wie Sie selbst und andere Menschen auf Anrufe reagieren, wenn Sie ein Gespräch führen. Die Menschen gehen unterschiedlich mit dieser Situation um. Die einen ziehen sofort die Aufmerksamkeit von dem Gesprächspartner ab, blicken auf das Telefon, heben ab und entschuldigen sich dann durch ein hilfloses Schulterzucken. Die anderen lassen sich durch das erste Läuten in ihrer Zuwendung gar nicht irritieren, sprechen ihren Satz zu Ende oder hören den Satz des anderen, bis dieser unterbricht, entschuldigen sich zuerst für die Störung und warten auf die Zustimmung ihres Gesprächspartners, das Gespräch zu unterbrechen. Erst dann wenden Sie sich dem Telefon zu.

Schauen Sie in einer solchen Situation einmal ganz genau auf die Mimik und Gestik und auf den Ablauf dieser einzelnen kleinen Verhaltenselemente. Wenn Sie diesen Unterschied genau beobachtet haben, versuchen Sie sich einmal in den Gesprächspartner hineinzuversetzen und seine Gefühle nachzuvollziehen. Der Mensch, der dem persönlichen Gespräch den Vorrang gibt, zeigt die höhere Beziehungsintelligenz. Er gibt dem Gesprächspartner das Gefühl, wichtiger zu sein als der störende Anrufer. Obgleich auch er sein Gespräch unterbricht, erzeugt diese Unterbrechung weniger Enttäuschung als die des anderen.

So verhalten Sie sich beziehungsintelligent, wenn ein Telefonklingeln Ihr Gespräch mit einer Person stört:

- Sprechen Sie Ihren Satz zu Ende oder hören Sie bis zum Ende des Satzes des Gesprächspartners zu.

- Entschuldigen Sie sich für die Störung.
- Bitten Sie um Erlaubnis, das Gespräch zu unterbrechen.
- Warten Sie auf die Zustimmung Ihres Gesprächspartners.
- Führen Sie ein kurzes Telefonat.
- Vereinbaren Sie gegebenenfalls einen späteren Telefonkontakt.
- Schauen Sie Ihren Gesprächspartner einen Moment schweigend an.
- Nehmen Sie den letzten Satz noch einmal auf: »Ich habe gesagt...«, oder: »Sie sagten gerade...«.
- Führen Sie das Gespräch fort.

Brauchen Sie für ein erfolgreiches Networking ein Faxgerät?

Faxgeräte werden heute in den unterschiedlichsten Kombinationen und Ausführungen angeboten: als Drucker, Scanner, Kopierer oder Telefonkombination. Interessant ist auch eine Gerätekombination, mit der Sie nicht nur Faxe und E-Mails abschicken, sondern auch E-Mails empfangen können. Der Abruf erfolgt automatisch. Fax-Nachrichten können Sie international preisgünstig über das Internet verschicken.

Wenn Sie einen Internet-Anschluss haben, haben Sie auch einen PC und ein Modem. Dann können Sie mit spezieller Software auch über die Telefonleitung Faxe versenden und Faxe empfangen. Der Empfang klappt allerdings nur, wenn Ihr PC eingeschaltet ist. Es gibt auch bei ausgeschaltetem PC technische Lösungen, um Fax-Übermittlungen anzunehmen. Sie können zum Beispiel eingehende Faxe auf Ihre T-Net-Box leiten und von dort abrufen.

Ich persönlich nutze beides: ein klassisches Faxgerät und den Fax-Versand über das Modem des PC. Vordrucke und andere Unterlagen lassen sich einfacher durch das Faxgerät einscannen und versenden. Briefe, die ich im Textverarbeitungsprogramm schreibe, sende ich von da aus gleich per Modem als Fax ab. Auch kann ich über die Software Serienbriefe an verschiedene Empfänger absenden, ohne diese wiederholt in mein Faxgerät eingeben zu müssen.

Was Sie beim Faxen beachten sollten: Ein abgesendetes Fax muss nicht unbedingt ankommen. Als Rückmeldung auf Ihren Sendebericht erhalten Sie die Nachricht, die das Empfänger-Fax sendet. Oftmals ist eine falsche Nummer einprogrammiert, und Sie meinen, Sie hätten sich in der Nummer geirrt. Wenn der Empfänger die Faxrolle verkehrt herum eingelegt hat, meldet sein Gerät zwar den Empfang, aber sein Papier ist nach wie vor blütenweiß und unbedruckt. Und schließlich können Sie sich verwählt haben, und Ihr Fax verirrt sich als Piepton in irgendeinem Telefonhörer.

Wenn Ihre Fax-Mitteilung wichtig ist, fragen Sie nach, ob Sie angekommen ist. Für vertrauliche Mitteilungen ist ein Fax ungeeignet. Sie wissen nie, wer es in die Hände bekommt. Wenn Sie draufschreiben »vertraulich, sofort an XY weiterleiten«, dann liest es erst recht jedermann.

Ich weiß nicht, wer diese Fax-Vorblätter erfunden hat. Sie sind unnötig und für beide Seiten kostenträchtig. Sie kosten Telefongebühren für die Übertragung und verbrauchen das Faxpapier des Empfängers. Sie können auf jedes Fax per Hand ergänzen: »Fax an Herrn Müller – 2 Seiten.« Und Sie können auf jedes Fax die Zeile setzen: »Vorab Fax – Brief folgt per Post.«

Manchmal finde ich von meinem Fax ausgehend sechs Meter lange Papierschlangen in meinem Arbeitszimmer vor. Dann hat irgendein Witzbold die zwanzig Seiten eines Prospektes gefaxt. Den hätte er besser mit der Post geschickt! Versenden Sie also niemals ohne Absprache mit dem Empfänger derart umfangreiches Material. Ein Fax sollte möglichst nicht mehr als eine Seite umfassen. Bei Kurzmitteilungen genügt auch eine halbe Seite.

Für Fax-Mitteilungen gibt es keine Formvorschriften. Einen normalen Brief schicken Sie natürlich auch als Fax im üblichen Briefstil. Aber eine kurze Anfrage, eine Antwort auf eine Reklamation oder eine Bestellung kann man wirklich ganz formlos per Fax verschicken. Sie schneiden eine Anzeige aus, schreiben darauf: ›Bitte um Informationen‹ und drücken Ihren Stempel darunter. Als Brief würde ich solche Anforderungen nicht versenden, als Fax ist das unproblematisch und nicht unhöflich.

In vielen Fällen lässt sich eine Angelegenheit sehr schnell dadurch erledigen, dass Sie ein erhaltenes Fax oder einen Brief mit ein paar Zusatzbemerkungen zurücksenden, zum Beispiel bei der Mahnung einer Zahlung, die aber schon fristgerecht überwiesen wurde.

 Die wichtigsten Fax-Regeln:
- Verwenden Sie möglichst kein Vorblatt.
- Verschicken Sie keine unangeforderte Werbung.
- Beschränken Sie Ihr Fax möglichst auf eine oder sehr wenige Seiten.
- Ihr Fax darf formlos und handgeschrieben sein.
- Benutzen Sie Bestellscheine, Formulare oder Briefe als Fax-Grundlage.

Kleine Fax-Etikette: Die moderne Kommunikationstechnik verändert auch das Kommunikationsverhalten. Mit dem Fax lassen sich formlose Mitteilungen verschicken, die man niemals in dieser Form als Brief versenden würde. Andererseits gibt es Mitteilungen, die Sie niemals als Fax versenden sollten. Einladungen für Partys und Empfänge, Ernennungen, Todesmitteilungen und Kondolenzbriefe. Für diese Zwecke ist immer noch das angemessene Papier, die richtig gestaltete Form und der verschlossene Briefumschlag angezeigt. In all diesen genannten Fällen ist nur ausnahmsweise das Fax gerechtfertigt, wenn eine schnelle Übermittlung notwendig ist.

Seien Sie aber vorsichtig, das Fax als Ersatz für einen Brief durch zeitliche Dringlichkeit zu rechtfertigen. Wenn Sie zum Weihnachtsfest an Ihre Freunde Grüße *faxen*, »weil das Fest jedes Jahr so überraschend kommt«, dann mag das als Witz einmal durchgehen. Aber ein formloses Fax statt einer Geburtstagskarte, »weil ich erst im letzten Augenblick daran gedacht habe«, das zeigt, wie unwichtig diese Person für Sie ist. Seit Sigmund Freud weiß es jeder, dass derartige Fehler nicht zufällig sind.

Ihr Fax-Empfangsgerät sollte grundsätzlich eine andere Rufnummer haben als Ihr Telefon. Bei ISDN sind damit keine Mehrkosten verbunden. Wenn Telefon und Fax an einer Rufnummer hängen, gibt es häufig Probleme. Unangenehm für den Anrufer ist es, wenn er Sie telefonisch sprechen möchte und Ihr Faxgerät sich mit einem Pfeifton meldet. Dies ist auch unhöflich, weil eine Verbindung zustande gekommen ist, die der Anrufer bezahlen muss. Das kann bei Auslands- oder Handygesprächen ganz schön teuer sein.

Wenn Ihnen jemand auf seiner Visitenkarten für Telefon und Fax eine identische Nummer anbietet, fragen Sie immer nach, unter welchen Bedingungen sein Gerät empfangsbereit ist.

E-Mail

E-Mail, den elektronischen Briefversand über das Internet, sollten Sie für Ihr Networking ebenfalls nutzen. Aber versenden Sie nun *nicht alle* Informationen als E-Mail. Mitteilungen über dieses Medium haben eine andere Form und wirken auf den Empfänger auch anders als ein Brief. Nach Eingabe der E-Mail-Adresse und eines kurzen Betreffs schreiben Sie Ihren Text, ohne sich um eine Seitengestaltung zu kümmern. Als Brief könnten Sie so etwas nicht versenden.

Einladungen, Glückwunschkarten und Kondolenzbriefe verschicken Sie lieber mit der Post. Denken Sie bei der Auswahl der Kommunikationsmedien immer zuerst daran, welchen Eindruck diese Versandform auf den Empfänger macht.

Nutzen Sie für Ihre Netzwerk-Kommunikation insbesondere die Vorteile der E-Mail. Sie können einen Text sekundenschnell und weltweit zu einem unschlagbar niedrigen Preis versenden.

Sie können Computerdateien als Anhang zu Ihrer E-Mail in der gleichen komfortablen Weise versenden. Das Versenden einer Diskette im Briefumschlag ist da aufwändiger. Sie können sich den Arbeitsaufwand formgestalteter Briefe sparen, wenn es nur um die Übermittlung einer kurzen Information geht und die mangelnde Formgestaltung kein Nachteil ist.

Sie können sich beliebig viele E-Mail-Adressen zulegen und diese für unterschiedliche Zwecke nutzen.

Der Nachteil der E-Mail darf nicht übersehen werden. Anders als bei Fax und Brief muss der Empfänger aktiv werden und seine E-Mails abrufen. Wenn er das wochenlang nicht tut, funktioniert diese Kommunikation natürlich nicht. Wenn Sie Ihre E-Mail-Adresse in Ihr Networking einbeziehen, sie auf Ihre Visitenkarten und Briefbögen aufdrucken, dann müssen Sie die elektronische Post auch regelmäßig abrufen. Zwingen Sie sich zu nichts, nur weil Sie modern erscheinen wollen. Wenn Sie nicht alle paar Tage vor dem Computer sitzen wollen, dann geben Sie Ihre E-Mail-Adresse nicht in den Networking-Kreislauf ein.

Einen großen Vorteil der E-Mail-Adresse müssen wir noch erwähnen: Sie ist beständig. Sie kann über Jahre die gleiche sein, auch wenn Sie umziehen oder Ihr Telefonanschluss wechselt. Andererseits bleiben Sie mit Ihrer Wohnadresse anonym. Sie können Ihre E-Mail-Adresse bedenkenlos in Publikationen, Websites und auf Plakaten verbreiten, weil Sie die Kontakte, die sich daraus ergeben, immer unter Kontrolle behalten. Sie sind außerdem von Ihren »Gesprächspartnern« weltweit genauso schnell und leicht zu erreichen wie von Personen, die um die Ecke wohnen.

E-Mails lassen sich auch über Handy und Fax empfangen und per Telefon abhören. Sie können auch per Handy E-Mails versenden und so weiter und so weiter. Die Kommunikationstechnik, die Geräte, die Software und die Verfahrensweisen sind heute sehr vielfältig. Lassen Sie sich aber von dem Riesenangebot und den vielen Kombinationsmöglichkeiten nicht verwirren. Analysieren Sie genau, was Sie für Ihren Zweck benötigen und was Sie sinnvoll für Ihr Networking einsetzen können. Verfallen Sie keinesfalls auf die Idee, alle Briefe nun per E-Mail zu verschicken. Nicht jeder Empfänger ist so begeistert, wie Sie es selbst möglicherweise sind. Vernachlässigen Sie auch nicht das Schreiben und Versenden von Briefen. Geben Sie lieber etwas mehr Geld für Briefmarken aus, als Handygespräche zu führen, die nicht notwendig sind.

Moderne Kommunikationstechniken sind für das Networking unentbehrlich. Allerdings brauchen Sie nicht alles, was auf dem Markt ist. Probieren Sie aus, was für Ihr Networking von Vorteil ist.

Mit den Kommunikationstechniken, die Sie für Ihr Networking einsetzen, sollten Sie so problemlos umgehen können, dass Sie das Technische daran vergessen.

All die modernen Kommunikationstechniken, vom Telefon bis zum Internet, *beherrschen* unser soziales Leben. Bei vielen Menschen erzeugen Sie Ablehnung und Stress. Stellen Sie bei Ihrer Nutzung der

Technik immer die Bedürfnisse Ihres Gesprächspartners in den Vordergrund. Seien Sie einfühlsam und beziehungsintelligent. Regeln der Höflichkeit gelten nicht nur für die Konversation beim Galadiner. Auch der tägliche Umgang miteinander, der durch Technik vermittelt wird, hat seine Etikette.

Kapitel 4

Entwerfen Sie Ihre eigene Networking-Strategie

Finden Sie Ihren eigenen Networking-Stil

Networking ist nicht gleich Networking. Sie können an institutionellen Netzwerken teilnehmen oder ein persönliches Netzwerk aufbauen und pflegen. Sie können in Vereine eintreten und diese für Ihr persönliches Networking nutzen. Vor allen Dingen müssen Sie sich entscheiden, wie intensiv Sie Networking betreiben wollen. Wollen Sie Beziehungspflege zum Zentrum Ihres Lebens machen? Oder sollen Kontakte mit anderen Menschen nur einen Teil ihrer Aktivitäten ausmachen? Geht es Ihnen um ein sehr großes Netzwerk? Oder ist es Ihr Ziel, nur ein paar gute Freunde zu finden?

Finden Sie für diese Fragen möglichst frühzeitig die passenden Lösungen, denn Sie werden immer, wenn Sie Networking erfolgsorientiert betreiben, auf eine Reihe von Problemen stoßen.

Vermeiden Sie vor allen Dingen beim Networking den Eindruck, Sie würden angelesene Anweisungen mechanisch anwenden. Sie erhalten mit diesem Buch eine Reihe von nützlichen und erprobten Regeln an die Hand. Sie müssen sie sich aber individuell aneignen. Wer nach einem Schema vorgeht, wird niemals beziehungsintelligent erscheinen.

Die Größe Ihres Netzwerkes

In einem Networking-Handbuch habe ich gelesen: »Der Mensch hat durchschnittlich 25 bis 30 Kontakte täglich. Bemühen Sie sich, diese Zahl zu übertreffen.«

Eine sinnvolle Empfehlung? Wohl kaum. Networking ist doch kein Wettbewerb, bei dem es um das Erreichen von Rekorden geht. Wenn Sie zu wenige Kontakte haben, müssen Sie die Anzahl der Kontakte erhöhen. Wenn Sie es täglich mit zu vielen Menschen zu tun haben, müssen Sie die Anzahl der täglichen Kontakte reduzieren. Ob es *zu viel* oder *zu wenig* Kontakte sind, werden Sie mit Ihrer natürlichen Beziehungsintelligenz erkennen.

Es kommt nicht darauf an, dass Ihr Netzwerk besonders groß ist. Sie müssen nicht täglich mit hundert Menschen gesprochen haben, tausend Personen mit Namen kennen und zehntausend Adressen in Ihrer Datei haben. Es kommt auch nicht darauf an, viele bekannte und berühmte Leute in Ihre »Sammlung« aufzunehmen.

 Machen Sie aus Networking keinen Wettbewerb.

Beim Networking geht es um Kontakte und Begegnungen mit Menschen. Es geht um Anteilnahme und Interesse an persönlichen Schicksalen. Wer sich in Gesprächen ständig damit brüstet, mehr Menschen zu kennen als der andere, muss der Entfaltung seiner Beziehungsintelligenz noch ein wenig Aufmerksamkeit widmen.

Im Allgemeinen ist ein großes Netzwerk einem kleinen überlegen. Im Einzelfall kann jedoch ein kleines Netzwerk für Ihre Bedürfnisse optimal sein. Machen Sie sich Gedanken, wie groß Ihr persönliches Netzwerk sozialer Beziehungen werden soll. Sie müssen sich nicht auf eine bestimmte Anzahl von Personen festlegen. Aber die Dimensionen sollten Ihnen schon klar sein.

Kleine Netzwerke enger Freunde und sehr guter Bekannter

Kleine Netzwerke bestehen aus ungefähr fünfzig bis hundert Personen. Soziale Beziehungen lassen sich nicht in exakte Zahlen fassen, sondern nur in Größenordnungen.

Auch wenn ihr persönliches Netzwerk *klein* bleiben soll, werden Sie mit den Jahren natürlich mehr als fünfzig Personen *kennen*. Ihr Adressbuch wird mehrere hundert Adressen aufweisen. Sie aber legen für sich bestimmte Maßstäbe fest, *wer* Mitglied Ihres Netzwerkes ist. Sie zählen nicht jeden Nachbarn in Ihrem Wohnblock oder jeden Arbeitskollegen dazu. *Mitglieder* in ihrem Netzwerk sind für Sie entweder enge Freunde oder sehr gute Bekannte. Dazu gehört für Sie eine gewisse Häufigkeit und Intensität des Kontaktes.

Die Größe Ihres Netzwerkes hängt davon ab, welchen Menschen Sie wann und weshalb in Ihr Netzwerk aufnehmen. Aus fünfhundert Adressen können Sie fünfzig Netzwerk-Mitglieder machen oder aber auch vierhundertfünfzig.

Die Größe Ihres Netzwerkes hängt auch von dem Ausmaß Ihrer Kontaktbemühungen ab. Wenn Sie nur gelegentlich neue Bekanntschaften machen und nur selten die Initiative ergreifen, andere anzurufen, ihnen zu schreiben oder sie einzuladen, dann wird Ihr Netzwerk klein bleiben. Wer Networking systematisch betreibt, muss nicht unbedingt alle und jeden kennen.

 Ein kleines Netzwerk kann genauso professionell und leistungsfähig sein wie ein großes.

Ihr Netzwerk sollte allerdings nicht deshalb klein bleiben, weil es Ihnen nicht gelingt, mehr Mitglieder zu gewinnen. Dann machen Sie etwas falsch. Wenn Sie Networking richtig betreiben, nehmen Ihre sozialen Kontakte ständig zu. Ist es Ihr Ziel, ein kleines Netzwerk zu unterhalten, müssen Sie sich ständig beschränken. Sie müssen ständig auswählen, zu welchen Personen Sie weiterhin Beziehungen unterhalten wollen und zu welchen nicht.

Networking besteht nicht nur aus dem Sammeln von Visitenkarten bei einmaligen Begegnungen. Sie müssen aus Ihrem Adressbuch regelmäßig die Namen der Personen entfernen, die nicht Mitglied in Ihrem Netzwerk geworden sind. Wen Sie als Mitglied ansehen, ergibt sich aus den Kontakten innerhalb eines bestimmten Zeitraums. Setzen Sie selbst den Maßstab: Wenn sich innerhalb eines halben, eines oder zwei Jahren nichts getan hat, streichen Sie den Namen wieder. Und wenn Sie Ihr Netzwerk klein halten wollen, setzen Sie noch einen weiteren Maßstab: Wenn die Kontakte für Sie nicht bedeutsam waren, dann streichen Sie die Namen ebenfalls. Was nun für Sie *nicht bedeutsam* heißt, müssen Sie allein festlegen. Eine solche Festlegung lässt sich selten einmal treffen und ein Leben lang durchhalten. Sie müssen sie sicher öfter anhand Ihrer Ziele überprüfen und Ihrer Lebensauffassung anpassen.

Netzwerke mittlerer Größe

Sie sind von der Networking-Idee begeistert und gehen die Sache mit Schwung an. Dann wird Ihr Netzwerk sozialer Beziehung bald einige hundert Personen umfassen.

 Bei einer Größenordnung zwischen hundert und fünfhundert Personen sprechen wir von einem Netzwerk mittlerer Größe.

Je größer der Zeitaufwand für Ihr Networking ist, desto größer wird Ihr Beziehungsnetz.

Vieles, was ich eben über kleine Netzwerke gesagt habe, gilt auch in diesem Fall. Es sind immer Sie selbst, die die Kriterien für die Mitgliedschaft in Ihrem Netzwerk persönlicher Beziehungen festlegen. Sie können von sich aus bestimmen, ob innerhalb eines Jahres mindestens zwei, fünf oder zehn Kontakte notwendig sind, um eine Person noch zu Ihrem Netzwerk zu zählen. Sie können auch der Meinung sein, dass Sie nach einer gewissen Anlaufphase eigenständige Kontaktbemühungen des anderen erwarten. Je enger oder weiter Sie diese Kriterien fassen, desto kleiner oder größer wird Ihr Netzwerk sein.

Ein Netzwerk mittlerer Größe macht ein recht umfangreiches Kontaktverhalten notwendig. Sie sollten Spaß und Interesse an Begegnungen haben. Es sollte ihnen keine Angst machen, auf Fremde zuzugehen. Wenn doch, können Sie lernen, diese Ängstlichkeit zu überwinden. Schüchternheit ist erlernt (siehe Kapitel 6.2). Sie lässt sich wieder verlernen. Wenn Ihnen die Verhaltensmuster fehlen, mit denen Sie erfolgreich Kontakte realisieren, können Sie auch diese lernen.

Wenn Sie bisher keinen Spaß und kein Interesse an menschlichen Begegnungen hatten, sollten Sie dafür sorgen, dass sich das ändert.

 Sind Sie kontaktgehemmt? Kein Problem, wenn Sie es wirklich wollen, gibt es viele Wege, das zu ändern.

Zum Beispiel: Kontakttraining, Einüben von bestimmten Verhaltensmustern, Lernen von Small Talk und vieles mehr. Wenn Ihr mangelndes Interesse an persönlichen Begegnungen aber mit Ihrer inneren Einstellung zu Menschen ganz allgemein zusammenhängt, dann müssen diese einmal überprüfen.

Ich will natürlich nicht Ihre innere Einstellung ändern. Ich möchte Sie aber vor unnötigem Stress und Misserfolg bewahren. Ein Netzwerk mittlerer Größe zu gestalten erfordert ein erhebliches Engagement. Das kann anstrengend sein. Sie sollten sich aber deswegen kein Magengeschwür oder einen Kreislaufkollaps zuziehen. Wenn Sie wie besessen von Veranstaltung zu Veranstaltung rennen, Visitenkarten sammeln und Tag und Nacht telefonieren, um nur keinen Kontakt zu versäumen, werden Sie sehr bald stressbedingt erkranken. Networking sollte Ihnen bei der Verwirklichung Ihrer Lebensziele helfen und nicht Ihrer Gesundheit schaden.

Um ein Netzwerk mittlerer Größe erfolgreich zu managen, benötigen Sie eine ganze Portion wohl durchdachter Arbeitstechniken. Sie müssen diese Arbeitstechniken auch üben und zu Ihren eigenen Verhaltensweisen machen. Was dieses Buch Ihnen allerdings nicht vermitteln kann, ist die aufrichtige Anteilnahme an anderen Menschen. Die Freude am Gespräch als Gespräch ist ein Urerlebnis. Diese Freude ist zugleich Antrieb und Motivation für alle Bemühungen, die beim Networking notwendig sind.

Dadurch, dass Sie Ihre Beziehungsintelligenz bewusst entwickeln, wird sich auch Ihr Interesse am Umgang mit anderen Menschen erhöhen. Interesse und Anteilnahme entstehen allmählich und lassen sich nicht von heute auf morgen erzwingen. Sie müssen diese Fähigkeit nur entfalten, um ein wirkliches Interesse an Gesprächen und Begegnungen mit Menschen zu finden.

Große Netzwerke für Profis

Von *großen* Netzwerken können wir dann sprechen, wenn sie mehr als fünfhundert Personen umfassen und die Kontaktpflege zu einer zentralen Lebensaufgabe geworden ist. Es gibt kaum Bereiche, die vom Networking dann nicht tangiert sind. Eine Trennung zwischen Beruf und Privatleben ist dann nicht mehr möglich. Das betrifft nicht nur die Kontakte zu Kollegen und Kunden, sondern auch die grundsätzliche Einstellung zu Kontakten überhaupt.

 Erfolgreiche Politiker, Spitzenmanager und Top-Verkäufer haben große Netzwerke.

In Politik, Management und Verkauf kommt es darauf an, mit Menschen zu sprechen: mit den richtigen zur richtigen Zeit, in der richtigen Art und Weise und über das richtige Thema. Das ist mehr als Small Talk, denn dabei wird vielfach »hart« verhandelt. Für den Erfolg in allen drei Bereichen ist ein großes Netzwerk sozialer Beziehungen unabdingbar.

Ein großes Netzwerk lässt sich nicht schnell mal nebenbei in einem Jahr knüpfen. Dazu brauchen Sie viele Jahre und können nicht früh genug damit anfangen. Die Kontakte zu den Personen, mit denen Sie etwas gemeinsam erlebt und erlitten haben, erweisen sich als dauerhaft und verlässlich. In der Schule und im Studium haben Sie Prüfungs- und Versagensängste mit anderen geteilt. Den Kollegen, mit denen Sie gemeinsam Ihre ersten Berufserfahrungen gemacht haben, unterliefen die gleichen Fehler wie Ihnen. All diese frühen Begegnungen sollten Sie in eine intensive Kontaktpflege aufnehmen, wenn Sie ein großes Netzwerk aufbauen wollen.

 Beginnen Sie mit den Kontakten Ihrer Kindheit und Jugend und bauen Sie Ihr Netzwerk von Jahr zu Jahr weiter aus.

Persönliche Netzwerke kann man weder erben noch kaufen. Die Freunde Ihrer Eltern müssen Sie zu Ihren eigenen machen. Sie können sie nicht automatisch in Ihr Netzwerk übernehmen. Selbst mit Ihren Verwandten müssen die Kontakte meist ausdrücklich gepflegt werden.

Nutzen Sie alle Chancen, die Ihnen Ihr Elternhaus und Ihre Familie bieten. Für den einen sind das viele Kontaktmöglichkeiten, für den anderen wenige. Wenn Sie schon in Ihrem Elternhaus viele Leute kennen gelernt haben, seien Sie froh und machen das Beste daraus. Sollte Sie aber in Verhältnissen mit wenigen sozialen Kontakten aufgewachsen sein, trösten Sie sich damit, dass andere ihr Netzwerk auch nicht von den Eltern erben können. Auf das richtige Networking kommt es an. Damit können Sie den Vorsprung, den andere durch ihr Elternhaus haben, in wenigen Jahren ausgleichen.

Die Größe festlegen

Entscheiden Sie sich von vornherein, wie groß Ihr persönliches Netzwerk werden soll, denn Sie betreiben Networking ja in jedem Fall professionell. Dann werden Sie immer viele nette Menschen kennen lernen. Mit wem Sie aber längerfristige Beziehungen pflegen wollen, entscheiden Sie alleine. Das ergibt sich nicht einfach. Sie entscheiden sich ja auch sonst täglich, ob Sie mit dem Kollegen lange oder kurz reden oder den neuen Bekannten von der gestrigen Party anrufen oder nicht. Sie entscheiden täglich, aus welchen Begegnungen sich Kontakte entwickeln und welche Kontakte Sie zu Beziehungen machen. Und mit all diesen Entscheidungen legen Sie fest, ob Sie ein kleines, mittleres oder großes persönliches Netzwerk sozialer Beziehungen aufbauen und unterhalten.

 Die drei wichtigen Netzwerk-Entscheidungen:
- Größe des Netzwerkes?
- Welcher Arbeitsaufwand?
- Wann sehe ich jemanden als Mitglied meines persönlichen Netzwerkes an?

Machen Sie sich das Muster Ihrer täglichen Verhaltensweisen klar, und bekennen Sie sich zu einer Grundentscheidung. Machen Sie sich nicht vor, alles würde sich »schon irgendwie ergeben« oder hinge »weitgehend von den Umständen ab«. Das ist falsch. Die eigenen Verhaltensmuster sind relativ konstant. Sie bestimmen, was Ihnen im Umgang mit anderen Menschen passiert, mit wie vielen Menschen Sie Kontakt haben und wie viele zu Ihren Freunden und Bekannten zählen.

Was entspricht Ihnen am meisten? Neigen Sie eher zu wenigen und intensiven Kontakten oder eher zu vielen sozialen Aktivitäten? Sie können sich *gemäß Ihrer persönlichen Präferenzen* entscheiden. Sie können sich bezüglich der geplanten Größe Ihres Netzwerkes aber auch gegen Ihre persönlichen sozialen Neigungen entscheiden. Auf Ihre Zielsetzungen kommt es an. Welche Lebens- und Berufsziele haben Sie? Was erwarten Sie von Ihrem Netzwerk sozialer Beziehungen?

Welche Ziele haben Sie?

Zur Netzwerk-Idee gehört das Grundverständnis, Kontakte zu anderen Menschen immer auch um des Nutzens willen zu suchen und zu pflegen. *Netzwerk* ist fast ein Synonym für *Unterstützung*. Sie bitten *offen* um Hilfe und sind selbst bereit, andere zu unterstützen. Bezüglich dieser Offenheit unterscheiden sich Netzwerke von traditionellen Vereinen. Auch hier tut man es, spricht aber nicht darüber.

Wenn Sie einem institutionellen Netzwerk beitreten oder selbst systematisch Networking betreiben wollen, dann dürfen Sie sich auch dazu bekennen, bestimmte Ziele zu verfolgen.

Machen Sie sich vorab klar, welche Lebens- und Berufsziele Sie haben. Beschreiben Sie Ihre Erwartungen an sich, Ihren Lebenspartner, Ihre Familie und Ihre berufliche Situation. Am besten schreiben Sie diese auch nieder.

Konkrete Zielformulierungen

Legen wir den Fokus auf Ihre beruflichen Karriereerwartungen. Formulieren Sie Ihre Ziele nicht allgemein, sondern sehr konkret. Sagen Sie also nicht: »Ich will viel Geld verdienen.« Sondern: »In fünf Jahren soll mein Jahreseinkommen hunderttausend Euro betragen.«

Sagen Sie nicht: »Ich will berühmt werden.« Nehmen Sie sich stattdessen vor: »In zehn Jahren kennen mich 60 Prozent aller wichtigen Leute in meinem Fachgebiet.«

Wünschen Sie sich nicht nur: »Ich will eine interessante Tätigkeit ausüben.« Entschließen Sie sich lieber dazu, in Ihrer beruflichen Aufgabe zu 40 Prozent technische Probleme zu lösen und zu 60 Prozent Mitarbeiter zu kontrollieren und zu motivieren.

»Selbstbestimmt« zu handeln ist zu ungenau. Formulieren Sie es lieber so: »Ich will mich in der Elektrobranche selbstständig machen.«

»Mit 45 Jahren nicht mehr zu arbeiten« ist kein Ziel. Irgendetwas müssen Sie immer tun. Besser ist eine Zielformulierung wie diese: »Mit 45 habe ich meine Einkommensverhältnisse so abgesichert, dass ich mich ohne finanzielle Interessen ganz der Malerei und Musik widmen kann.«

Die genaue Formulierung der Ziele steht an erster Stelle. Je exakter Sie dies tun, desto besser. Skizzieren Sie sodann einen *realistischen Weg* zu diesem Ziel. Zu Ihrer ersten Million können Sie durch sparsame Lebensführung, einen Nebenjob und Aktienanlagen gelangen. Dies ist ein realistischer Plan. Sie können auch im Lotto spielen. Dies ist ebenfalls ein Plan, aber ein recht unrealistischer.

Eine detaillierte Formulierung von Zielen *und* Wegen ist die absolute Voraussetzung für die Erfüllung von Wünschen. Nun gibt es eine Reihe von Erfolgsgurus, die Ihnen im Gegensatz dazu weismachen wollen, dass Sie nur Ihre Lebensziele auf viele kleine Haftzettel niederschreiben und in der ganzen Wohnung verteilen müssen. Schon tritt der Erfolg automatisch ein.

Derartige Empfehlungen schaden zwar nichts, aber sie haben auch keinen echten Nutzen. Formulierte Ziele sind noch keine erreichten Ziele. Lebensziele werden *immer* durch eine Kombination von Fleiß, kontinuierlicher Bemühung und Durchhaltevermögen erreicht. Es gibt nur wenige Ausnahme von diesem »Naturgesetz«. Wenn Sie bestimmte Wünsche haben, hoffen Sie bei ihrer Verwirklichung nicht auf die seltenen Ausnahmen, sondern machen Sie sich mutig auf den Weg, den die meisten Menschen gehen müssen:

 Erstreben Sie mit langfristiger Anstrengung und Leistung den Erfolg.

Kenntnisse und Fähigkeiten

»Der Mitarbeiter war stets bemüht, den Anforderungen zu entsprechen.« In einem Arbeitszeugnis ist dies eine vernichtende Kritik. Das heißt nichts anderes als: »Der Mitarbeiter war unfähig.«

 Ohne Kenntnisse und Fähigkeiten bleibt jede noch so eifrige Bemühung ohne Erfolg.

Das gilt genauso für das Verwirklichen Ihres Lebenszieles. Sie können bei Ihrem Networking nicht dabei stehen bleiben, Menschen kennen zu lernen, sondern Sie müssen auch in der Lage sein, ein Gespräch zu beginnen und in Gang zu halten. Sie müssen als Verkäufer nicht nur fleißig Ihre Kunden besuchen, sondern Sie müssen auch fähig sein, ein Angebot professionell zu unterbreiten und ein Preisgespräch zu führen.

Durch gute Beziehungen lässt sich zwar vieles, aber nicht alles erreichen. Wer bei einer Bewerbung den erstrebten Posten nicht erhalten hat, weil der Gegenkandidat vorgezogen wurde, wird dies gerne den besseren Beziehungen oder dem richtigen Parteibuch des Bewerbers zuschreiben. Die Menschen neigen in diesen Situationen dazu, die eigenen Leistungen zu überschätzen und die Kenntnisse und Fähigkeiten des anderen Kandidaten zu unterschätzen. Diese Fehleinschätzung erfüllt eine psychisch sinnvolle Aufgabe. Sie schützt das eigene Selbstwertempfinden. Denn es ist sehr viel leichter zuzugeben, dass der andere die besseren Beziehungen hatte, als dass er sich durch bessere Kenntnisse, Leistungen und Fähigkeiten auszeichnete.

Mag eine solche Selbsttäuschung in einer konkreten Situation den Schmerz einer psychischen Verwundung lindern, auf die Dauer ist dieser Schutzmechanismus keine guter Berater. Es trifft einfach nicht zu, dass gute Beziehungen Leistungen ersetzen. Um auf das Beispiel der Bewerbung noch einmal zurückzukommen: In keinem Berufszweig kann ein Vorgesetzter es sich leisten, einen Versager zu protegieren, nur weil er ihn gut kennt. Nur bei gleicher oder ähnlicher Leistung im Vergleich mit anderen Kandidaten helfen Beziehungen weiter. Sie tragen dazu bei, sich von der Masse der Bewerber abzuheben, aufzufallen und einen Aufmerksamkeitsbonus zu erhalten. Es gibt auch einige Karrierebereiche, in denen der Verdacht der persönlichen Förderung, die Protektion, ein Hindernis auf dem Weg nach oben darstellt.

Wenn Sie Erfolgsziele haben, versuchen Sie niemals, diese ohne qualifizierte Leistungen zu erreichen. Sie brauchen nicht immer Spitzenleistungen, um hohe Ziele zu erreichen. Aber eine solide Basis von Kenntnissen in ihrem Fachgebiet sollten Sie auf jeden Fall besitzen.

Übung und Erfahrung

Wenn Sie mit Ihrer Ausbildung fertig sind und in die Berufspraxis eintreten, werden Sie es besonders deutlich erfahren: Theoretische Kenntnisse sind eins, praktische Anwendungen ein anderes. Wenn Sie dieses Networking-Buch lesen, wird Ihnen vieles einsichtig und richtig erscheinen. Aber Sie müssen diese Einsichten auch wiederholt üben, um sie in konkreten Erfolg umsetzen zu können. Das gilt insbesondere für bestimmte Verhaltensweisen. Etwas über Small Talk zu lesen heißt noch nicht, dieses Instrument locker einsetzen zu können. Wenn Sie alles über die Möglichkeiten Ihrer Beziehungsintelligenz wissen, können Sie sie noch längst nicht voll entfalten.

 Nur die praktische und selbstkritische Erfahrung im Umgang mit anderen Menschen verbessert Ihre Beziehungsintelligenz.

Andere Menschen

Zur Erreichung Ihrer beruflichen und privaten Lebensziele »brauchen« Sie andere Menschen. »Brauchen« ist erst einmal ein befremdliches Wort. Selbst wenn Sie Immanuel Kant nicht gelesen haben, wird Ihnen sein moralisches Gesetz in den Ohren klingen: »Benutze nie einen Menschen als Mittel, sondern behandle ihn immer als Zweck deines Handelns.« Jeder Mensch braucht natürlich den anderen in einer Beziehung zur Befriedigung seiner Bedürfnisse, das gilt sowohl privat als auch im beruflichen Umfeld. Es gibt sofort Irritationen, wenn ein Partner meint, dass er »nur« gebraucht, nicht aber geachtet wird. Er fühlt sich dann missbraucht und ausgebeutet. Er erlebt sich nur noch als Mittel und nicht mehr als Zweck.

Diese Erkenntnisse lassen sich auch auf jede Bekanntschaft und auf alle Networking-Kontakte übertragen.

 Sie *brauchen* Menschen, und andere Menschen *brauchen* Sie.

Sie haben Bedürfnisse, die durch andere Menschen befriedigt werden. Sie benötigen Informationen, Hilfe und Unterstützung, und Sie erhalten diese durch andere Menschen. Sie erfahren Förderung durch andere Personen und umgekehrt: Sie fördern und unterstützen andere.

Institutionelle und persönliche Netzwerke sind ein System gegenseitigen Gebens und Nehmens. Sie werden erstaunt sein, wie bereitwillig andere Menschen Ihnen helfen. Sie müssen es nur richtig angehen. Wer den Eindruck gewinnt, ausgenutzt zu werden, wird sich verweigern. Wer dagegen die Erfahrung macht, gebraucht zu werden, erlebt positive Gefühle wie Freude, Selbstwert, Überlegenheit und Sinnerfüllung. Das geht Ihnen genauso wie anderen. Sie dürfen grundsätzlich jedes Mitglied Ihres Netzwerkes um einen Gefallen bitten. Wie gehen Sie mit dieser Erkenntnis sinnvoll um?

Einmal geschieht dies durch das Gegenseitigkeitsprinzip. Networking setzt voraus, dass Sie prinzipiell die gleichen Leistungen für andere zu erbringen bereit sind, die Sie von anderen erbitten. Die konsequente Anwendung des Gegenseitigkeitsprinzips ist jedoch nicht genug. Mit einer gewissen Sensibilität Ihrer Beziehungsintelligenz können Sie erkennen, was Sie falsch machen, wenn Ihr Gegenüber glaubt, ausgenutzt zu werden. Die Art, wie man jemanden um einen Gefallen bittet, kann sehr unterschiedlich sein. Es sind viele kleine Elemente der verbalen und nonverbalen Kommunikation, die Vertrauen oder Misstrauen entstehen lassen.

Beziehungsintelligenz will immer wieder geübt und entwickelt sein. Manchen Menschen gelingt es sehr gut, andere zu einem bestimmten Verhalten zu veranlassen. Ob diese Fähigkeit angeboren ist, ist fraglich. Sie sehen bereits bei kleinen Kindern einen Unterschied in dem Geschick, andere zu Hilfeleistungen zu bewegen. Sie sehen bei kleinen Kindern auch, wie sie in bestimmten Situationen gerne füreinander einstehen, in anderen Situationen dagegen heftige Ablehnung entwickeln. Die Bedingungen dieser Situationen genau zu erkennen und zu gestalten ist eine wesentliche Fähigkeit der Beziehungsintelligenz.

Das, was Sie erreichen wollen, liegt in der Hand der anderen Menschen: die Zustimmung. Je besser Sie diese anderen Menschen kennen, desto häufiger werden Sie ihre Zustimmung erhalten. Arbeiten Sie daran!

Ein wenig Glück gehört dazu

Sie wollen Karriere machen und ein Vermögen verdienen oder Sie wollen mit Ihren Büchern oder Bildern berühmt werden.

Alles ist möglich. Aber es ist nicht von der Hand zu weisen, dass Menschen mit besonderem Erfolg auch vielfach vom Glück begünstigt wurden. Um beispielsweise in Ihrem Unternehmen eine schnelle Karriere machen zu können, müssen zum passenden Zeitpunkt auch die entsprechenden Positionen zu besetzen sein. Und um als Maler berühmt zu werden, müssen Sie nicht nur gut malen, sondern auch einmal die Chance haben, in einer bedeutenden Galerie auszustellen.

Es gibt mehrere Untersuchungen zu den Erfolgsrezepten von Wirtschaftsbossen. Alle sagen übereinstimmend, dass sie in bestimmten Situationen immer auch eine bestimmte Portion Glück hatten, die zu ihrem Erfolg beigetragen hat.

Glückliche Umstände sind eins, sie zu erkennen und auszunutzen ein anderes. Erfolgreiche Menschen unterscheiden sich von weniger erfolgreichen dadurch, dass sie günstige Gelegenheiten erfassen und zu ihrem Vorteil nutzen können. Das gilt insbesondere für soziale Beziehungen. Sie erkennen in den komplexen Strukturen eines Unternehmens sehr frühzeitig, wann voraussichtlich welche Positionen neu besetzt werden müssen. Sie bringen in Erfahrung, wer für die Besetzung zuständig ist und welche Qualifikationen in diesem Unternehmen besonders gefragt sind. Es gelingt ihnen auch, sich rechtzeitig als möglicher Nachfolger ins Gespräch zu bringen. Der *glückliche* Umstand, dass eine Aufstiegsposition frei wird, ist nur eins. Diese Gelegenheit auch zu erkennen und zum eigenen Vorteil zu wenden ein anderes.

 Die Chancen für günstige Umstände lassen sich erhöhen. Dafür ist Networking das geeignete Mittel.

Wenn Sie fleißig in Ihrer Firma Ihren Job machen und darauf warten, dass Sie in Ihrem Büro Abteilungsleiter werden, dann tun Sie nicht gerade viel, um Ihre Beförderungschancen zu erhöhen. Es wäre besser, wenn Sie sich auch *umhören* würden, ob in anderen Abteilungen Positionen frei werden. Sie können die Mitglieder Ihres Netzwerkes wissen lassen, dass Sie ein qualifizierter Abteilungsleiter in Wartestellung sind.

Wenn Sie Bilder malen, brauchen Sie einen Galeristen, der sie entdeckt. Sie können warten, bis Sie zufällig einem begegnen. Sie können dem Zufall aber auch nachhelfen, wenn Sie über ein großes Netzwerk verfügen. Je mehr Leute von Ihren Zielen wissen, desto eher werden Sie Ihren Galeristen finden.

Wenn Sie Chancen und Zufälle durch Networking erhöhen, müssen Sie diese Chancen auch erkennen und ergreifen.

Der Zeitaufwand für Ihr erfolgreiches Networking

Wenn Sie Networking erfolgreich betreiben wollen, müssen Sie es professionell angehen. Das kostet natürlich Zeit. Ihre eigene und persönliche Zeit. Genauso wenig wie Sie sich ein persönliches Netzwerk sozialer Beziehungen kaufen können, können Sie die Networking-Arbeiten delegieren. Sie können vielleicht von anderen Briefe tippen lassen, aber formulieren oder diktieren müssen Sie sie selbst. Sie müssen die Menschen auch persönlich kennen lernen, den Kontakt aufrechterhalten und die Beziehungen pflegen. Für all das brauchen Sie Zeit.

Machen Sie sich dies von vornherein klar. Networking, betrieben ohne einen gewissen Zeitaufwand, ist wie Spargel in Dosen: ohne Nährwert, geschmacklos und enttäuschend. Sie müssen täglich und wöchentlich bereit sein, sich mit Ihrem Adressbuch zu beschäftigen, Ihre Kontaktnotizen durchzusehen, Leute anzurufen, Briefe zu schreiben und sich mit anderen zu treffen, auch dann, wenn dabei nicht immer gleich etwas herauskommt. Sie sollten auch nicht ständig mit einem schlechten Gewissen herumlaufen, weil Sie sich bei diesem oder jenem melden wollten. Es muss Ihnen ganz selbstverständlich zum Bedürfnis werden, jede freie Minute der Beziehungspflege zu widmen.

Netzwerke sind nicht zu kaufen, und Networking-Arbeit ist nicht zu delegieren. Kontakte herstellen und Beziehungen pflegen können Sie nur allein durch den Einsatz der eigenen Arbeitszeit.

Schalten Sie den Fernseher nach den Nachrichten aus und sehen Sie Ihre Adressdatei durch. Wen könnten Sie heute anrufen? An wen sollten Sie mal wieder schreiben? Mit wem sollten Sie sich in den nächsten Tagen zum Essen verabreden? Wen würden Sie einmal wieder gerne einladen?

Networker beschäftigen sich permanent mit diesen drei Fragen:
1. Wie lerne ich neue Menschen kennen?
2. Wie kann ich den Kontakt herstellen?
3. Wie gestalte ich die Beziehung?

Sie werden Networking überwiegend in Ihrer Freizeit betreiben. Wenn diese schon mit anderen Beschäftigungen ausgefüllt ist, überlegen Sie, welche Aktivitäten Sie streichen können. Sparen Sie Zeit durch eine Verringerung des Fernsehkonsums. Das meiste, was Sie da hören und sehen, vergessen Sie ohnehin wieder. Sie lesen gerne Krimis? Okay, aber muss das zu einer Sucht werden? Sie wollen sich einen Hund anschaffen? Überlegen Sie zuerst, ob Sie sich mit ihm beschäftigen oder ihn vernachlässigen wollen.

Sprechen Sie von Anfang an mit Ihrem Lebenspartner ab, was professionelles Networking bedeutet. Beziehen Sie ihn mit ein, denn ihr Leben wird sich verändern. Entweder nimmt Ihr Partner an Ihrem Netzwerk teil, oder er erstellt sich ein eigenes. Vieles können Sie auch zu zweit tun: Einladungen gestalten, Partys besuchen und an Veranstaltungen teilnehmen. Sie können sich auch gemeinsam mit den Mitgliedern Ihres Netzwerkes beschäftigen: über sie reden, ihnen schreiben oder sie anrufen.

Sie werden auch innerhalb Ihrer beruflichen Arbeitszeit Networking betreiben. Jeden Kontakt mit Kollegen und Vorgesetzten können Sie zu einem systematischen Networking ausbauen. Sie reden ohnehin mit den Menschen am Arbeitsplatz. Machen Sie es gleich richtig.

Da Networking viel Zeit beansprucht, nutzen Sie auch alle Warte- und Leerzeiten, um sich mit Ihrem Adressbuch und Ihren Kontaktnotizen zu beschäftigen. Beides sollten Sie immer dabei haben. Gehen Sie die Personen immer wieder durch. Machen Sie sich Notizen, wenn Sie gute Einfälle haben, wie Sie die Kontakte beleben und die Beziehungen verfestigen können.

Wie viel Zeit brauchen Sie für ein professionelles Networking nun wirklich? Das hängt von der Größe Ihres Netzwerkes und von den Zielen ab, die Sie verfolgen. Wenn Sie als Politiker oder Verkäufer wirklich erfolgreich sein wollen, werden Sie sich ein großes Netzwerk aufbauen und es über Jahrzehnte pflegen. Sie brauchen die Zustimmung anderer Menschen. Sie brauchen immer mehr Menschen, die Sie wählen oder Ihnen etwas abkaufen. Und je weiter Sie zur Spitze vordringen, umso mehr machen Sie nichts anderes als Networking: Netze auswerfen und Verknüpfungen herstellen. Networking beansprucht dann die gesamte verfügbare Zeit: Arbeitszeit und Freizeit.

Bei kleinen Netzwerken und solchen mittlerer Größe ist das anders. Eine gewisse Zeit gehört absolut der Familie, eine andere der beschaulichen Lektüre eines guten Buches oder den ausgedehnten Spaziergängen mit dem Hund.

Fassen Sie einen genauen Beschluss und legen Sie etwa Folgendes fest: »Zwei bis drei halbe Tage meiner Freizeit und 20 Prozent meiner Berufstätigkeit widme ich der Networking-Arbeit.« Ihr persönlicher Beschluss kann natürlich auch ganz anders aussehen. An einen solchen Entschluss müssen Sie sich konsequent halten. Sonst entartet Networking zu einem Fulltimejob mit einem hohen Stressanteil. Wer sich für ein Netzwerk mittlerer Größe entscheidet, der setzt seinen Beziehungsaktivitäten bewusst Schranken. Es gibt für ihn auch etwas anderes als das Gespräch mit anderen Menschen.

In welchem Umfang Ihr beruflicher Alltag durch Networking betroffen ist, liegt an der Art Ihrer Tätigkeit. Wenn Sie in Deutschland beamteter Lehrer oder Professor sind, genießen Sie eine gewisse Unabhängigkeit gegenüber Ihren Klienten. Wollen Sie Ihr Wissen aber in Fortbildungsseminaren verkaufen, kommen Sie ohne ein gutes Empfehlungsmarketing nicht aus. Wenn Sie freiberuflich tätig sind oder als Künstler berühmt werden wollen, ist es für Sie selbstverständlich, in einem erheblichen Ausmaß Networking zu betreiben. Das könnten durchaus 20 bis 30 Prozent Ihres Arbeitsaufwandes sein. Wenn Sie dagegen Staatsanwalt sind, brauchen Sie keine Networking-Anstrengungen zu unternehmen. Die Polizei liefert Ihnen Ihre Klienten frei Haus.

Anders verhält es sich mit Ihrer Karriere. Auch Staatsanwälte und Professoren wollen über die Gehaltsstufe ihres Eingangsamtes hinauskommen. Ohne Networking erreichen sie Spitzenpositionen nur in ganz seltenen Ausnahmefällen.

Kleinere Netzwerke ermöglichen intensive Kontakte

Ein kleines Netzwerk persönlicher sozialer Beziehungen liegt dann vor, wenn Sie zu maximal hundert Personen regelmäßige Kontakte unterhalten. Sie haben einen kleinen Kreis von Freunden und Bekannten und knüpfen nur gelegentlich neue Kontakte. An ein bis zwei Tagen der Woche beschäftigen Sie sich für mehrere Stunden mit Ihrem Adressbuch und Ihren Kontaktnotizen. Sie planen pro Woche ein bis zwei Begegnungen und ungefähr zehn telefonische und schriftliche Kontakte.

Die Begegnungen mit Menschen in kleinen Netzwerken dauern häufig länger und sind intensiver. Sie haben zum einen mehr Zeit für jeden einzelnen Menschen, zum anderen auch weniger Ablenkungen. Sie sind weniger stark getrieben von ihren eigenen Ansprüchen, immer mehr Verknüpfungen zwischen den Mitgliedern ihres Netzwerkes herzustellen. Es belastet sie nicht so sehr, nicht schon diesen mit jenem bekannt gemacht zu haben oder bestimmte Informationen über die Person vergessen zu haben.

Ob Sie ausführliche und intensive Begegnungen schätzen, ist eine Frage Ihrer persönlichen Präferenzen. Wenn Sie »tiefe« Kontakte schätzen, dann lieben Sie auch das Wechselbad emotionaler Erfahrungen und das Erleben anderer ist Ihnen weder fremd noch wirkt es auf diese befremdlich.

Kleine Netzwerke müssen also nicht unbedingt weniger Zeit in Anspruch nehmen als mittlere. Der Arbeitsaufwand für Netzwerk-Strategien ist zwar geringer. Der Zeitaufwand zur Pflege Ihrer Kontakte und Beziehungen kann jedoch sehr viel größer sein.

 Es ist Ihre Entscheidung, ob Sie eher kurze und vergleichsweise lockere Kontakte schätzen oder intensivere Begegnungen lieben.

Prüfen Sie, was besser zu Ihrer Natur passt. Sie werden sich beim Networking nur dann wohl fühlen, wenn es Ihnen gelingt, eine hohe Übereinstimmung zwischen Ihren persönlichen Präferenzen und Ihrem Handeln herzustellen.

Mit dem zeitlichem Umfang Ihres Arbeitsaufwandes müssen Sie

sich wohl fühlen. Grundsätzlich gilt: Je mehr Mühe Sie sich geben und je professioneller Sie die Sache angehen, desto mehr kommt dabei heraus. Streben Sie jedoch nur eine solche Größe Ihres Netzwerkes an, die Sie zeitlich nicht überfordert.

Machen Sie einen ganz klaren Zeitplan, was Sie während Ihrer beruflichen Tätigkeit und Ihrer Privatzeit tun müssen und tun wollen. Versuchen Sie so weit wie möglich, Ihre Zeit selbstbestimmt zu gestalten. Networking kann Ihnen die Zeit stehlen und die Nerven rauben. Ständig ruft Sie jemand an, besucht Sie oder lädt Sie ein. Werden Sie sich von vornherein darüber klar, wie Sie auf die Kontaktbemühungen anderer reagieren. Machen Sie sich schon von Anfang an einen Zeitplan, der festlegt, in welchem Ausmaß Sie sich mit Beziehungen zu anderen Menschen oder mit anderen Dingen beschäftigen.

Ob Ihnen jedoch der Umgang mit anderen Menschen auf die Nerven geht oder Spaß macht, werden Sie nicht sofort wissen. Das müssen Sie durch Networking selbst erfahren. Wenn Ihre Erlebnisse negativ sind, ziehen Sie daraus die Konsequenzen. Schränken Sie Ihre Aktivitäten ein, inhaltlich und zeitlich. Ändern Sie vor allen Dingen Ihre Strategie. Networking macht zwar Mühe, sollte aber niemals auf die Nerven gehen. Spaß und Nutzen müssen immer größer sein als der Aufwand. Sonst machen Sie etwas falsch. Wie Sie es richtig machen, erfahren Sie in den folgenden Kapiteln.

 Entwickeln Sie einen eigenen Zeitplan für Ihr Networking, und passen Sie diesen stets den veränderten Bedingungen an.

Berücksichtigen Sie dabei die Bedingungen, die den zeitlichen Aufwand für Ihr Networking bestimmen: die Größe des Netzwerkes, Ihre Networking-Ziele und die Dauer und Intensität der Kontakte mit den Mitgliedern Ihres Netzwerkes. Berücksichtigen Sie auch, was Ihnen persönlich mehr liegt: viele und vielfältige Kontakte einerseits oder wenige und intensivere Beziehungen andererseits.

Networking für Introvertierte und Extrovertierte

Der Schweizer Psychoanalytiker Carl Gustav Jung hat zwei Persönlichkeitstypen unterschieden: *introvertierte* und *extrovertierte* Menschen. Mit dieser nützlichen Unterscheidung kann man Personen recht gut charakterisieren und sich selbst besser verstehen.

Introvertierte Menschen leben eher in einer *inneren Welt*, die für andere nicht immer sichtbar ist. Sie fühlen sich wohl im Umgang mit Ideen, Informationen und Wissen, mit der Entwicklung von Vorstellungen und mit Nachdenken. Sie sind eher ruhige Typen, haben weniger Kontakte und unternehmen mehr Dinge alleine.

Extrovertierte Menschen leben eher in der *äußeren Welt*. Sie fühlen sich wohl im Umgang mit anderen Menschen, bei Aktivitäten in Gruppen und überall da, wo ›etwas passiert‹. Extrovertierte sind aktiver, reden mehr und haben mehr Kontakte. Sie sprechen über alles und mit jedem und finden Befriedigung darin, sich selbst und ihre Gedanken anderen mitzuteilen.

Ob Sie selbst eher introvertiert oder extrovertiert sind, können Sie durch eine ehrliche Selbsteinschätzung aufgrund der Beschreibung der Merkmale erkennen. Zu beachten ist dabei, dass die beschriebenen Merkmale bei Ihnen mehr oder minder stark ausgeprägt sein können. Bei leichter Ausprägung können auch Merkmale des entgegengesetzten Persönlichkeitstyps dabei sein.

Diese unterschiedlichen Persönlichkeiten sind an sich weder positiv noch negativ zu bewerten. Extroversion ist also nicht etwas Besseres als Introversion oder umgekehrt. Beides sind unterschiedliche Formen der Lebenseinstellung und der Welterfahrung.

Allerdings entstehen aus den unterschiedlichen Persönlichkeitsausprägungen Verhaltensweisen, die sich negativ auswirken können. Sehr introvertierte Menschen sind eher schüchtern und gehemmt im Kontakt. Sie trauen sich nicht, auf andere zuzugehen, und sie machen sich übermäßig viele Gedanken, ob sie andere Menschen mit ihren Kontaktversuchen stören oder beeinträchtigen. Extrovertierte sind meist nicht schüchtern, jedoch können sie ebenfalls Hemmungen im Umgang mit anderen haben. Sie gehen aber mit ihren Hemmungen und deren Ursachen anders um.

Schüchternheit kann verlernt werden, Hemmungen können abgebaut und Selbstsicherheit kann erworben werden.

Wenn Sie introvertiert sind, müssen Sie mehr als Extrovertierte lernen, auf andere zuzugehen. Sie müssen öfter mal »auftauchen« aus Ihrer Welt des Lesens, des Fernsehens und des Internets.

Introvertierte Menschen können leicht verschlossen wirken, oder man verdächtigt sie der Heimlichkeit oder der Hinterlist. Vermeiden Sie es daher als introvertierter Mensch, Dinge zurückzuhalten oder zu verschweigen, die Sie besser offen aussprechen sollten. Trauen Sie sich auch, anderen Menschen kleine Dinge mitzuteilen. Wichtige Ereignisse wie neue Stellung, Heirat oder Geburt teilen Sie ja auch mit. Rufen Sie einen Bekannten an und erzählen Sie ihm von dem fremden Hund, der Ihre Tageszeitung aus dem Postkasten gestohlen hat. Keine Angst, es macht ihm Spaß, diese kleine Geschichte zu hören.

Extrovertierten Menschen fällt es leichter, auf andere zuzugehen und Kontakt zu finden. Sie haben eher Probleme damit, eine Beziehung dauerhaft und verlässlich zu gestalten. Sie wirken schnell oberflächlich und in längerfristigen Beziehungen emotional nicht wirklich beteiligt. Sie reden viel, oftmals zu viel und können nicht geduldig zuhören. Ihr expansives Verhalten geht anderen Menschen manchmal auf die Nerven. Ihnen fehlt häufig das Feingefühl für taktvolles Verhalten.

Nicht jeder Extrovertierte ist oberflächlich, hyperaktiv und taktlos. Aber aus der Struktur seiner Persönlichkeit und aus seiner Lebenseinstellung heraus können solche Verhaltensweisen leicht entstehen. Dagegen lässt sich etwas tun. Verhaltensweisen können durch Lernerfahrungen verändert werden, die Persönlichkeitsmerkmale nur sehr schwer.

 Versuchen Sie die Vorteile Ihrer eigenen Persönlichkeitsmerkmale zu verstärken und die Gefahren zu vermeiden.

Wenn Sie sehr introvertiert sind, müssen Sie beim erfolgreichen Aufbau Ihres persönlichen Netzwerkes vielleicht mehr lernen als ein extrovertierter Mensch. Versuchen Sie allerdings nicht, Ihre Persönlichkeit gegen den Strich zu bürsten. Die geniale Spontaneität, die mancher Extrovertierte beim Knüpfen von Kontakten zeigt, werden Sie als introvertierter Mensch nie erreichen. Sie brauchen immer etwas länger, damit Ihnen etwas Passendes einfällt. Sie müssen Begegnungen auch sorgfältiger vorbereiten und mühen sich, manche Umgangsformen zu lernen, die andere wie im Schlaf beherrschen.

Als extrovertierte Persönlichkeit wissen Sie ohnehin, worin Sie im Umgang mit anderen Menschen gut sind. Bei Ihnen kommt es darauf an, die Gefahren eines überschießenden Verhaltens zu verringern. Als Extrovertierter stehen Sie in der Gefahr, empfindliche Naturen zu verletzen, weil Sie zu expansiv, zu schnell und zu locker sind. Die allgemeinen Networking-Regeln gelten ganz besonders für Sie.

Anders bei Introvertierten. Es liegt in der Natur Ihrer Persönlichkeit, dass sie im Umgang mit anderen Menschen zurückhaltender und weniger erfolgreich sind. Daraus resultiert ein schwaches Selbstbewusstsein bezüglich Ihres sozialen Verhaltens. Sie brauchen eine Reihe von aufmunternden Ratschlägen, um beim Networking erfolgreich zu sein.

- *Tipp Nr. 1: Werden Sie sich Ihrer Stärken bewusst!* Introvertierte Menschen sind vorzügliche Gesprächspartner, die gut zuhören können und sich ausgezeichnet in andere Personen hineinversetzen können. Sie kennen sich ja in Innenwelten aus. Sie können anderen das Gefühl vermitteln, dass sie und der Gesprächsanlass ernst genommen werden. Ihre Stärke ist die Fähigkeit, ein ruhiges und verständiges Gespräch zu führen. Sie sind gerade im emotionalen Bereich ein verlässlicher Partner.

Solche Partner werden von anderen Menschen gesucht und geschätzt. Bringen Sie sich als Gesprächspartner aber zu den passenden Gelegenheiten ein. Betriebsausflug und Geburtstagsparty sind nicht der richtige Ort für tief schürfende Auseinandersetzungen. Sagen Sie sich als Introvertierter immer wieder:

»Ich bin im Umgang mit anderen Personen genauso gut wie extrovertierte Menschen. Ich kann gut und geduldig zuhören und bei meinem Partner das Gefühl auslösen, wirklich verstanden zu werden.«

- *Tipp Nr. 2: Hören Sie auf, Ihre persönlichen Empfindlichkeiten in andere Menschen hineinzuprojizieren.* Stellen Sie sich vor, Sie sitzen zu Hause und lesen ein Buch. Als introvertierter Mensch sind Sie ganz besonders intensiv in die Welt Ihres Romans versunken. Es klingelt das Telefon. Sie fühlen sich gestört. Sie wechseln nur ungern in die reale Welt des Gesprächs mit dem Anrufer. Als Introvertierter denken Sie: »Schade, ich muss das Buch unterbrechen.« Als Extrovertierter würden Sie anders reagieren: »Bin gespannt, wer das ist.«

Was passiert nun, wenn Sie selbst einen anderen Menschen anrufen wollen? Als Extrovertierter kennen Sie keine Telefonängste. Sie gehen davon aus, dass der andere sich über Ihren Anruf freut. Der Introvertierte hingegen fürchtet ständig, andere Menschen zu stören, zur Last zu fallen, nicht erwünscht zu sein und so weiter und so weiter.

So, wie der Introvertierte den Anruf anderer erlebt, meint er, müssen andere seinen Kontaktversuch erleben. Er projiziert also sein eigenes Erleben in andere Menschen hinein.

Wenn auch Sie solche Empfindlichkeiten haben, dann müssen Sie einmal den psychischen Vorgang der Projektion bei sich selbst näher beleuchten.

- *Tipp Nr. 3: Lassen Sie sich nicht entmutigen.* Networking ist, wie alles im Leben, nicht immer erfolgreich. Wenn Sie sich schon einmal dazu entschlossen haben, ohne Bedenken einen Bekannten anzurufen, können Sie durchaus Pech haben und ihn nun wirklich stören. Solche Erlebnisse treffen Introvertierte härter als Extrovertierte.

 Sehen Sie Misserfolge nicht als Bestätigung Ihrer ängstlichen Grundannahmen.

Sie haben den anderen auf dem falschen Fuß erwischt. Das war Pech. Schluss und aus. Keine Reue und Scham. Rufen Sie den nächsten Kandidaten an. Machen Sie das so lange, bis Sie einen Menschen antreffen, der sich wirklich über Ihren Anruf freut. Und dann halten Sie das *positive*, nicht das negative Erlebnis fest.

- *Tipp Nr. 4: Üben Sie in kleinen Schritten.* Als Introvertierter haben Sie eine Reihe von Stärken. Darauf sollten Sie sich besinnen und stolz sein. Aber Ihnen fehlen auch einige Fähigkeiten, die Sie Schritt für Schritt üben müssen.

Sie gehen selten auf Partys. Sie trauen sich nicht, fremde Menschen anzusprechen, und es fällt Ihnen schwer, eine lockere und heitere Unterhaltung zu führen. Es wäre wahrscheinlich nicht ratsam, alle drei Dinge auf einmal auszuprobieren. Testen Sie zunächst, wie Sie auf andere wirken, wenn Sie Ihrer Unterhaltung eine heitere Komponente hinzufügen. Das will vorbereitet und häufiger geübt werden. Wenn Sie merken, dass Sie damit gut ankommen, versuchen Sie, auch fremde Personen anzusprechen.

 Machen Sie sich einen Stufenplan für Ihre Lernerfahrungen.

Auf der ersten Party sprechen Sie mindestens eine Person, auf der zweiten mindestens zwei an und so weiter. Dann werden Sie die Erfahrung machen, dass Gesellschaften gar nicht so langweilig sind, wie Sie ursprünglich angenommen haben.

Das Lernen in kleinen Schritten vermindert die Gefahr, dass Sie Misserfolge haben, die Ihre alte introvertierte Weltanschauung bestätigen.

- *Tipp Nr. 5: Ändern Sie nicht zuerst Ihre Einstellungen, sondern Ihr Verhalten.* Fangen Sie nicht damit an, Ihre Werturteile zu überprüfen. Sie sind als Introvertierter der Meinung, dass die ungestörte Lektüre eines guten Buches etwas Wichtiges ist. Okay, bleiben Sie bei Ihrer Meinung. Sie schätzen die Ruhe einer häuslichen Geborgenheit. Auch okay, bleiben Sie nur bei dieser Wertschätzung. Sie brauchen Ihre Einstellungen nicht zu ändern. Ändern Sie *zuerst* Ihr Verhalten und differenzieren Sie *dann* Ihre Einstellungen ein wenig.

 Machen Sie die Dinge einfach ein wenig anders als bisher.

Gehen Sie mehr aus. Begeben Sie sich bewusst öfter unter Menschen, und gehen Sie dabei mehr aus sich heraus.

Introvertierte Menschen sprechen mit anderen Menschen weniger als Extrovertierte. Sie sprechen nicht gerne über unwichtige Dinge, über die kleinen Dinge des Lebens. Tief greifende Ereignisse sind Ihnen wichtiger.

 Beginnen Sie, ab sofort auch über die kleinen Dinge des Lebens zu sprechen.

Und machen Sie sich dabei keine Gedanken, ob diese kleinen Dinge wichtig genug sind, um darüber zu reden.

Introvertierte sind in sozialen Gruppen lieber Zuschauer als Akteure. Beginnen Sie bei Gelegenheit einmal, in einer Gruppe die Initiative zu übernehmen. Es muss nicht gleich eine langfristige Aufgabe sein. Beginnen Sie mit einem zeitlich begrenzten Projekt. Ein gewerkschaftliches Engagement als Personalvertretung in Ihrem Unternehmen ist schon eine größere Aufgabe. Probieren Sie es doch erst einmal mit dem Festkomitee für den Betriebsausflug oder die Vorbereitung der Weihnachtsfeier in der Schule Ihrer Kinder. Philosophieren Sie auch hier nicht lange darüber, ob so etwas sinnvoll ist oder nicht.

 Tun Sie etwas aktiv mit einer Gruppe von Menschen.

- *Tipp Nr. 6: Achten Sie mehr auf Äußerlichkeiten.* Introvertierte Menschen schätzen innere Werte. Es kommt ihnen bei allen Dingen mehr auf den Gehalt als auf die äußere Form an. Wenn jemand sich ungeschickt verhält, fragen sie zuerst, wie es gemeint war. Wenn die Handlung in guter Absicht erfolgte und »nur« in der Form unpassend war, sind Introvertierte eher bereit, über diesen Fehler hinwegzusehen. Extrovertierte Menschen dagegen nicht. Sie beurteilen Formverstöße häufig sehr viel negativer.

Diesen Unterschied können Sie in vielen Lebensbereichen beobachten. Extrovertierte legen sehr viel mehr Wert auf Kleidung, Aussehen, formale Verhaltensregeln und die Meinung anderer Menschen. Dabei ist es keineswegs so, dass introvertierte Persönlichkeiten nicht auch gepflegte Kleidung und attraktives Aussehen schätzen könnten. Aber sie würden der Kleidung niemals den Stellenwert zuschreiben, den sie für Extrovertierte hat.

Auch wenn Sie eine introvertierte Persönlichkeit sind, werden Sie kaum leugnen können, dass es in bestimmten Situationen sehr wichtig ist, wie man angezogen ist. Extrovertierte meinen, dass dies *immer und in allen Situationen* wichtig sei.

Kein Mensch mag Personen, die ungepflegt und schlampig sind. Sie können sich in bestimmten Situationen leger kleiden, aber nicht nachlässig. Und für mangelnde Körperpflege gibt es natürlich keine Rechtfertigung.

 Als Introvertierter sollten Sie Ihrer Wirkung auf andere Menschen mehr Beachtung schenken.

Wie Sie sich kleiden, ist nicht nur bei besonderen Anlässen wichtig, sondern immer. Als Introvertierter neigen Sie zu der Meinung, in unwichtigen Situationen komme es nicht so darauf an. Sie sind der Ansicht, dass ein Interesse an der eigenen Kleidung etwas mit Eitelkeit zu tun hat. Das ist falsch. Alle Menschen, mit denen Sie zu tun haben, interessieren sich für Ihre Kleidung und Ihr Aussehen. Als Introvertierter mögen Sie so etwas »oberflächlich« nennen. Wenn Sie erfolgreich sein wollen, orientieren Sie sich eher an den Beurteilungsmustern anderer Menschen, nicht an Ihren eigenen.

Als introvertierter Mensch könnten Sie den Tipp mit der Kleidung vielleicht missverstehen. Sie sollen nicht tagtäglich in korrekter Business-Kleidung herumlaufen. Es geht einfach um das gepflegte und angemessene Aussehen. Ziehen Sie sich für jede Gelegenheit passend an. Wenn Sie Ihre berufliche Karriere planen, orientieren Sie sich daran, wie sich Ihre Vorbilder kleiden. Wenn Sie Gäste empfangen, bleiben Sie nicht in Ihrer Hauskleidung stecken, weil Sie meinen, dass alles ganz locker, gemütlich und ohne großen Aufwand zugehen soll. Kleiden Sie sich für Ihre Gäste um. Beweisen Sie ihnen damit Ihre Aufmerksamkeit.

Verwenden Sie ein wenig mehr Zeit als bisher auf die »Äußerlichkeiten« der Kleidungsfragen. Was trage ich zu welcher Gelegenheit? Wie sind die anderen gekleidet? Welche Kleidung ist für mich passend? Wie kann ich meine Person positiv zur Geltung bringen?

 Wählen Sie Ihre Kleidung mit Sorgfalt und Geschmack. Kleiden Sie sich für sich, damit Sie mehr Selbstsicherheit gewinnen, und kleiden Sie sich für andere, damit sie an Ihnen Gefallen finden.

- *Tipp Nr. 7: Wenn Sie schüchtern sind ...* Introvertierte Menschen sind nicht von Natur aus schüchtern. Auch Extrovertierte haben Hemmungen und Ängste. Sie gehen nur anders damit um. Introvertierte ziehen sich zurück. Sie vermeiden die Situationen des sozialen Kontaktes.

Schüchternheit entsteht aus einem Mangel an Erfahrungen. Der Schüchterne *kann* einfache viele Dinge nicht, die für andere selbstverständlich sind. Er *kann* nicht locker telefonieren, andere Menschen anschauen, sie um etwas bitten oder jemanden einfach ansprechen.

 Schüchternen Menschen fehlt die Erfahrung, wie erfolgreich und befriedigend der Umgang mit anderen sein kann.

Der Schüchterne hat ein schwaches oder manchmal ein gestörtes Selbstbewusstsein, was die Einschätzung seiner Fähigkeiten betrifft. Er schätzt meist auch die Wirkung seines Aussehens auf andere Menschen völlig falsch ein. Er fühlt sich einfach minderwertig.

Negative Erfahrungen im Umgang mit anderen Menschen treffen den Schüchternen tief im Inneren seiner Seele. Er behält diese negativen Erfahrungen länger in Gedächtnis als Erfolgserlebnisse. Seine Seele besitzt einen raffinierten Mechanismus der Selbstbestrafung: »Es geschieht mir recht, dass ich mit meinem Kontaktversuch auf die Nase gefallen bin, denn es ist ungehörig, fremde Menschen anzusprechen.«

Menschen, die schüchtern sind und Hemmungen haben, stehen in besonderer Weise sich selbst im Wege. Aber ihnen kann geholfen werden. Ich biete an späterer Stelle (siehe Kapitel »Wenn Sie schüchtern sind: Ihr Kontakttraining«) ein spezielles Trainingsprogramm für Schüchterne an.

Kapitel 5

Networking in Reinkultur: Ihr persönliches Netzwerk sozialer Beziehungen

Networking ist mehr als die Sammlung einiger Bekannten. In seinem systematischen Vorgehen unterscheidet es sich erheblich von den alltäglichen Beziehungen zu anderen Menschen. Nur wenn die sechs elementaren Netzwerk-Elemente zutreffen, haben Sie es wirklich mit einem Netzwerk zu tun. Sie erinnern sich:

1. Networking besteht darin, aktiv Kontakte zu suchen und herzustellen.
2. Der Networker hat immer und ohne Vorbehalt Interesse an anderen Menschen.
3. Networker *leben* Kommunikation und haben Spaß daran.
4. Bei dem Merkmal »systematisches Sammeln und Organisieren von Informationen« unterscheidet sich Networking ganz erheblich von alltäglichen Kontakten.
5. Interaktionen zwischen den Personen kommen auch außerhalb eines Netzwerks vor. Networking bedeutet jedoch, konsequent aufeinander einzuwirken und sich auszutauschen.
6. Networking pflegt und erhält Beziehungen ganz bewusst.

Beginnen Sie Networking damit, dass Sie aus Ihrem bestehenden Kreis von Bekannten und Verwandten ein persönliches Netzwerk sozialer Beziehungen aufbauen. Beleben Sie alte Kontakte. Sie können alle Elemente des Networking dabei in der Praxis üben.

Beginnen Sie mit Ihren Verwandten und Bekannten

Sicher haben Sie ein Adressbuch. Vielleicht haben Sie auch eine Zettelkiste, in der Sie Briefe, Kuverts und Visitenkarten aufbewahren. All diese Unterlagen nehmen Sie sich jetzt vor, und nun beginnen Sie systematisch mit Networking.

Wenn Sie Ihr Gedächtnis durchkramen und Ihr altes Adressbuch durchsehen, werden Sie vielleicht sagen: »Nun ja, den Klaus Fiedler wollte ich ohnehin schon anrufen. Und ein schlechtes Gewissen habe ich auch, weil ich Johanna nicht mehr geschrieben habe. Aber den Cousin Dieter, soll ich den wirklich wieder ausgraben? Das war doch unmöglich, wie er sich damals auf der Geburtstagsfeier von Onkel Hubert verhalten hat. Zuerst hat er alle ›Schnösel‹ genannt und beleidigt, weil er mit seiner Ausbildung und seinem Beruf ein Problem hat. Und dann hat er sich total betrunken und ist mit Omas guter Bowlenkanne auf den guten grünen Tibet-Teppich gestürzt. Und so ging es den ganzen Tag weiter.«

Sie werden sich sagen: »Er ist zwar mein Cousin. Aber warum soll ich den Kontakt zu ihm aufnehmen? Was soll das bringen?«

Das Beispiel ist gut geeignet, gleich am Anfang noch einmal über Methoden und Ziele Ihres Networking zu reflektieren. Zuerst einmal heißt Networking nicht, dass Sie alle Mitglieder Ihres Netzwerkes so sympathisch finden müssen wie Ihre engsten Lebenspartner und Freunde.

 Networking bedeutet, mit den unterschiedlichsten Menschen in ganz verschiedenen Formen Umgang zu pflegen, sie von Zeit zu Zeit zu kontaktieren, Interesse an ihnen zu zeigen und etwas über sie zu wissen.

Wenn Sie professionell Networking betreiben wollen, dann rufen Sie heute noch Ihren Cousin Dieter an. Fragen Sie ihn, wie es ihm geht, was er beruflich macht, ob Frau und Kinder gesund sind, und lachen Sie gemeinsam über die alten Geschichten. Kommen Sie bloß nicht auf die Idee, zu moralisieren oder die Schuldfrage zu diskutieren. Lachen Sie lieber gemeinsam darüber.

Wenn Sie Dieter in Ihr persönliches Netzwerk aufnehmen, heißt das ja nicht, dass Sie ihn jetzt zu Ihrem Lieblings-Cousin machen und jedes Wochenende mit ihm durch die Kneipen ziehen müssen.

 Zu jedem Menschen haben wir eine unterschiedliche soziale Distanz, auch zu den Mitgliedern unseres Netzwerkes.

Bestimmen Sie selbst, wie nahe Sie sich kommen und wie fern Sie sich bleiben werden. Networking heißt ja auch, dass wir auf angemessene Distanz eine Beziehung pflegen können.

Bleiben wir noch ein wenig bei Dieter. Zugegeben, er ist nicht gerade ein besonders gelungenes Exemplar der Gattung Mensch. Eine Bäckerlehre hat er mit Ach und Krach geschafft. Jetzt arbeitet er als Anstreicher. Sie werden sich fragen: »Wobei könnte mir dieser Mensch je hilfreich sein? Meine Wohnung streicht er sowieso nicht umsonst an. Außerdem braucht er Hilfe. Eine Entziehungskur täte ihm gut.«

Halt! Sie haben schon wieder zwei gravierende Networking-Fehler gemacht. Erstens haben Sie einen Menschen ausschließlich nach seinem Nutzen eingeschätzt, und zweitens sind Sie nicht auf die Idee gekommen, selbst für den anderen da zu sein.

Zu dem ersten Fehler: Ein Netzwerk sozialer Beziehungen dient der gegenseitigen Hilfe. Natürlich betreiben Sie Networking, weil auch Sie sich von anderen Hilfe, Unterstützung und Vorteile erwarten. Sie dürfen aber nicht jeden Kontakt *allein und überwiegend* unter dem Gesichtspunkt Ihres eigenen Nutzens betrachten. Sie müssen immer zuerst eine Beziehung zu einem Menschen eingehen. Nehmen Sie Dieter in Ihr Netzwerk auf, weil er Ihr Cousin ist.

Der zweite Networking-Fehler: Sie haben versäumt zu fragen: »Was kann ich für ihn tun?«

Zugegeben, eine solche umfangreiche soziale Hilfestellung, wie sie Dieter mit seinem Alkoholproblem nötig hat, ist nicht jedermanns Sache. Aber Sie sollen ja auch nicht Dieters Leben ändern und ihn vom Alkohol befreien. Damit haben auch professionelle Therapeuten Schwierigkeiten. Vielleicht würde es ihn schon freuen, wieder einmal zu einem Familienfest eingeladen zu werden. Oder vielleicht braucht er, der wenig Akzeptanz in seinem Leben findet, einmal ein paar anerkennende Worte. Vielleicht können Sie diese Worte zu ihm sagen. Jeder kann für andere Menschen viele Dinge tun. Dinge, die keinen großen Zeitaufwand erfordern und auch nichts kosten.

Wir spielen eine gelungene Kontaktaufnahme zunächst am Beispiel alter Freunde und Verwandte durch und wenden uns im Anschluss der ungezielten und gezielten Kontaktaufnahme mit fremden Menschen zu.

So bereiten Sie die Kontakte vor

Sie nehmen sich Ihr altes Adressbuch vor und übertragen alle Angaben zur Adresse und Person in Ihr neues Adressbuch. Dann stellen Sie aus Ihrem Gedächtnis zusammen, was Sie zu den einzelnen Personen noch wissen. Nehmen Sie das Fotoalbum zur Hand, und fragen Sie die Familie. Die wichtigen Informationen übernehmen Sie in Ihre Kontaktnotizen. Schauen Sie auch alte Briefe durch, und ordnen sie diese gleich in Ihr neues Ablagesystem ein. Bei Ihren alten Bekannten und ehemaligen Schulfreunden verfahren Sie ebenso. Auf diese Weise räumen Sie auch die Schränke auf, was Sie immer schon einmal tun wollten. Wenn Sie die wichtigen Informationen in Ihr Adressbuch und Ihre Kontaktnotizen übertragen haben, werfen Sie bis auf wichtige Erinnerungsstücke den Rest weg.

Nehmen Sie den Kontakt per Telefon auf. Sie können sich auch aus dem Urlaub zuerst mit einer Postkarte in Erinnerung bringen und ein Telefonat ankündigen. Auch E-Mail ist möglich. Aber das Telefon bietet die schnellere und bessere Rückkopplung. Antwortet der Adressat auf Ihren Brief nicht, wissen Sie nicht, warum er es nicht tut. Das muss über die Kontaktbereitschaft des anderen nichts aussagen. Vielen Menschen ist das Schreiben einfach zu mühselig.

Die Daten in Ihrem Adressbuch, die Sie zu den einzelnen Personen zusammenstellen, werden lückenhaft sein. Bei einem neu aufgenommen Kontakt mit einem Bekannten oder Verwandten lassen sich die fehlenden Informationen leicht abfragen. Beschränken Sie sich bei Ihrem ersten Kontakt auf wichtige Informationen: Adresse, Beruf und Familienstand. Sprechen Sie Dinge an, an die Sie wieder anknüpfen können: die Arbeit an einem Projekt, die Reise in die Karibik oder das Abitur der Kinder. Den Menschen ist allgemein Ihre Anteilnahme an ihren Kindern, Ehepartnern und anderen Verwandten wichtig. Machen Sie Aufzeichnungen in Ihren Kontaktnotizen. Rufen Sie nach der Karibikreise wieder an, stellen Sie Fragen, oder nehmen Sie dies zum Anlass, sich wieder einmal zu verabreden.

Sie gehen beim Networking also ganz systematisch vor. Es wäre verkehrt, nur zum Hörer zu greifen und beliebig herumzutelefonieren. Damit können Sie sich vielleicht einen spaßigen Abend machen, nicht aber erfolgreich Networking betreiben. Sie versuchen im Gespräch, an die Informationen zu kommen, die Sie für Ihr Adressbuch und Ihre Kontaktnotizen brauchen. Ihre Fragen werden von dem Interesse an Ihrem Gegenüber geleitet. Lassen Sie das Gespräch nicht beliebig vor sich hin plätschern, sondern erfragen Sie gezielt, was wichtig ist. Folgendes müssen Sie in jedem Kontaktgespräch in Erfahrung bringen:

- Daten über die Person,
- Dinge (Ereignisse, Pläne), an die Sie bei einem nächsten Kontakt anknüpfen können und
- Gemeinsamkeiten, auf denen sich eine längerfristige Beziehung aufbauen lässt.

Der Aufhänger

Die Kontaktaufnahme bedarf eines Aufhängers. Sie müssen dem Angerufenen erklären, warum Sie sich erst nach so langer Zeit wieder melden. Bei Verwandten kommt schnell der Verdacht auf, dass der Kontakt Suchende eine Absicht verfolgt, die er nicht ausspricht. Das Thema Erbschaften ist zwischen Verwandten ein Dauerbrenner.

Mit einem schlechten Gewissen nehmen Sie beispielsweise den Kontakt zu Tante Amalie wieder auf, die Sie seit Jahren vernachlässigt haben. Sie erfahren, dass es der alten Dame sehr schlecht geht. Sie drücken Ihr Bedauern aus und wünschen Ihr gute Besserung. Schon stehen Sie im Kreuzfeuer der Kritik. Man unterstellt Ihnen, Sie wollten sich rechtzeitig als Erbe in Erinnerung bringen. Das stimmt natürlich nicht. Sie haben angerufen, weil Sie beschlossen haben, Ihr Netzwerk persönlicher Beziehungen aktiv zu pflegen. Sie wollen ab jetzt systematisch Networking betreiben. Mit diesen Worten können Sie es natürlich Ihren Verwandten nicht sagen. Aber Sie können ankündigen, dass Sie in Zukunft regelmäßig Kontakt pflegen wollen.

Erklären Sie also den Anlass für Ihre Kontaktaufnahme. Besser noch als die allgemeine Erklärung eignen sich ganz bestimmte Ereignisse, wie zum Beispiel Geburtstage oder gemeinsam erlebte Ereignisse. Sie können auch den Austausch von Bildern und anderen Erinnerungsstücken zum Anlass nehmen.

Bevor Sie den Hörer in die Hand nehmen, denken Sie über einen solchen Anlass nach. Je persönlicher und origineller er ist, desto besser. Öde und langweilig sind Formulierungen wie »Och, ich wollte nur mal hören, wie es dir so geht, weil ich gerade nichts Besseres vorhabe«. Sie sagen dem anderen damit, dass er gerade gut genug ist, Ihre Langeweile zu vertreiben. Sagen Sie stattdessen lieber:

»Mir sind unsere schönen gemeinsamen Erlebnisse von früher eingefallen. Da musste ich dich einfach mal anrufen und dich fragen, ob du auch noch daran denkst.«

Formulieren Sie den Anlass für Ihren Anruf positiv. Vermeiden Sie dabei Formulierungen wie

»Ich habe bisher keine Zeit gehabt ... ich hatte etwas anderes vor ... ich bin nicht dazu gekommen ...«

Solche Sätze implizieren immer auch die Aussage:

»Alle anderen Dinge waren wichtiger als du.«

Das mag zwar so gewesen sein, aber es eignet sich denkbar schlecht für eine Kontaktaufnahme. Eine wichtige Grundregel erfolgreicher Kommunikation lautet:

 Vermitteln Sie Ihrem Gegenüber immer, dass er einzigartig, wichtig und bedeutungsvoll für Sie ist.

Eine solche Regel ist sehr allgemein und abstrakt. Sie gewinnt erst an Leben, wenn sie in einer konkreten Gesprächsführung angewandt

wird. Vermitteln Sie zum Beispiel mit Ihrem Anruf Ihren vernachlässigten Verwandten und vergessenen Bekannten, dass sie für Sie eine gewisse Wichtigkeit haben. Wie Sie das glaubwürdig vermitteln? Nun, lassen Sie sich als Anlass ihres Anrufs etwas Überzeugendes einfallen.

Wenn Sie Ihr altes Adressbuch durchgearbeitet haben, werden Sie vielleicht wochenlang telefoniert haben. Das Ergebnis Ihrer Bemühungen ist ein neues, vollständiges und korrektes Adressbuch. Sie haben ausprobiert, ob die Datenfelder in Ihrem neuen Adressbuch praktikabel sind. Sie können nun Ergänzungen anbringen, eventuell einiges streichen oder anderes hinzufügen.

Überlegen Sie, wie gelungen diese Kontakte sind. Was haben Sie bisher gut gemacht? Was können Sie noch besser machen? Was war fehlerhaft? Müssen Sie lockerer, verbindlicher oder glaubwürdiger werden? Zum Ergebnis Ihrer ersten systematischen Networking-Arbeit gehört auch die Bilanz Ihres Kontaktverhaltens.

Die Adressen, Telefonnummern und Faxnummern haben Sie überprüft. Wie steht es mit den Namen der Lebenspartner, der Kinder und anderer Personen des unmittelbaren Umfeldes? Und wie sieht die berufliche und persönliche Situation Ihres Gesprächspartners zurzeit aus? Es ist natürlich nicht notwendig, alle Datenfelder Ihres Adressbuchs gleich beim ersten Telefonat auszufüllen.

Es sollte sich aus Ihrem ersten Gespräch etwas ergeben, das Sie zum Anlass für weitere Kontakte nehmen können. Ihr alter Schulfreund interessiert sich sehr dafür, was aus Mary-Ann geworden ist. Sie wissen es zwar im Moment auch nicht, aber Sie wollen ja Networking betreiben. Versuchen Sie also, Mary-Ann zu finden, und dann rufen Sie Ihren alten Schulfreund wieder an.

Auf diese Art verwirklichen Sie zwei Networking-Prinzipien zugleich: Sie tun einem anderen Menschen einen Gefallen, und Sie ermöglichen einen Kontakt zwischen anderen. Was aus dieser Vermittlung wird, das werden Sie sehen, besser natürlich kurze Zeit später überprüfen.

Haben Sie bei Ihren Kontaktgesprächen auch Gemeinsamkeiten entdeckt? Halten Sie sich in Ihren Gesprächen nicht lange damit auf, unterschiedliche Meinungen auszudiskutieren. So etwas gehört woanders hin. Bei Kontaktgesprächen kommt es vor allem darauf an, die Dinge herauszufinden, die verbinden: gemeinsame Bekannte, gleich geartete Erfahrungen und dieselben Berufsinteressen. All das ist wichtig. Notieren Sie, was Sie ermittelt haben, und testen Sie bei weiteren Kontakten, wie tragfähig diese Gemeinsamkeiten sind.

Der Abschluss Ihres telefonischen Kontaktgespräches

Wenn Sie durch Ihr Telefongespräch den lange unterbrochenen Kontakt zu einem Menschen wieder hergestellt haben, dann entscheiden Sie, wie die weitere Beziehungsgestaltung ablaufen soll. Hier gibt es vier unterschiedliche Möglichkeiten:

1. Ihr Gesprächspartner sagt spontan, dass er Sie sehr gerne wiedersehen möchte. Hier müssen Sie durch emotionale Einfühlung erkennen, ob dies wirklich ein ernsthafter Wunsch ist oder eher eine Floskel. In manchen Ländern darf man einer Besuchseinladung keinesfalls nachkommen. In Deutschland ist das nicht ganz so. Aber zu prüfen ist doch, ob diese Aussage emotional stimmig und glaubwürdig klingt. Dies lässt sich am Tonfall, am Stimmklang und an der Spontaneität der Äußerung »erfühlen«. Wenn Sie sich nicht ganz sicher sind, ob die Äußerung Ihres Gesprächspartners eine Höflichkeitsfloskel oder ein ernsthafter Wunsch darstellt, dann versuchen Sie doch, mit ihm eine konkrete Verabredung zu treffen. Wenn Sie sich über keinen Termin und keinen Ort einigen können und der andere vorschlägt, noch einmal zu telefonieren, dann hat er Wichtigeres vor, als sich mit Ihnen zu treffen. Umgekehrt: Wenn er Sie wirklich wiedersehen möchte, findet er auch in dem vollsten Terminkalender eine Lücke.

2. Sie haben schon vor dem Beginn des Telefonates eine Aktivität geplant, in die Sie einige Ihrer alten Bekannten und Verwandten einbeziehen wollen: eine Party, ein Gartenfest, einen Ausflug oder eine Geburtstagsfeier. Fragen Sie Ihren Gesprächspartner, ob er Lust hätte, daran teilzunehmen. Oder Sie ergreifen die Initiative für ein Wiedersehen. Sie haben schon vorher geplant, wo und wie dies stattfinden könnte. Sie machen Ihrem Gesprächspartner mehrere Vorschläge.

Wohnt Ihr Gesprächspartner für ein spontanes Treffen zu weit entfernt, so planen Sie einen Kontakt bei zukünftigen Gelegenheiten ein. Notieren Sie sich derartige Planungen. Wenn Sie mit vielen Menschen Kontakte haben, werden Sie diese Dinge vielleicht vergessen.

 Verlässlichkeit ist eine wichtige Voraussetzung für Ihren Networking-Erfolg.

Nehmen Sie jede Vereinbarung gleich wichtig. Damit geben Sie Ihren Kontakten eine spürbare Qualität. Und Sie unterscheiden sich von den flüchtigen Versprechungen und dem oberflächlichem Gerede anderer.

3. Sie können Ihr Telefonat auch damit abschließen, dass Sie eine andere Aktivität als ein Treffen ins Auge fassen. Sie werden Ihrem Gesprächspartner beispielsweise eine Information oder ein Bild senden. In unserem Beispiel haben wir angenommen, dass Sie eine Verbindung zu Mary-Ann knüpfen werden. Irgendeine konkrete Aktivität sollte am Ende des Gesprächs geplant sein. Schließen Sie *niemals* ein derartiges Kontaktgespräch mit der gehaltleeren Formel:

»Wir telefonieren wieder.«

Dann schläft die Beziehung ein. Wenn Ihr Telefonat so endet, dann hätten Sie sich die ganze Mühe sparen können. Zum Networking gehört es, aus Kontakten Beziehungen zu machen. Und das funktioniert nur, wenn Sie immer wieder aktiv Kontakte wiederholen. Nach einem einmaligen Telefonat haben Sie eine alte Schulfreundschaft nicht wieder belebt. Und alte Probleme mit der Verwandtschaft sind damit nicht gelöst. Dazu bedarf es wiederholter Kontakte.

Sie wollen Networking betreiben. Also ergreifen Sie die Initiative.

4. Die vierte Situation ist selten: Der Kontakt kommt gar nicht richtig zustande. Wenn Sie den anderen nur zu einem unpassenden Zeitpunkt angerufen haben, dann versuchen Sie es später noch einmal. Gibt die Person Ihnen aber klar und deutlich zu verstehen, dass sie nichts mit Ihnen zu tun haben will, dann entschuldigen Sie sich für die Störung und legen Sie auf. Entweder Sie streichen diesen Namen aus Ihrem Adressbuch, oder Sie verschieben ihn in die Ablage, je nach Ihrem Auswahlsystem.

Neue Menschen treffen und Kontakte knüpfen: Die ersten vier Minuten

Wir unterscheiden eine *ungezielte* und eine *gezielte* Kontaktsuche. Gezielte Kontaktsuche heißt, Sie wollen eine ganz bestimmte Person kennen lernen, mit ihr ins Gespräch kommen und eventuell auch mit ihr Geschäfte machen. Sie sind zum Beispiel Sänger. Sie wissen genau, bei den üblichen Vorstellungen und Wettbewerbsritualen sind Sie einer unter Tausenden. Daher wollen Sie Eberhard Meierfeld, den Direktor der Plattenfirma *Sound & Noise* kennen lernen. Oder Sie sind Schauspieler und erhoffen sich von einem persönlichen Gespräch mit dem Starregisseur Alwin Pelicula Chancen für Ihre Karriere. Zunächst soll es um die ungezielte Kontaktsuche gehen.

 Dabei sein ist alles.

Wer Networking betreibt, muss aus dem Haus gehen und sich für andere Menschen öffnen. Beim Fernsehen lernen Sie keine anderen Menschen kennen. Gehen Sie zu Partys, Geburtstagsfeiern, Hauseinweihungen und Hochzeiten. Treten Sie in Verbände und Vereine ein, besuchen Sie Messen, Kongresse und Tagungen, und nutzen Sie alle anderen Gelegenheiten, Menschen kennen zu lernen: im Flugzeug, in der Bahn, auf dem Joggingpfad, in der Nachbarschaft, im Supermarkt und so weiter.

Der ungezielte Kontakt

Sie betreten den Partyraum. Die meisten Gäste sind schon da. Sie stehen in Gruppen oder einzeln zusammen. Wenn Sie näher hinschauen, sehen Sie zwei unterschiedliche Verhaltensweisen: Die einen stehen oder sitzen mit gesenktem Blick in der Ecke und halten sich krampfhaft an ihrem Glas fest. Allenfalls sprechen sie noch mit ihrer Freundin oder ihrem Freund, den sie mitgebracht haben. Andere dagegen knüpfen Kontakte mit Leuten, die sie noch nie gesehen haben oder blicken offen in die Runde. Wie verhalten Sie sich auf der Party?

Sie werden das tun, was alle Leute tun, die in einen Raum mit vielen Menschen kommen. Sie schauen nach bekannten Gesichtern. Je mehr sie kennen, desto behaglicher wird ihnen. Wenn sie niemanden kennen, tritt Verlegenheit und Unbehagen ein.

Bitte machen Sie sich klar, dass es Ihnen so wie den meisten Menschen geht. Umfragen haben ergeben, dass diese Situation noch mehr Unbehagen auslöst, als vor einem großen Publikum eine Rede halten zu müssen. Auch dem Partylöwen, der locker auf Fremde zugeht und scheinbar spielerisch Small Talk betreibt, geht es nicht anders. Allerdings steht er nicht verschüchtert in der Ecke und umklammert krampfhaft sein Glas. Er traut sich, ein Gespräch zu beginnen.

Jedes gesellschaftliche Ereignis ist dazu da, alte Kontakte zu vertiefen und neue zu knüpfen. Wenn Sie ein persönliches Netzwerk aufbauen wollen, werden Sie die Gelegenheit vor allen Dingen zu neuen Kontakten nutzen. Eine Party hat sich für Sie erst »gelohnt«, wenn Sie von mindestens einer neuen Person eine Adresse und Telefonnummer mit nach Hause nehmen.

Was müssen Sie tun, um mit einem anderen Menschen in Kontakt zu kommen? Ganz einfach, Sie müssen ihn direkt anblicken, etwas sagen, sich vorstellen, ein wenig Small Talk machen, dabei Gemeinsamkeiten entdecken, damit der andere Ihnen seine Adresse gibt und Sie ihm Ihre Visitenkarte anbieten können und sich schließlich aus dem Gespräch wieder ausklinken.

 Für das Gelingen des Erstkontaktes haben Sie vier Minuten Zeit.

Nach vier Minuten entscheidet sich, ob etwas daraus wird oder nicht. Entweder ist das Gespräch in vier Minuten zu Ende, oder Sie sind noch im Gespräch und haben dann wiederum vier Minuten Zeit, in denen sich entscheidet, ob Sie Ihre Adressen tauschen.

Sie durchlaufen zwei Kontaktphasen, die der *Begegnung* und die des *Austauschs*. Die Zeitspanne von vier Minuten ist eine psychologische Gesetzmäßigkeit. Wenn Sie dies überprüfen wollen, nehmen Sie keine Stoppuhr zur Hand. Menschen sind keine Maschinen. Es können auch drei Minuten oder fünf sein. In diesen vier Minuten entscheidet sich bei jeder Begegnung, ob sie gelingt oder misslingt. Das gilt nicht nur für das Kennenlernen von Menschen auf Cocktailpartys. Auch der gute Verkäufer weiß nach vier Minuten, ob das Verkaufsgespräch heute zum Abschluss führt oder nicht.

Sie bewerben sich um eine neue Stellung. Das Vorstellungsgespräch dauert eine halbe Stunde. In den ersten vier Minuten fiel aber bereits die Entscheidung für oder gegen Sie.

Sie kommen nach einem stressreichen Arbeitstag nach Hause. Wie wird der Feierabend mit Ihrem Partner verlaufen? Die ersten vier Minuten sind entscheidend.

Viele Untersuchungen haben diese Gesetzmäßigkeit bestätigt. Sie werden vielleicht einwenden, dass viele Gespräche länger als vier Minuten dauern. Das ist richtig. Ein Gesprächspartner kann den anderen durch seinen Wortschwall »festhalten« und das vielleicht sogar eine ganze Stunde. Aber das hat nichts mit einem gelungene Gespräch zu tun.

Auch der umgekehrte Fall ist möglich, aber eher selten. Obgleich Menschen miteinander reden, findet noch kein Kontakt statt. Äußere Störungen können der Grund dafür sein. Die Vier-Minuten-Phase beginnt nicht unbedingt beim ersten physischen Kontakt, sondern vielleicht auch später.

 Verpassen Sie nicht den richtigen Moment der Kontaktaufnahme, in dem Sie die verbale Brücke zu dem anderen Menschen schlagen müssen.

Entweder es gelingt Ihnen, die vier entscheidenden Minuten immer zu nutzen, oder Sie müssen es Stück für Stück üben. Darum gehen wir jetzt die einzelnen Geschehnisse durch, die zu einer mitmenschlichen Begegnung gehören.

Ich habe die ersten vier Minuten in vier Punkte eingeteilt. Diese Punkte beziehen sich nicht auf die jeweils ablaufenden Minuten, sondern stellen lediglich den Ablauf vier deutlich unterscheidbarer Phasen dar.

1. Zielperson und Blickkontakt. Sie suchen sich einen Menschen aus, den Sie kennen lernen wollen. Sie gehen auf ihn zu und blicken ihn an. Erst wenn er zurückblickt, das heißt, wenn der Blickkontakt hergestellt ist, *können* und *müssen* Sie etwas sagen.

Sie können einen fremden Menschen nur kennen lernen, wenn Sie Blickkontakt haben.

Es gibt seltene Ausnahmen der Begegnung, bei denen erst das Wort und dann der Blickkontakt erfolgt.

Schauen Sie einen anderen Menschen also ganz bewusst an, bevor und während Sie etwas zu ihm sagen. Anblicken ist Zuwendung. Nur wenn Sie sich einem Menschen zuwenden, können Sie ihn auch kennen lernen.

Anblicken meint nicht Anstarren. Finden Sie das angemessene Maß für die Dauer des Blickkontaktes. Lächeln Sie. Seien Sie positiv gestimmt und freundlich. Ihre innere Einstellung und Haltung drückt sich in Ihrer Mimik und Gestik aus. Während Sie im Büfett nach den besten Brocken suchen, können Sie nicht mit einem kurzen Seitenblick den Kontakt zu einem Menschen aufnehmen.

2. *Etwas sagen und sich vorstellen.* Sie lernen Menschen nur kennen, wenn Sie sie ansprechen. Machen Sie den Mund auf. Wenn Sie schüchtern sind, üben Sie dies beispielsweise in einem Kontakttraining. Am Telefon müssen die ersten Worte immer die persönliche Namensnennung sein. Beim direkten Kontakt geht es auch anders. Sie können zuerst ein paar andere Worte oder Sätze sagen, ehe Sie sich vorstellen. Aber sehr schnell ist der passende Augenblick für die persönliche Vorstellung verpasst. Es wird immer peinlicher und komplizierter, je weiter Sie den Zeitpunkt hinausschieben. Darum sagen Sie so früh wie möglich Ihren Namen und ein, zwei passende Sätze zu Ihrer Person. Wenn sich Ihr Gegenüber zuerst vorstellt, ist es ein absolutes Muss, sich auch vorzustellen.

 Stellen Sie sich in einem Kontaktgespräch so früh wie möglich mit Namen vor.

»Ich heiße Peter Bauer. Das ist meine Frau Claudia. Wir sind die Nachbarn des Gastgebers.« Dies wäre eine angemessene Vorstellung bei einer Geburtstagsfeier. Auf einer Betriebsfeier, bei der Sie auf Ihnen noch unbekannte Kollegen stoßen, können Sie sich als »Laborleiter« oder als derjenige, »der für das Labor verantwortlich ist«, vor-

Die entscheidende Moment beim Erstkontakt: Die Vorstellung

stellen. Auf einer Fortbildungsveranstaltung stellen Sie sich als Chemieingenieur vor und auf einer Ingenieurstagung als Mitarbeiter des Unternehmens XYZ. Charakterisieren Sie sich jeweils mit den Merkmalen, die für das jeweilige gesellschaftliche Umfeld relevant sind.

Nicht alle Menschen haben so einen leicht einprägsamen und verständlichen Namen wie Peter Bauer. Viola Brausenie ist schon schwieriger zu verstehen und zu behalten. »Mein Name ist Brausenie (und jetzt noch einmal ganz langsam), Viola Brausenie.« Dieser kleine Trick ist recht vorteilhaft. Sie nennen zuerst Ihren Nachnamen und dann Ihren Vor- und Nachnamen noch einmal. Dadurch wird Ihr Name besser verstanden und man kann ihn leichter behalten. Wenn Viola Humor hat, kann sie natürlich ihren Namen mit einem kleinen Merksatz ergänzen: »Das lässt sich ganz einfach merken: Ich bade immer und brause nie.«

Es gibt gesellschaftliche Kreise, Sportvereine und bestimmte politische Parteien, in denen das Du von Anfang an selbstverständlich ist. Hier erfolgt natürlich auch die Vorstellung mit Vornamen. Hier würden Sie also sagen: »Mein Name ist Peter, Peter Bauer.« Und das ist wichtig: Auch da, wo man sich beim Vornamen nennt und duzt, gehört es unbedingt dazu, den Nachnamen zu kennen. Denn Peter lässt sich ja wirklich in keinem Vereinsregister oder Telefonbuch wiederfinden.

3. Positive Zuwendung. Das dritte Element der Kontaktaufnahme besteht darin, etwas über den anderen zu erfahren. Wenn Sie vier Minuten auf jemanden einreden, ohne ihn zu Wort kommen zu lassen, ist der Kontakt mit ihm schnell zu Ende. Es muss zu einem Austausch kommen. Sie wenden sich mit Interesse Ihrem Gegenüber zu und erfahren, wer ist er. Sie stellen sich vor, und Ihr Gesprächspartner sagt ein paar Worte dazu. Das wichtigste sind die Namen und ein paar Hinweise zur Person. Alle anderen Inhalte, über die gesprochen wird, sind völlig irrelevant.

Sie sagen: »Der Lachs ist vorzüglich, haben Sie ihn schon probiert?«

Der andere antwortet: »Die Braut sieht reizend aus, haben Sie sie schon geküsst?«

Vom Inhalt her sind dies völlig belanglose Sätze. Das Gelingen Ihres Kontaktes hängt nicht daran, ob Sie den Lachs probieren oder die Braut küssen, was Sie niemals zugleich tun sollten. Es kommt nur darauf an, etwas zu sagen, was nicht gerade Schwachsinn ist.

 Sagen Sie etwas Positives.

»Sie sehen etwas grün im Gesicht aus. Haben Sie von dem Fisch schon gegessen?«

Mit solchen Bemerkungen landen Sie selten einen Treffer.

»Wie gefällt Ihnen die Party?«

»Die Musik ist zu laut, das Bier ist zu warm und die Gäste uninteressant.«

Das mag zwar alles stimmen, aber halten Sie sich mit Ihrer Meinung zurück, wenn Sie gerade Kontakt suchen. In den ersten vier Minuten müssen Sie etwas Positives zu Ihrem Gegenüber sagen.

»Das finde ich aber interessant, dass Sie den Gastgeber schon als Schulkind kannten. Der Rotwein ist vorzüglich. Er hat gerade die richtige Temperatur. Darf ich Ihnen auch ein Glas davon einschenken?«

Sie sollen nicht heucheln oder lügen. Wenn das Bier zu warm und die Musik zu laut ist, dann behaupten Sie nicht das Gegenteil. Es gibt aber durchaus andere Dinge, über die man in positiver Weise reden könnte.

 Wenden Sie sich mit Interesse Ihrem Gegenüber zu.

Das kleine belanglose Gespräch, das Sie führen, ist das Einzige, was Sie im Moment interessiert. Schauen Sie nicht nach anderen Leuten, und suchen Sie nicht den letzten Lachs auf dem Büfett. Ihre Aufmerksamkeit ist ganz auf Ihr Gespräch und Ihr Gegenüber gerichtet. Ihr Gegenüber muss das Gefühl haben, dass er und das, was er sagt, das Allerwichtigste auf der Welt ist. Das mag albern und übertrieben klingen. Es kennzeichnet aber genau einen gelungenen Kontakt.

Zur positiven Zuwendung gehört auch, dass Sie zuhören. Seltsamerweise können das nur sehr wenige Leute. Entweder reden Sie zu wenig oder viel zu viel. Sie nutzen die Chance, dass ihnen einer zuhört, und lassen den anderen nicht mehr zu Wort kommen. Und das beweist nun eindeutig, dass Sie nicht an dem anderen Menschen interessiert sind.

 Aufmerksam zuhören ist die einfachste Art, sein Interesse an dem anderen Menschen zum Ausdruck zu bringen.

4. Ende? Wir befinden uns immer noch in den ersten vier Minuten eines Kontaktes mit einer uns bisher fremden Person. Zwischen Ihnen und Ihrem Gesprächspartner hat sich bisher viel getan. Sie haben die Fühler ausgestreckt. Sie haben den anderen verbal und nonverbal berührt. Sie und der andere erleben Gefühle des Behagens oder Unbehagens und plötzlich sagt der andere:

»Ich sehe gerade, da kommt mein guter alter Freund Bernhard, den muss ich begrüßen. Sie entschuldigen mich bitte.«

Er verschwindet. Aus und Ende. Das war deutlich. Von dem bekommen Sie nie eine Visitenkarte. Sie brauchen ihm Ihre auch nicht aufzudrängen. Er wirft sie ohnehin in den Papierkorb.

Oder es läuft ganz anders. Er erzählt Ihnen ein paar Anekdoten aus der Schulzeit des Gastgebers, oder er hört interessiert Ihren kleinen Geschichten zu. Ob Sie dabei über Personen, über Lachs oder Rotwein reden, spielt keine Rolle. Wichtig ist, dass beide das Gefühl haben, es macht Spaß, mit dem anderen zu reden.

 Versuchen Sie, das Gespräch zu einem kleinen positiven Erlebnis zu gestalten.

Man sagt, wenn die Chemie stimmt, dann kann sich eine Beziehung entwickeln. Oder man benutzt das Bild, dass ein Funke überspringt. Aber all das sind natürlich nur Bilder. Ganz genau wissen auch die Psychologen nicht immer, warum es mit dem Kontakt manchmal so vorzüglich und manchmal weniger gut funktioniert.

Was Psychologen sehr gut wissen ist, welche Fehler zum Scheitern dieser ersten vier Minuten führen. Zu den häufigsten Fehlern gehören:

1. Mangelnder oder falscher Blickkontakt.
2. Die Kontakt suchende Person sagt nichts oder stellt sich nicht richtig vor.
3. Die Kontaktperson hört nicht mit Interesse zu.
4. Ihre Aufmerksamkeit ist auf etwas oder jemand anderes gerichtet.
5. Die Kontakt suchende Person sendet nur negative Botschaften.
6. Der Kontaktperson gelingt es nicht, Spaß an der Unterhaltung zu haben oder zu vermitteln.

Die zweiten vier Minuten

Wenn Ihr Kontakt zu der fremden Person länger als vier Minuten dauert, haben Sie die erste Runde gewonnen. Auch die zweiten vier Minuten eines Kontaktes habe ich in vier Punkte unterteilt (die sich auf deutlich unterscheidbare Phasen und nicht auf die Minuten beziehen):

1. Small Talk. Ihr Small Talk beginnt nicht erst nach vier Minuten. Sie sind bereits mittendrin. Sie reden über irgendetwas, nur um miteinander zu reden.

In Filmen und kritischen Romanen wird der Small Talk vielfach als gehaltloses Blabla einer dekadenten Gesellschaft dargestellt. Hierbei wird übersehen, dass Small Talk eine eigene Konversationsgattung ist, die zur rechten Zeit und am rechten Ort eingesetzt werden will. Es gibt viele Gesprächsarten: ernste Auseinandersetzungen, Diskussionen, Geschäftsverhandlungen, Verkaufsgespräche und viele andere mehr. Mit all diesen Gesprächsformen werden jeweils bestimmte Ziele verfolgt. Mit Small Talk wird niemand informiert, überzeugt oder widerlegt. Small Talk dient dazu, sich im doppelten Sinne des Wortes zu unterhalten: Sich die Zeit kurzweilig zu vertreiben und mit einem anderen Menschen zu sprechen. Small Talk trägt außerdem dazu bei, sich kennen zu lernen, denn der Kontakt erfolgt immer über die Sprache. Denn wer nicht redet, lernt niemanden kennen.

Small Talk »dient« dazu, sich zu unterhalten und kennen zu lernen und nicht dazu, den anderen zu überzeugen.

Small Talk soll unterhalten und erfreuen. Sie können dabei fast alles thematisieren: Wetter, Tagesereignisse, Sport, Hundekuchen, Kochrezepte und Modefragen. Der Sinn des Small Talk besteht darin, sich beim Plaudern über Nebensächlichkeiten besser kennen zu lernen, nicht den anderen zu belehren oder zu beeindrucken. Small Talk ist kein Schlagabtausch, bei dem Sie Punkte machen. Sie spielen dem anderen den Ball zu und freuen sich daran, dass er nicht ins Aus geht.

Einige Themen sind traditionellerweise beim Small Talk tabu: Religion und Grundsatzthemen der Politik. Es ist auch tabu, über ein Thema ernsthaft und verbissen zu diskutieren. Die Kunst des Small Talk besteht darin, eine beginnende Spannung in einem Gespräch mit Leichtigkeit aufzulösen, ohne den anderen zu verletzen. Am besten klappt das mit einem von der Sache ablenkenden persönlichen Lob oder mit einer humorvollen Bemerkung. Im Kapitel »Mögen Sie Small Talk?« finden Sie detaillierte Informationen zum Thema Small Talk.

Nun ist nicht so, dass Sie sich niemals mit anderen Menschen ernsthaft unterhalten dürfen. Aber Sie sollen genau wissen, wann und wo das sinnvoll ist. Wenn Sie auf einer Cocktailparty Small Talk mit Personen treiben, die Sie vor fünf Minuten kennen gelernt haben, dann ist eine ernsthafte Auseinandersetzung fehl am Platze.

2. Entdecken Sie persönliche Gemeinsamkeiten. Die Inhalte des Small Talk sind in der Regel alltägliche Kleinigkeiten: Haushaltsprobleme, Kinder, Auto, Computer, Sport oder dergleichen. In den zweiten vier Minuten Ihres Kontaktes entscheidet sich, ob das Gespräch im *Unverbindlichen* verbleibt oder ob Sie etwas *gemeinsames Persönliches* entdecken.

Dass Sie die gleiche Sportsendung gesehen haben, ist in diesem Sinne noch keine Gemeinsamkeit. Dass Sie aber beide ein ganz besonderes Interesse an dieser Sportart haben, das ist schon etwas mehr. Dass Sie beide ein Kind im gleichen Alter haben, verbindet Sie noch nicht. Dass Sie aber beide die gleichen speziellen Sorgen oder Freuden erleben, verbindet schon eher. Dass Sie beide die gleiche Automarke fahren, ist lediglich eine äußere Parallelität. Dass Sie beide aber in gleicher Weise diese Automarke lieben, das stellt ein Band zwischen Ihnen her.

 Persönliche Gemeinsamkeiten bestehen nicht darin, die gleichen Dinge zu besitzen oder zu kennen, sondern die gleichen inneren Einstellungen zu haben.

Zu dieser inneren Einstellungen müssen Sie in Ihrem Gespräch finden. Dazu gehört, dass Sie auch über Ihre emotionale Betroffenheit Auskunft geben. Sie müssen bei einem Thema dann gemeinsam lachen oder zum Ausdruck bringen, dass Sie von etwas begeistert sind. Sagen Sie nicht nur, dass Sie etwas sehr interessiert, sondern zeigen Sie es auch.

Es gibt den dummen Spruch »Gegensätze ziehen sich an«. Der mag für Magnetfelder in der Physik gelten. Für menschliches Kontaktverhalten trifft er nicht zu und für länger dauernde Beziehungen nur ganz selten. Bei jedem Kennenlernen gilt: Gegensätze stoßen sich ab.

Der eine sagt: »Ich sehe gerne fern, insbesondere Fußball.« Der andere antwortet: »Ich kann fernsehen nicht leiden und Fußball erst recht nicht.«

Der eine sagt: »Computer faszinieren mich.« Der andere sagt: »Dieser Computer-Blödsinn! Ich schreibe nach wie vor alles mit der Schreibmaschine.«

Das sind vielleicht Thesen für eine Talkshow, bei der sich nach kurzer Zeit alle Gesprächspartner anbrüllen. Derartige Gespräche in den zweiten vier Minuten eines Erstkontaktes führen zu nichts. Suchen Sie also bei Ihrem Kontaktgespräch Gemeinsamkeiten bei Ihrem Gesprächspartner. Wenn Sie Fernsehen und Fußballspielen schrecklich finden, dann führen Sie das Gespräch geschickt auf andere Themen, bei denen Sie Gemeinsamkeiten entdecken. So unterschiedlich die Menschen auch sind, es gibt fast immer Gemeinsamkeiten.

Wenn aber keine Gemeinsamkeiten zu entdecken sind, dann beenden Sie das Gespräch in netter Form und sprechen Sie einen anderen Menschen an. Entweder haben Sie in Ihrer Gesprächsführung etwa falsch gemacht, weil Sie auf keine Gemeinsamkeiten gestoßen sind. Dann werden Sie Ihren Gesprächsfehler in diesen zweiten vier Minuten auch nicht mehr reparieren. Oder aber es gibt wirklich nur Gegensätzlichkeiten zwischen Ihnen, sodass die Fortsetzung eines Kontaktes mit diesem Menschen auch nie funktionieren würde.

Menschen mit hoher Beziehungsintelligenz haben ein großes Geschick, dies zu erkennen und »nicht lohnende« Kontakte rechtzeitig zu beenden. Diese Fähigkeit ist auch bei erfolgreichen Verkäufern zu beobachten. Sie erkennen sehr frühzeitig, dass ein Verkaufsgespräch nicht zum Erfolg führen wird und brechen es rechtzeitig ab. Andererseits »wissen« sie genau, wann und bei wem sich ein erhöhter Kommunikationsaufwand lohnt und es trotz Widerständen zum Abschluss kommen wird.

In diesen zweiten vier Minuten muss es »zünden«, sonst kommen Sie auch in einer halben Stunde nicht ans Ziel. Sie können dagegen halten, dass es auch Ausnahmen gibt. Nach einem anfänglich sehr negativ verlaufenden Kontakt kann eine Änderung eintreten. Ich will das nicht bestreiten. Psychologische Gesetzmäßigkeiten sind keine physikalischen Naturgesetze. Aber Ausnahmen sind sehr selten. Wenn Sie auf einer Party sind, sollten Sie mindestens einen netten Menschen kennen gelernt haben. Verbeißen Sie sich nicht an dem Falschen.

Diese Empfehlung gilt nur für die ungezielte Kontaktsuche. Wenn Sie zielgerichtet einen bestimmten Menschen kennen lernen wollen, dann ist es sinnvoll, auch über die zweiten vier Minuten hinaus noch etwas unternehmen.

3. Austausch von Visitenkarten. Wenn es Ihnen gelungen ist, dem Gespräch über unverbindliche Kleinigkeiten einen persönlichen Bezug zu geben und Sie Gemeinsamkeiten entdeckt haben, dann sollten Sie ihre Adressen oder Visitenkarten austauschen. Das ist ja das Ziel Ihres Kontaktgespräches.

Der Austausch von Visitenkarten erfolgt im privaten Bereich anders als im Business. Bei einer Tagung, einer Messe oder einem Geschäftsempfang können Sie bereits bei der Vorstellung dem Gesprächspartner Ihre Visitenkarte anbieten. Daraufhin wird der andere Ihnen seine übergeben. Bei einer Cocktailparty, Geburtstagsfeier, Hochzeit oder Hauseinweihung wäre dies zumindest in Deutschland unpassend. Sie brauchen einen »Aufhänger«, um nach der Adresse und Telefonnummer des anderen zu fragen.

- »Das würde mich interessieren, darf ich Sie anrufen?«, oder:
- »Darüber sollten wir uns einmal in Ruhe unterhalten.«, oder:
- »Darf ich Ihnen die Unterlagen dazu einmal schicken?«

Es genügt nicht, dass Sie Ihre Visitenkarte übergeben haben und hoffen, der andere würde sich melden. Wenn Sie seine Adresse nicht haben, können Sie nicht nachfragen. Es ist nicht immer böser Wille, dass jemand sein Versprechen, Sie anzurufen oder Ihnen etwas zu schicken, vergisst. Sie betreiben Networking professionell. Daher werden *Sie* den Kontakt auch aufnehmen, wenn der andere sich nicht meldet.

 Versuchen Sie immer, den Austausch der Adressen zu erreichen.

Die Art, wie Sie Ihre Visitenkarten überreichen, ist Ausdruck Ihres persönlichen Stils. Der Erfolg Ihres Networking hängt von dem Geschick ab, mit dem Sie diese kleinen Elemente des Kontaktgespräches meistern.

4. Ausklinken. Wenn Sie dieses Networking-Ziel erreicht haben, klinken Sie sich höflich aus diesem Kontakt aus. Mehr als höchstens zehn bis fünfzehn Minuten sollte Small Talk bei einem derartigen Anlass nicht dauern. Eine Cocktailparty ist dazu da, dass Sie mit vielen Leuten sprechen. Hindern Sie auch Ihre Gesprächspartner nicht darin, dies zu tun. Beenden Sie Ihr Gespräch, auch wenn es interessant ist. Gerade dann haben Sie einen vorzüglichen Anlass, sich zur Fortsetzung des Gespräches zu verabreden.

Natürlich gibt es Ausnahmen. Der andere signalisiert Ihnen zum Beispiel, dass er wahnsinnig gerne noch ein wenig mit Ihnen plaudern würde. Das ist eine begründete Ausnahme. Das erfolgreiche durchschnittliche Kontaktverhalten dauert jedoch circa zweimal vier Minuten.

Sich aus einem Gespräch auszuklinken meint nicht, sich still und heimlich zu verdrücken. Zur Verabschiedung können Sie sagen:

»Entschuldigen Sie mich bitte, es war sehr interessant, mich mit Ihnen zu unterhalten. Ich glaube, ich sehe da hinten gerade einen guten Freund.«

Während Sie ihm lächelnd zunicken, entfernen Sie sich. Oder Sie sagen:

»Ich freue mich auf unser Telefonat.«

Sie können weitere Kontaktmöglichkeiten natürlich noch im Unbestimmten lassen.

»Wenn ich diese Informationen brauche, komme ich gerne auf Sie zurück.«

Oder:

»Ich würde mich freuen, wenn wir telefonieren würden oder uns wieder treffen könnten.«

Als Experte für Networking sind Sie Kommunikationsprofi. Lassen Sie sich nicht von Menschen mit Beschlag belegen, deren Umgang Ihnen unangenehm ist. Sie müssen sich aus solchen Gesprächen ausklinken und dabei freundlich und verbindlich bleiben. Sagen Sie nicht:

»Es ist ja wahnsinnig interessant mit Ihnen zu reden, aber ...«

Seien Sie eindeutig, wenn Sie das Gespräch beenden:

»Bitte entschuldigen Sie, dort drüben sehe ich gerade einen guten Bekannten, mit dem ich einige Worte sprechen möchte.«

Üben Sie das einmal vor dem Spiegel, solche Sätze freundlich, aber bestimmt auszusprechen. Seien Sie verbindlich, aber nicht unklar. Dies ist in der Tat nicht ganz leicht.

Erwerben Sie die Fähigkeit zu wissen, wann und wie Sie Gespräche beenden müssen.

Was Sie vermeiden sollten

Für Ihre ungezielte Kontaktsuche auf gesellschaftlichen Veranstaltungen gibt es eine Reihe von Fehlern und Fallen, in die man leicht hineintappen kann. Vermeiden Sie insbesondere folgende Fehltritte:

- Wenn Sie mit einer Person sprechen, schauen Sie nicht mit unruhigem Blick nach anderen Personen aus.
- Erzählen Sie keine herabsetzenden oder beleidigenden Witze. Ziehen Sie nicht über bestimmte Gruppen oder Minderheiten her.
- Belegen Sie niemanden dauerhaft mit Beschlag.
- Seien Sie vorsichtig mit dem Rauchen und mit Ihrer Zigarette. Fuchteln Sie damit weder in der Gegend herum, noch lassen Sie die Hand mit der Zigarette nach unten hängen. Angesengte Kleidungsstücke sind der große Ärger aller Partygäste, egal ob sie rauchen oder nicht.
- Rauchen Sie während eines Kontaktgespräches am besten nicht. Es mag sein, dass Sie nervös sind. Wenn Sie Ihre Nervosität nicht anders in den Griff bekommen, rauchen Sie in einer stillen Ecke oder im Garten.
- Füllen Sie sich am kalten Büfett Ihren Teller nicht bis zum Rand. Versuchen Sie niemals zugleich zu essen, zu trinken und zu sprechen.
- Sollten Sie ein Glas zuviel getrunken haben, bedanken Sie sich bei dem Gastgeber, und lassen Sie sich nach Hause bringen. Kein Networking-Versuch wird an diesem Abend noch erfolgreich sein.
- Versuchen Sie niemals, jemandem bei einer Cocktailparty etwas zu verkaufen oder ihm Ihre Dienste anzubieten. Sie können locker über Ihr Angebot reden, aber niemals Verkaufsgespräche führen.
- Kritisieren Sie niemanden, weder Ihren Gesprächspartner noch den Gastgeber. Kontaktgespräche und Small Talk sind keine Gelegenheit für kritische Auseinandersetzungen.

- Jammern Sie nicht. Mag der Raum noch so voll, das Essen noch so schlecht und Ihnen noch so übel sein. Partys sind kein Ort der Klage. Gehen Sie nach Hause, und vermiesen Sie den anderen nicht die Stimmung.

So bereiten Sie sich auf Kontakte vor

Wenn Sie zu einer Veranstaltung gehen, bereiten Sie sich vor, indem Sie eine bestimmte Kleidung wählen und vielleicht auch ein Präsent mitnehmen. Auf die Kontakte mit Menschen bereitet sich selten jemand vor. Tun Sie es, dann haben Sie den anderen viel voraus.

Gehen Sie niemals aus dem Haus, ohne eine ausreichende Anzahl von Visitenkarten bei sich zu haben. Stecken Sie diese locker und griffbereit in die Tasche, und haben Sie auch ein paar Blanko-Karten und einen Bleistift zur Hand.

Informieren Sie sich über die Institution, die eingeladen hat, oder die Personen, die anwesend sein werden. Dazu können Sie die verschiedensten Hilfsmittel benutzen. Wenn Sie Networking schon länger betreiben, schauen Sie in Ihrem Adressbuch nach, und tragen Sie zusammen, was Sie über den Gastgeber und die zu erwartenden Gäste wissen. Sind Prominente eingeladen, können Sie auch im *Wer ist Wer?*, dem deutschen *Who's Who?* Informationen über diese Personen nachschlagen. Wenn es sich um Firmen- oder Vereinsveranstaltungen handelt, sollten Sie schon wissen, was diese Firmen oder Vereine genau machen. Erst wenn Sie ein paar Grundkenntnisse haben, können Sie konkrete Fragen stellen.

Das Internet bietet die Möglichkeit, sich über Personen oder Institutionen zu informieren. Geben Sie in eine Suchmaschine die Namen der Personen ein, denen Sie begegnen werden. Sie werden erstaunt sein, auf was Sie da alles stoßen. Manches können Sie sehr gut gebrauchen, um ein Gespräch in Gang zu setzen oder einen Impuls zu geben.

 Informieren Sie sich vor einem Kontakt über die Personen, denen Sie voraussichtlich begegnen werden.

Wenn Sie schriftlich eingeladen worden sind, dann enthält die Einladung vielleicht die Abkürzung *U. A. w. g. = Um Antwort wird gebeten* oder *R. S. V. P.= Repondez s'il vous plaît*. Bei Privateinladungen stellt dies die Verpflichtung dar, zu- oder abzusagen. Bei Geschäftseinladungen sieht das etwas anders aus. Wenn die Einladung mit dem Kauf einer Karte verbunden ist, dann ist eine Absage nicht unbedingt notwendig. Im Zweifelsfalle sollten Sie lieber doch antworten.

Bei bestimmten Einladungen erwartet man von Ihnen, dass Sie eine kleine Rede halten. Wenn Sie als Vorgesetzter zum Geburtstag Ihres Mitarbeiters eingeladen werden oder Sie der beste Freund eines Jubilars sind, kommen Sie an einer Rede nicht vorbei. Versuchen Sie nicht, sich zu drücken: Jede Rede ist eine Chance, sich zu präsentieren. Sie erinnern sich:

Sich präsentieren und präsent sein ist ein wesentliche Voraussetzung des Erfolgsfaktors Networking.

Es mag sein, dass Sie nicht gerne Reden halten. Deshalb müssen Sie sich vorbereiten. Auch andere, die scheinbar lockere Stegreif-Reden halten, haben sich vorbereitet. Denken Sie nicht, dass Ihnen im entscheidenden Augenblick schon etwas einfällt. Haben Sie immer ein paar Formulierungen und ein paar Geschichten parat, mit denen Sie einige Minuten lang eine solche Aufgabe bewältigen können.

Bereiten Sie sich rechtzeitig vor. Sie kommen gewaltig in Stress, wenn Sie damit erst ein paar Stunden vor der Veranstaltung beginnen. Eine Woche vorher ist ein guter Zeitraum. Sie können das Ganze dann noch einmal liegen lassen und in Ruhe überarbeiten.

Was soll ich nur sagen? Alle Reden, die bei solchen Gelegenheiten gehalten werden, sind schon einmal gehalten worden. Greifen Sie zu einer Redensammlung. Es gibt auf dem Markt diverse Veröffentlichungen, in denen Sie Beispielreden für die verschiedensten Anlässe finden. Übernehmen Sie diese nicht wortwörtlich, sondern lassen Sie sich durch diese Vorschläge anregen. Sie werden sehen, das verkürzt die Vorbereitungszeit erheblich.

Setzen Sie sich mit Ihrer kleinen Rede nicht zu hohe Ziele. Sie sollen nicht als Bundespräsident mit einer Neujahrsrede die Nation wachrütteln. Sie sollen auf der Party auch nicht als Redestar den anderen die Show stehlen. Wirkungsvoll ist eine Rede nur, wenn sie kurz ist. Eine sehr freundliche und persönliche Anrede, ein Aufhänger, ein oder zwei Gedanken, vielleicht auch ein persönliches Erlebnis oder eine kleine Anekdote und schließlich ein schwungvoller Schluss. Das genügt.

Welche Kleidung ist angemessen?

Wenn die Einladung einen Kleidungshinweis enthält, ist die Sache klar. Man unterscheidet die große Abendkleidung mit Abendkleid, Frack oder Uniform, die kleine Abendkleidung mit dunklem Anzug und Kleid, die Kleidung für die Cocktailparty, bei der es auch Blazer, Rock und Bluse oder Cocktailkleid sein können. Für eine Gartenparty oder das Grillfest des Golfclubs ist legere Kleidung passend. Wenn Sie unsicher sind, fragen Sie nach. Bei der telefonischen Zusage können Sie leicht nach der erwünschten Kleidung fragen.

Sie können Ihre Kleidung und Ihren Schmucks auch so wählen, dass sie zum Anlass für Kontaktgespräche werden. Wie wäre es mit einem außergewöhnlichen Seidenschal in brillanten Farben? Wie wäre es mit einem Schmuckstück, das wirklich auffällt? Es kann auch ein Einstecktuch, eine sehr schöne Kunstblume oder eine besondere Krawattennadel sein.

Informiert sein

Eine langfristige Vorbereitung für jede Kontaktsituation besteht in der Pflege Ihrer Allgemeinbildung und der Orientierung an den Tagesereignissen. Was zur Allgemeinbildung gehört, ist in Deutschland schwerer zu definieren als etwa in Frankreich oder England. Dort gibt es einen ziemlich festgelegten Kanon von literarischen, philosophischen und sportlichen Themen, über die man sich in Gesellschaft unterhält.

Seien Sie über die Tagesthemen orientiert. Die Überschriften der

Tageszeitungen sind immer wieder Gesprächsstoff eines Small Talk. Zwar gilt grundsätzlich, dass politische und religiöse Themen nicht kontrovers diskutiert werden sollen. In der leichten Art des Small Talk werden sehr wohl auch politische Themen angeschnitten, aber nicht ausdiskutiert. Betreiben Sie beim Small Talk keine politische Meinungsbildung. Aber nehmen Sie die Bälle auf, die Ihnen zugespielt werden. Um auf tagesaktuelle Anspielungen zu reagieren, muss man natürlich wissen, was die Zeitungen schreiben und das Fernsehen zeigt.

Es bringt Ihnen keinen Vorteil, wenn Sie täglich fünf Zeitungen studieren und mehrere Fernsehnachrichten sehen. Ein solch perfektes Wissen können Sie nirgendwo anbringen. Sie werden ohnehin bei Ihren Gesprächspartnern meist auf ungenaues Halbwissen stoßen. Dieses zu korrigieren, schafft Ihnen keine Freunde.

Ein grober Überblick über das Tagesgeschehen genügt. Regelmäßige Zeitungs- und Zeitschriftenlektüre hat gegenüber dem Fernsehen den Vorteil, dass Sie Artikel ausschneiden und sammeln können. Sie können Cartoons, Geschichten und Berichte über Ereignisse sammeln und Sie können Informationen über Personen, die zu Ihrem Netzwerk gehören oder gehören sollen, archivieren. Das Sammeln von Humor und spannenden Geschichten dient der Vorbereitung für Ihre Kontakte. Sie müssen bei Ihren Kontakten immer etwas sagen. Warum erzählen Sie nicht auch eine lustige Geschichte, die Sie gelesen haben? Das unterhält andere und macht Sie selbst attraktiv und liebenswert.

Legen Sie sich ein paar Sammelordner mit verschiedenen Kategorien an: lustige Geschichten, Humor, ungewöhnliche Ereignisse, Personen, Kommunales und so weiter. Und achten Sie darauf, dass Ihre Witze nicht zu alt sind!

Emotionale Einstimmung

Üben Sie lächeln. Lächeln ist das wichtigste nonverbale Signal, um mit Menschen in Kontakt zu kommen. Leute, die Sie ernst und griesgrämig anschauen, werden Sie niemals kennen lernen.

Wenn Sie eine Frohnatur sind und Ihnen das Lächeln und Lachen leicht fällt, dann brauchen Sie es nicht zu üben. Die meisten Menschen lächeln zu wenig. Ist das bei Ihnen auch so?

Wenn Sie eingeladen sind, lassen Sie Ihre schlechte Stimmung zu Hause

Üben Sie das Lächeln. Stellen Sie sich vor den Spiegel, lächeln Sie, und halten Sie das Lächeln mindestens eine Minute. Ziehen Sie den Mund breit und die Mundwinkel hoch. Das wird möglicherweise sehr verkrampft aussehen. Das spielt aber keine Rolle. Beobachten Sie mal, ob sich Ihre Stimmung in dieser Minute des Lächelns verändert. Sie werden etwas Seltsames entdecken:

 Man lächelt nicht nur, weil man Heiterkeit empfindet, sondern man empfindet Heiterkeit, weil man lächelt.

Wenn Sie den ganzen Tag mit herabgezogenen Mundwinkeln herumlaufen, verändert das Ihre Stimmung auch.

Immer, wenn Sie zu Hause vor einem Spiegel vorbeikommen, halten Sie eine Minute inne und lächeln Sie. Sie werden sehen: Nach einiger Zeit ist dieses Lächeln weniger verkrampft, und allmählich wirkt es ganz natürlich.

Die Party oder das Abendessen wird Ihnen nichts bringen, wenn Sie mit schlechter Stimmung daran teilnehmen. Sie lernen niemanden kennen, die Gespräche verlaufen langweilig, und Sie sind enttäuscht. Ganz anders verhält es sich, wenn Sie mit positiver Einstellung an einem gesellschaftlichen Ereignis teilnehmen. Sie wirken attraktiv und anziehend. Im Nu haben Sie Kontakt zu anderen Menschen. Und seltsamerweise sind die Gespräche anregend und informativ.

Der Zusammenhang zwischen einer positiven Einstellung und positivem Erfolg im Umgang mit Menschen wird in der psychologischen Literatur als »Rosenthal-Effekt« beschrieben. Eine positive Einstellung gegenüber sozialen Interaktionen führt eher zu einem positiven Erfolg als negative Grundeinstellungen.

Selbstmotivation

Sie haben sicherlich schon Abendessen, Empfänge und Konferenzen über sich ergehen lassen, die Sie zu Tode gelangweilt haben. Sie sind schon widerwillig hingegangen und harrten missmutig aus, bis Sie sich entfernen konnten. Das gesellschaftliche Ereignis hat Ihnen nichts gebracht, kein Vergnügen, keine Geschäftsbeziehung. Sie haben keinen neuen Menschen kennen gelernt, und Sie haben auch keine nützlichen Informationen erhalten.

Das muss nicht sein. Wenn Sie absolut keine Lust haben und mit Ihrer Zeit etwas Besseres anfangen können, gehen Sie nicht hin. Kommen Sie nicht damit an, dass es gewisse Verpflichtungen gebe, denen Sie sich nicht entziehen können. Glauben Sie auch nicht, dass Sie hingehen müssen, weil Sie Networking betreiben. Es gibt nur zwei Verpflichtungen, denen Sie sich nicht entziehen können: Ihre Hochzeit und Ihre Beerdigung. Sonst gibt es kein Ereignis, an dem Sie wirklich teilnehmen müssen, nicht mal an Ihrer eigenen Geburtstagsfeier. Sie folgen einer Einladung immer, weil Sie es so *wollen*, nicht weil Sie *müssen*.

Wenn Sie das Gefühl der Verpflichtung haben, dann stehen Sie immer in einem inneren Konflikt. Einerseits wollen Sie Ihre eigenen Ziele verfolgen, andererseits sind Ihnen auch bestimmte Dinge unangenehm. Sie haben das Gefühl, fremdbestimmt zu sein.

Wenn Ihr Widerwille so stark ist, dass Sie von vornherein keine Lust haben, dann verzichten Sie auf die Einladung.

Wenn es aber nur darum geht, ein wenig Trägheit zu überwinden oder ein paar Hemmungen abzulegen, dann führen Sie sich die Vorteile vor Augen, die Ihnen der Kontakt mit anderen Menschen bringen kann. Motivieren Sie sich selbst, indem Sie sich Ihre Ziele vor Augen führen: Sie wollen Networking betreiben. Sie wollen viele Menschen kennen lernen. Es macht Ihnen Spaß, Menschen zu treffen. Sie wollen Ihre Geschäftsbeziehungen ausbauen und potenzielle Kunden kennen lernen. Sie wollen neue Einsichten und neue Informationen gewinnen. Sie wollen alle Chancen wahrnehmen, die Ihrer Karriere förderlich sind. Sie suchen einen neuen Job oder einen neuen Lebensinhalt. Kontakte verschaffen Ihnen Anregungen und Empfehlungen.

 Zur Vorbereitung auf ein gesellschaftliches Ereignis gehört es, dass Sie sich zu dem Besuch motivieren, um mit einer positiven Einstellung hinzugehen.

Teamwork

Wenn Sie zu zweit eingeladen sind oder zu Ihrer Einladung einen Freund oder Bekannten mitnehmen, sollten Sie Ihre Begleitung in die Vorbereitung mit einbeziehen. Bei der Herstellung von Kontakten darf die zweite Person nicht hinderlich sein. Wenn Sie sich ständig intensiv unterhalten und aneinander kleben, wird sich nie jemand an Sie herantrauen. Andererseits kann die Begleitperson für die Herstellung von Kontakten nützlich sein. Sie stellen sich gegenseitig die Personen vor, die der andere nicht kennt. Sie müssen auch für einige Zeit alleine auf Entdeckungsreise gehen. Darüber muss man sich mit dem anderen vorher verständigen. Wenn Sie als Pärchen dort hingehen, ist die Cocktailparty nicht der geeignete Ort, um Händchen zu halten und Zärtlichkeiten auszutauschen. Wenn Sie als Freunde kommen, sollten Sie nicht gerade dort Ihre spannenden Themen weiter diskutieren. Verständigen Sie sich also vorher darüber, dass jeder dort selbstverständlich seine eigenen Netze auswirft.

Vereinbaren Sie mit Ihrem Partner auch S.O.S.-Signale und die Strategie von Hilfsaktionen. Wenn Sie jemand mit Beschlag belegt, können Sie einen Notruf senden, und der andere rettet Sie. Sie können sich gegenseitig die Bälle zuwerfen, um Gespräche in bestimmte Richtungen zu lenken. Damit eine solche Teamarbeit auch wirklich klappt, müssen Sie sich mit Ihrem Partner gut verstehen.

Orte und Gelegenheiten für Kontakte

Die meisten Kontakte knüpfen und pflegen Sie in Ihrem direkten Lebensumfeld: während Ihrer Ausbildung und später im Berufsleben, in Ihrer Nachbarschaft und in Ihrer Familie. Es gibt aber viele gute Gründe, mit Ihrem Networking auch außerhalb Ihrer vorgegebenen Lebensumfelder Kontakte zu suchen.

 Von den Mitgliedern Ihres Netzwerkes aus Ihrem Business-Bereich sollten mindestens die Hälfte *nicht* aus Ihrer eigenen Firma stammen.

Ebenso sollte ein Teil Ihrer privaten Kontakte über Ihre eigene Familie und die Nachbarschaft hinausgehen. Dafür gibt es Orte und Gelegenheiten, die für Kontakte *mehr* und solche, die *weniger* günstig sind.

Sie lieben die Oper und das Theater? Ich auch, aber für Kontakte mit Fremden sind das sicherlich keine günstigen Gelegenheiten. Im Urlaub suchen Sie einsame Strände und wohnen in einer ruhigen Appartementanlage? Falsch. Wählen Sie ein Hotel, in dem Sie mit Menschen zusammenkommen. Wenn in einem Straßencafé kaum noch Plätze vorhanden sind, dann zwängen Sie sich einfach dazwischen.

Grundsätzlich können Sie natürlich überall Menschen kennen lernen. Menschen mit Beziehungsintelligenz haben ein Gespür für den Unterschied zwischen günstigen und ungünstigen Situationen.

Veranstaltungen und Feiern

Günstig für Kontakte sind Veranstaltungen jeder Art: Partys, Empfänge, Geburtstagsfeiern, Einweihungsfeiern für Häuser und Geschäfte, Hochzeitungen und auch Beerdigungen. Veranstalten Sie von Zeit zu Zeit selbst eine Party, so dass Sie auch wieder eingeladen werden. Einladen und eingeladen werden gehört zum Gegenseitigkeitsprinzip des Networking.

Zu Betriebsfeiern, Kollegiumstreffen, Betriebsausflügen und Wiedersehenstreffen werden Sie eingeladen, wenn Sie dazugehören oder dazugehört haben. Diese Ereignisse dienen weniger der Stiftung neuer Kontakte als der Pflege der bestehenden. Bei solchen Gelegenheiten sprechen meist die Personen miteinander, die sich sowieso schon gut kennen.

Verhalten Sie sich anders. Es gehört zu Ihrer Beziehungsintelligenz, Gespräche zu gestalten. Sprechen Sie über andere Themen als in der Kantine und am Arbeitsplatz. Fragen Sie nach Urlaub und Hobby. Berichten Sie, was Sie gerne tun, und erzählen Sie kleine erheiternde Geschichten.

Versammlungen

Sie können Versammlungen, Vereine und Verbände als lästige Pflicht ansehen oder als Chance, Menschen kennen zu lernen. Wenn Sie Kinder haben, werden Sie zu einer Schulpflegschaftsversammlung gebeten, sie werden als Wohnungseigentümer zur Eigentümerversammlung eingeladen, als Unternehmer zu Tagungen Ihrer Kammer und vieles mehr.

Derartige Versammlungen laufen immer nach dem gleichen Schema ab: Begrüßung, Feststellung der Beschlussfähigkeit, Bekanntgabe der Tagesordnung, Verlesung des Protokolls der letzten Sitzung und so weiter.

Wie lernen Sie bei solchen Versammlungen Menschen kennen? Ganz einfach: Sie müssen sich mehrmals und zum rechten Zeitpunkt zu Wort melden und etwas einigermaßen Vernünftiges zur Sache sagen. Oder Sie bitten in freundlicher Form um Erläuterungen:

»Ich habe die Diskussion gerade mit Aufmerksamkeit verfolgt. Ich bin jedoch das erste Mal in dieser Versammlung. Wäre es Ihnen möglich, mir ganz kurz die Fakten und Hintergründe für dieses Problem zu erläutern?«

Wenn eine Sachfrage zur Erörterung steht, dann machen Sie in lockerer Form einen Verbesserungsvorschlag:

»Es kann ja sein, dass ich das Problem noch nicht erfasst habe, aber warum geht das Ganze nicht in dieser Form...«

Es ist ganz einfach, sich in jeder Versammlung mit derartigen schlichten Sätzen bekannt zu machen. Je bekannter Sie sind, desto mehr Leute lernen Sie kennen.

Wenn Sie sich zu Wort melden, nennen Sie zuerst laut und deutlich Ihren Namen. Sie werden bemerken, dass dies meist nur wenige tun. Wenn Wahlen stattfinden, melden Sie sich und sagen:

»Wäre es möglich, dass sich die Kandidaten kurz vorstellen?«

Wenn sich die Kandidaten dann vorstellen, haben Sie die Chance, Fragen zur Person zu stellen:

»Wie alt sind Sie? Welchen Beruf üben Sie aus? Warum bewerben Sie sich für dieses Amt?«

Wahlen finden in der Regel am Ende der Tagesordnung statt. Wenn Sie selbst für eines der Ämter kandidieren wollen, dann melden Sie sich bei Diskussionen sofort zu Wort. Wichtig ist, dass Sie einer der ersten sind, die ihren Beitrag abgeben. Schlagen Sie sich selbst als Kandidat vor, oder lassen Sie sich vorschlagen. Vereine bringen den größten Nutzen für Ihr Networking, wenn Sie aktiv mitarbeiten.

Wenn Sie neu im Verein sind und die personellen Hintergründe nicht kennen, seien Sie vorsichtig. Kandidieren Sie nicht gegen die Personen, die schon einen langjährigen Anspruch auf einen bestimmten Posten haben. Bieten Sie einfach Ihre Mitarbeit an. Sie erhalten dann sehr bald eine Position im Vorstand. Auch die weniger beliebten Posten des Kassenwarts und Pressesprechers gehören zum Vorstand.

Bevor Sie überhaupt in einen Verein eintreten, sollten Sie immer probeweise am Vereinsleben teilnehmen. Da gibt es erst einmal die Vereine für Sport und Hobby. Ob es Fußball, Leichtathletik, Schwimmen oder Wandern ist, für alles gibt es einen Verein. Viele Sportarten lassen sich auch erst in oder durch einen Verein betreiben. Gerade über Sportvereine können Sie einen *gezielten* Kontakt zu bestimmten Menschen herstellen.

Wählen Sie aber nicht eine Sportart, die Ihrem Innersten zuwider ist. Wenn Sie Golf nun absolut nicht leiden können, dann sollten Sie nicht in den Club eintreten, um den Oberbürgermeister, den Vizepräsidenten und den Vorstandsvorsitzenden dort zu kontaktieren. Sie brauchen andererseits auch kein Spitzensportler zu sein, um Spaß an einer Sportart zu finden. Ein gewisses Interesse allerdings sollten Sie schon haben.

Anmerkung: Sie können sich in einem Sportverein nicht nur durch Leistungen im Sport qualifizieren, sondern auch durch Engagement in der Vereinsarbeit.

Nicht so günstig für Ihr Networking sind Vereine, die mit einem zeitaufwändigen Hobby verbunden sind: Briefmarkensammeln, Modellbau oder Musizieren. Dies sind isolierte Welten von Spezialisten, die weitgehend unter sich bleiben. Wenn Sie viele Außenkontakte suchen, wählen Sie lieber Wohlfahrtsverbände, Kirchenarbeit, das Rote Kreuz, Gefangenenhilfe oder Ähnliches. Politische Parteiarbeit ist Networking in Reinkultur. Sie können jede Mitgliedschaft in einer politischen Partei oder in einer Gewerkschaft als Kontaktbasis nutzen. Wenn Sie selbst eine politische Karriere anstreben, dann sind noch ein paar mehr Regeln zu beachten.

Ganz wichtig für Ihr Networking mit beruflichem Nutzungsinteresse sind Berufsverbände. Hier gibt es in der Regel für jeden Beruf mehrere Zusammenschlüsse. Probieren Sie auch hier, welcher Verband oder Verein für Ihre Ziele geeignet ist.

Sowohl Vereine als auch Berufsverbände sind für Ihren beruflichen Erfolg sehr wichtig. Von den Mitgliedern Ihres Netzwerkes aus Ihrem Business-Bereich sollte mindestens die Hälfte *nicht* aus Ihrer eigenen Firma stammen. Ob als Angestellte in einem Unternehmen oder als Selbstständiger: Ihre Konkurrenten sind nicht Ihre Feinde. Die besten Chancen, Menschen außerhalb Ihrer eigenen kleinen Berufswelt zu kontaktieren, haben Sie in Berufsverbänden. Das Gleiche gilt auch für Messen und Kongresse.

Messen und Kongresse

Handelsmessen, Tagungen und Kongresse sind ausschließlich dazu da, Kontakte zu knüpfen. Vielfach geht es um geschäftliche Interessen, genauso aber um das Ansehen, das Image und den Bekanntheitsgrad. Mit einem Kongressvortrag präsentiert jemand zum Beispiel den Stand seiner wissenschaftlichen Forschung und mit einer Rede auf einer Tagung macht der Geschäftsführer eines Unternehmens auf sich aufmerksam. Hier geht man hin, um zu sehen und gesehen zu werden.

 Auf Messen sind die Menschen besonders kontaktfreudig.

Das betrifft nicht nur die Anbieter von Waren und Dienstleistungen, sondern in der Regel auch alle anderen Personen, die hier von Stand zu Stand wandern.

Wenn Sie in Ihrem Beruf vorankommen wollen, müssen Sie die Messeveranstaltungen besuchen. Sie können sich in kurzer Zeit einen Überblick über den technischen Entwicklungsstand der Branche verschaffen. Sie lernen die Angebote der Konkurrenz kennen. Sie können Ihr Produkt und Ihre Dienstleistung angemessen einordnen.

Sie können an den Messeständen und an den die Messe begleitenden Tagungsveranstaltungen führende Mitarbeiter der Unternehmen kennen lernen. Auf Messen sind alle außerordentlich kontaktfreudig. Dies ist auch für Sie ein gutes Übungsfeld für das Ansprechen von Menschen.

Wenn Sie selbstständig sind, müssen Sie den Messe- und Tagungsbesuch Ihres Fachgebietes einfach auf der Spesenseite mit einkalkulieren. Bleiben Sie mindestens zwei Tage, damit Sie die Kontakte in den Abendstunden fortsetzen können. Buchen Sie das Hotel, in dem auch die meisten Aussteller und Tagungsgäste untergebracht sind. Wenn Sie selbst Aussteller sind oder eine gute Beziehung zu einem Aussteller haben, nehmen Sie an dem Get-Together der Messegesellschaft teil. Das Abendprogramm mit geselligem Beisammensein schafft Ihnen wiederum Möglichkeiten für neue Kontakte.

Wenn Sie angestellt tätig sind und die Veranstaltung gefunden haben, die speziell für Ihre Branche wichtig ist, gehen Sie zu Ihrem

Vorgesetzten oder Ihrem Chef. Tragen Sie ihm vor, warum *Sie* diese Veranstaltung besuchen möchten. Fragen Sie ihn, ob der Fortbildungs- oder Spesenetat die Unkosten dafür trägt. Wenn das nicht der Fall ist oder andere Mitarbeiter für den Besuch der Messe vorgesehen sind, dann bitten Sie ihn darum, Sie für zwei Tage für den Besuch auf Ihre eigenen Kosten freizustellen. Wenn er auch dies ablehnt, dann beantragen Sie zwei Urlaubstage, um die Veranstaltung auf eigene Kosten zu besuchen.

Das ist wichtig: Machen Sie deutlich, dass Sie ein engagierter und interessierter Mitarbeiter sind. Lassen Sie niemals den Eindruck aufkommen, dass Sie sich auf Kosten der Firma ein paar schöne Tage machen wollen. Wenn Ihnen Ihre Qualifikation wichtig ist, müssen Sie auch bereit sein, den Messebesuch auf eigene Kosten durchzuführen.

Selbst wenn Ihr Chef ablehnend reagiert, sollten Sie das Gespräch immer locker und freundlich führen. Reagieren Sie nicht verärgert, wenn er nein sagt. Wiederholen Sie dieses Spielchen jedes Jahr mit der gleichen freundlichen Verbindlichkeit. Irgendwann wird Ihr Chef schon begreifen, dass Sie ein guter und engagierter Mitarbeiter sind. Oder Sie sehen ein, dass Sie sich nicht in der richtigen Firma befinden.

Zufallskontakte

Überall, wo Sie mit Menschen zusammenkommen, haben Sie die Möglichkeit, Networking zu betreiben. Sie können Menschen im Café oder im Supermarkt ansprechen. Sie können einem anderen bei einer Autopanne helfen. Sie sitzen im Flugzeug oder in der Bahn oftmals mit Menschen sehr nahe zusammen und verbringen einige Zeit mit Ihnen gemeinsam. Auch hier können Sie Kontakte knüpfen.

In der Freizeit sind die Menschen kontaktfreudiger als in der Hektik des Alltags. Das macht sich besonders im Urlaub bemerkbar. Hier gehen fremde Menschen sehr viel leichter aufeinander zu, als das sonst der Fall ist. Urlaubsbekanntschaften stellen sogar eine eigene Spezies dar: Kontakte finden vielfach nur einmal im Jahr statt. Vielleicht sollten Sie mit Ihren neuen Networking-Methoden in Zukunft mehr daraus machen.

Sie können in vielen Alltagssituationen Ihre Chancen für Kontakte erhöhen oder verringern. Sie wollen nach einem Einkaufsbummel noch eine Erfrischung zu sich nehmen. Sie können in ein halbvolles Café gehen und sich an einen leeren Tisch setzen. Sie werden schnell bedient, haben sich schnell erfrischt und sind schnell wieder draußen. Sie können aber auch in ein volles Café gehen, sich auf den letzten freien Stuhl an einem besetzten Tisch klemmen, sich mit den anderen Leuten am Tisch unterhalten, lange Zeit auf die Bedienung warten und sich nicht nur erfrischen, sondern Menschen kennen lernen. Ähnlich ist es bei der Entscheidung, ob Sie mit Ihrem eigenen Auto fahren oder mit der Bahn. Bei Autofahrten lernen Sie selten jemanden kennen. In der Bahn ist das schon anders. Wählen Sie dann auch noch die erste Klasse, haben Sie eine größere Chance, mit Geschäftsleuten zusammenzutreffen, deren Kontakt sich auch für Sie als vorteilhaft erweisen kann.

Bei normalen Alltagsereignissen braucht es einen Anstoß, um in Kontakt zu kommen. Ungewöhnliche Ereignisse schweißen Menschen sehr schnell zusammen. Ihr Flug hat Verspätung. Sie warten mit zweihundert anderen Passagieren in einer Abfertigungshalle. Sie werden von der Durchsage der Fluggesellschaft von Stunde zu Stunde vertröstet. Ihr Nachbar erzählt Ihnen, dass er jetzt seinen Anschlussflug nach New York verpasst. Sie selbst werden nicht mehr rechtzeitig zu einem Meeting nach Hamburg kommen. Die Telefonzellen sind überfüllt. Jemand leiht Ihnen sein Handy. Einer steht auf und sagt lauthals, dass er sich bei der Fluggesellschaft beschweren wird. Die Fluggesellschaft schickt belegte Brötchen. Proteste. Jemand macht einen Witz. Alle lachen. Die Stimmung ändert sich. Das sind Stunden, die Ihnen unvergesslich bleiben.

Was haben Sie aus der Situation gemacht? Sie haben Menschen kennen gelernt und sich angeregt unterhalten. Sie haben Sympathie und Übereinstimmung mit anderen erlebt. Wenn Sie schon die Grundregeln des Networking kannten, haben Sie rechtzeitig mit Ihren Gesprächspartnern Adressen ausgetauscht. Wenn die überfällige Maschine dann landet, ist im Nu alles vorbei. Alle Leute laufen auseinander. Sie müssen den Augenblick nutzen, in dem Sie persönlich zueinander finden, um sich gegenseitig Ihre Visitenkarten zu überreichen.

Mögen Sie Small Talk?

Ob Sie wollen oder nicht, Sie müssen sich daran gewöhnen. Nutzen Sie jede Gelegenheit, Small Talk zu machen, bis Sie es darin zur Meisterschaft bringen.

 Small Talk ist keine Kunst, sondern ein solides, erlernbares Handwerk. Wenn Sie damit Erfolg haben, haben Sie auch Spaß daran. Wenn Sie Spaß daran haben, werden Sie Small Talk lieben lernen.

Der Duden sagt, *der oder das Small Talk* sei *eine beiläufige Konversation*. Wenn »beiläufig« soviel wie »nebenher« heißt, dann stimmt das nicht. Small Talk ist eine Gesprächsart, die die volle Aufmerksamkeit beansprucht, auch wenn sie leicht, locker und fröhlich verlaufen kann.

Für viele Menschen hat Small Talk negative Assoziationen. Sie denken an seichte Gespräche mit sinnlosem Inhalt. Sie denken vielleicht auch an Personen, für die menschliche Beziehungen belanglos und oberflächlich sind. Aber nicht jedes Blabla ist auch Small Talk.

Warum Small Talk?

Im Geschäfts- und Privatleben gibt es viele Formen von Gesprächen, mit denen jeweils unterschiedliche Ziele verfolgt werden: Verhandlungen, Anweisungen, Streitgespräche, Kritik, Anerkennung, Beziehungsklärung, Konfliktbereinigung und eben Small Talk. Warum Small Talk?

1. Ein wichtiges Ziel von Small Talk haben wir bereits kennen gelernt: die Kontaktaufnahme. Sie können niemals auf einen anderen zugehen und ihn direkt fragen, ob er Mitglied Ihres Netzwerkes werden will. Zu jedem zufälligen oder gezielten Kontakt gehört Small Talk. Bei dieser Gesprächsart hat jeder der Partner die Freiheit, die Konversation ohne Bedauern und Gesichtsverlust zu beenden.
2. Mit Small Talk tasten Sie ab, was für ein Mensch Ihr Gegenüber ist. Wie denkt er? Wie fühlt er? Welche Ansichten hat er? Beim Small

Talk kommt es nicht auf den Inhalt der Fragen an. Es geht noch nicht um die Sammlung von Informationen über einen anderen Menschen. Mit Small Talk geben Sie Anstöße, damit der andere aus sich herausgeht. Und mit der Art und Weise, wie Sie selbst Small Talk betreiben, offenbaren Sie einen großen Teil Ihrer Persönlichkeit.

3. Mit Small Talk bereiten Sie Gespräche vor und schaffen eine angenehme Atmosphäre. Hier findet das Warming-up für große Verhandlungen und wichtige Auseinandersetzungen statt. Verkaufsgespräche sind umso erfolgreicher, je gelungener der einleitende Small Talk war. Das wissen Spitzenverkäufer nur allzu genau. Gerade für sie ist der Small Talk oftmals wichtiger als das Verkaufsgespräch selbst.

4. Small Talk eignet sich zum Plaudern, Lachen und Gut-Fühlen. Das setzt voraus, dass Ihnen Small Talk Spaß macht. Und er wird Ihnen Spaß machen, wenn es Ihnen gelingt, mit Small Talk an andere Menschen heranzukommen. Sie werden mehr Kontakte zu interessanten Menschen haben. Andere fühlen sich in Ihrer Gegenwart wohl und sprechen gern mit Ihnen. Dieses ist ein herausragendes Merkmal von Menschen mit hoher Beziehungsintelligenz.

5. Small Talk ist in vielen Situationen einfach ein Gebot der Höflichkeit. Wenn Sie die Zeit mit anderen Leuten verbringen, ist es unhöflich zu schweigen. Beim gemeinsamen Weg zum Parkplatz, bei einem Dinner mit dem Tischnachbarn oder beim gemeinsamen Warten auf den Beginn der Konferenz: Sie sollen immer ein paar Worte sagen.

Small Talk setzen Sie ein, um ...
... Kontakte herzustellen.
... den anderen »abzutasten« und Anstöße zu geben.
... eine angenehme Atmosphäre zu schaffen.
... zu plaudern und sich wohl zu fühlen.
... Schweigen zu vermeiden.

Small Talk ist eine bestimmte Gesprächsart, geeignet für spezielle Situationen und Ziele. Es geht dabei nicht darum, sinnlos die Zeit totzuschlagen. Andere Gesprächsarten haben andere Ziele. Nicht jeder muss Verkaufsgespräche führen und Verhandlungen leiten. Aber jedermann muss irgendwann einmal Small Talk betreiben.

Alle, die auf der Karriereleiter weit oben stehen, beherrschen diese Form des kleinen Gespräches vorzüglich. Sie sind in der Lage, auf Menschen zuzugehen, sie »aufzuschließen« und ihnen bei diesem Gespräch ein angenehmes Gefühl zu vermitteln.

Vier Grundregeln

Versuchen Sie in jeder geeigneten Situation Ihre Kommunikation im Bereich Small Talk zu verbessern. Dadurch gewinnen Sie mehr Sicherheit im Kontakt mit anderen Menschen. Sie lernen nicht nur, mit den Menschen gut auszukommen, die freundlich auf Sie zukommen, sondern Sie müssen auch mit denen auskommen, die etwas schwieriger sind. Ihre Beziehungsintelligenz reift nicht von allein. Sie verbessert sich nur in der steten Übung des Gesprächs. Zum erfolgreichen Small Talk gehören ein paar ganz einfache Grundregeln:

1. Vermeiden Sie die allgemeinen Tabuthemen wie Religion, Politik, Geld, Krankheit, Tod und jede Art von gewagten Witzen. Machen Sie auch nicht das Alter, Aussehen, Größe und Gewicht Ihres Gesprächspartners zum Thema.
2. Kritik und vehement vorgetragene Meinungsäußerungen gehören auch nicht zum Small Talk. Sagen Sie etwas Nettes und Unterhaltendes. Es braucht nicht besonders tiefsinnig zu sein.
3. Begleiten Sie das, was Sie sagen oder hören, mit dem richtigen emotionalen Engagement. Der Gefühlsausdruck sollte angemessen, glaubhaft und natürlich wirken. Keinesfalls darf er fehlen oder unangemessen übertrieben sein.
4. Der Small Talk ist ein kurzes Gespräch. Sie können nicht mit einer Person zwei Stunden lang ein leichtes Gespräch führen. Denn das wird wirklich ein seichtes Gespräch. Beim Small Talk diskutieren Sie nicht und ringen auch nicht um die Wahrheit. Das leisten andere Gesprächsarten. Ein Small Talk ist eine kleine Begegnung, die circa fünf bis zehn Minuten dauert.

Halten Sie diese vier Grundregeln unbedingt ein und orientieren Sie sich nicht an Personen, die eine negative Meinung über Small Talk haben.

Small Talk ist ein Kinderspiel

Beim Small Talk kommt es darauf an, dass Sie mit einem anderen sprechen und das Gespräch in Gang halten. Dies geschieht dadurch, dass Sie sich einen Ball wechselseitig zuspielen.

»Wie geht's?«
»Es geht.«
»Was gibt's Neues?«
»Nichts.«
»Was soll man zu dem Wetter sagen? Den ganzen Tag Regen.«
»Na, dann wollen wir mal wieder.«
»Bis dann.«

Dieser Dialog war kein Small Talk. Er bestand lediglich in der Feststellung: »Ich habe bemerkt, dass du da bist.« So einen Dialog können Sie sich mit einem vertrauten Kollegen leisten, der Ihnen das nicht übel nimmt. Mit dieser Art von Gesprächsführung würden Sie auf einer Messe oder einer Party keinen Menschen kennen lernen.

In diesem Dialog haben sich die Gesprächspartner keinen Ball zugespielt, sondern Ballangebote gemacht oder Stoppbälle realisiert.

»Wie geht's, Herr Kollege?«
»Nun, bei diesem Regenwetter hat man nicht das Gefühl, etwas zu versäumen. Da kann man ruhig arbeiten.«
»Wollen wir hoffen, dass es am Wochenende wieder schön wird. Ich habe meinen Kindern einen Ausflug versprochen.«
»Ich muss unbedingt mein Garagendach neu decken. Es regnet schon durch.«
»Nun, die Kinder haben schon so lange gedrängelt, dass wir wieder etwas gemeinsam unternehmen.«
»Meine Familie muss etwas warten. Erst muss ich das Garagendach decken. Nun, dann frohes Werken, Herr Kollege.«
»Wir sehen uns noch.«

Dieser Small Talk war schon etwas besser. Das Gespräch führt von einem zum anderen Thema. Jeder bringt an Gedanken ein, was ihm gerade einfällt. Aber richtig angesprochen hat der Dialog die beiden wohl auch nicht. Sie kehren lieber zu ihrer Arbeit zurück. Woran liegt es? Ganz einfach: Sie spielen nicht *gemeinsam mit einem* Ball, sondern jeder spielt *allein* mit seinem eigenen Ball. Er erzählt, was er machen will, und interessiert sich gar nicht dafür, was der andere sagt. Ein etwas besserer gelungener Small Talk könnte etwa so aussehen:

»Wie geht's, Herr Kollege? Lange nicht gesehen.«
»Danke. Bei dem Regenwetter hat man wenigstens nicht das Gefühl, etwas zu versäumen.«
»Ich hoffe, am Wochenende wird die Sonne wieder scheinen. Ich hatte meinen Kindern einen Ausflug versprochen.«
»Wo soll es denn hingehen?«
»Wir wollten eine Wanderung in der Eifel unternehmen und mittags in einer Hütte grillen.«
»Sind Ihre Kinder denn für eine solche Wandertour zu begeistern?«
»Anfänglich war die Begeisterung nicht so groß. Aber die Aussicht auf das Grillen und den großen Feuerplatz hat ihre Meinung dann geändert.«
»Mit den richtigen Belohnungen kann man bei Kindern viel erreichen...«

Dieses Gespräch lief schon besser. Das Zuwerfen des Balles ist ein Kinderspiel, bei dem es darauf ankommt, dass der andere ihn auch ja zu fangen bekommt. Also ein ganz anderes Spiel als Handball oder Tennis. Zuwerfen des Balles heißt: Sie müssen genau zu dem, was der andere sagt, etwas fragen oder ergänzen. Wenn jemand vom Thema »Wetter« zum Thema »Ausflug und Kinder« kommt, dann signalisiert er, dass er darüber sprechen will. Wenn der Gesprächspartner dieses mit interessierter Anteilnahme aufnimmt, dann klappt die Kommunikation.

Nur wenn zwei sich *einen* Ball zuspielen, wird eine Konversation daraus. Beobachten Sie einmal bei Ihren eigenen und bei den Gesprächen anderer Personen, wie dieses Zuspielen funktioniert. Und beobachten Sie genau die Wirkungen.

Themen laufen sich im Small Talk tot, wenn sie nicht gewechselt werden. Wie beim Ballspiel erfolgt auch hier der Seitenwechsel. Nach drei bis sechs Runden kommt der andere dran. Der, der über seinen Ausflug gesprochen hat, wird jetzt zu seinem Gegenüber sagen:

»Und was haben Sie am Wochenende vor?«

Der Angesprochene könnte dann sein Thema einbringen:

»Ich muss dringend das Garagendach mit neuer Dachpappe versehen ...«

Und zum höflichen Small Talk gehört es nun, dass der andere Gesprächspartner an diesem Thema Anteil nimmt:

»Können Sie das so ganz allein, ein Garagendach decken?« Oder:
»Dann haben Sie ja richtigen Arbeitsstress am Wochenende.« Oder:
»Was sagt denn die Familie dazu, wenn Sie am Wochenende auf dem Garagendach sitzen?«

Offene Fragen sollen den Gesprächspartner dazu verleiten, mehr als nur ja oder nein zu sagen.

Wenn es Ihnen nach drei bis vier Runden nicht gelingt, mit dem Partner das gegenseitige Zuspielen der Bälle zu praktizieren, dann machen Sie etwas falsch. Versuchen Sie es mit dem nächsten Gesprächspartner erneut. Hören Sie genau hin, was sein Thema ist. Versuchen Sie ihn durch andere Formulierungen so anzustoßen, dass er in den Ballaustausch eintritt.

 Small Talk ist ein Spiel mit *einem* Ball: Zuwerfen *und* Auffangen, und nach einigen Runden erfolgt der Platzwechsel. Das Ziel ist nicht der Sieg über den Gegner, sondern der Spaß am Spiel: Werfen und Fangen.

Über was reden?

Gehören Sie zu den Menschen, die oft nicht wissen, was sie sagen sollen? Dann sammeln Sie Themen für Ihren Small Talk. Stellen Sie zunächst die Situationen zusammen, in denen Sie Small Talk machen müssen: Empfänge, Partys, Seminare, Versammlungen, Kongresse, Messe, im Urlaub und so weiter.

Sie arbeiten und leben mit Menschen zusammen, die Sie zwar kennen, zu denen Sie aber keine besondere Beziehung unterhalten: Kollegen, Nachbarn, Verkäufer, Lieferanten, Handwerker und Kunden.

Sie geraten in die Nähe von fremden Menschen. Aus dieser Nähe erwächst die höfliche Verpflichtung zum kleinen Gespräch: im Flugzeug, im Restaurant oder im Fahrstuhl.

Dann gibt es Kontakte mit Menschen, die Sie zwar persönlich nicht kennen, über die Sie aber gewisse Vorinformationen haben: Ein Stellenbewerber kommt in Ihr Büro, oder ein Lieferant will einen Auftrag erörtern.

Von dieser Situation unterscheiden wollen wir noch die Gespräche, bei denen es »darauf ankommt«: Sie wollen etwas erfolgreich verkaufen oder eine Verhandlung zu einem vorteilhaften Abschluss bringen. In diesen Situationen können Sie niemals sofort »mit der Tür ins Haus fallen«, sondern Sie werden immer mit Small Talk beginnen. Small Talk dient dem Kennenlernen, Aufwärmen und der Verbesserung der Atmosphäre.

Schließlich ist Small Talk ein wesentliches Networking-Instrument, wenn Sie Ihre Kontakte pflegen. In diesen Situationen wissen Sie etwas über Ihr Gegenüber, das Sie in Ihrem Small Talk ansprechen können.

Überlegen Sie nun für die einzelnen Situationen eine Reihe von Aussagen, die Sie im Rahmen des Small Talk verwenden können. Lernen Sie so etwas nicht auswendig. Es soll lediglich eine Lockerungsübung darstellen, damit Ihnen im Ernstfall mehr einfällt als in der Vergangenheit. Haben Sie keine Angst, sich zu wiederholen. Small Talk ist inhaltlich nicht sehr spannend und abwechslungsreich. Sie können in der gleichen Situation zu jedem anderen Menschen immer wieder das Gleiche sagen. Wichtiger als der Inhalt ist beim Small Talk immer die Art und Weise, *wie* etwas gesagt wird.

Ein Beispiel

Nehmen wir die Situation, dass Sie mit einem Menschen zusammentreffen, über den Sie nur wenige Vorinformationen haben. Siedeln wir diese Situation in einem Büroraum an. Sie sind also der *Gastgeber*. Es kommt ein Fremder zu Ihnen, um die Zusammenarbeit bei einem Projekt zu besprechen. Sie können wahlweise sagen:

»Endlich haben wir die Gelegenheit, auch einmal persönlich miteinander zu sprechen.«
»Ich hoffe, Sie hatten eine gute Anreise.«

»Haben Sie unsere Firma leicht gefunden?«
»Waren Sie schon einmal in unserem Hause?«
»Sind Sie mit der Bahn oder mit dem Wagen gekommen?«
»Darf Ihnen meine Sekretärin einen Kaffee anbieten?«
»Denken Sie, dass eine halbe Stunde für das, was wir zu besprechen haben, genügt?«

All diese Sätze beziehen sich auf das »Hier und Jetzt« der Situation. Ihr Gegenüber wird dann einen dieser Bälle auffangen, sodass sie sich ihn mehrmals gegenseitig zuwerfen können.

Neben diesen Themen können Sie noch über Ihren *Gast* und über *sich selbst* sprechen. Lenken Sie den Small Talk auf Ihren Gesprächspartner:

»Sie sehen so frisch erholt aus. Kommen Sie gerade aus dem Urlaub?«
»Wir haben hier ein bekanntes Theater. Lieben Sie Theater?«

Wenn Sie den Ball richtig geworfen haben, das heißt, wenn Ihr Gegenüber ihn auffängt, dann werfen Sie ihn ein paar Mal hin und her.

Schließlich sollten Sie immer auch ein wenig von sich selbst erzählen. Knüpfen Sie an etwas an, was gerade gesagt wurde.

»Gestern Abend war ich mit meiner Frau im Theater und hatte ein kleines Erlebnis, das mich sehr erheitert hat. Das muss ich Ihnen schnell einmal erzählen ...«

Bei diesen kleinen Geschichten können Sie auch ein wenig flunkern. Es kommt nicht auf den Wahrheitsgehalt, sondern auf die Wirkung an.

Beginnen Sie Small Talk mit Fragen oder Aussagen über ...
... das Hier und Jetzt.
... Ihren Gesprächspartner.
... sich selbst.

Warum Small Talk vor einer Verhandlung so wichtig ist

Vielleicht werden Sie sagen: »So viel Zeit habe ich nicht. Weder als Gast noch als Gastgeber. Ein paar einleitende Sätze will ich akzeptieren, um nicht sofort mit der Tür ins Haus zu fallen. Aber entscheidend ist doch, was zwei Menschen in einer beruflichen Situation miteinander zu besprechen haben.«

Irrtum. *Wichtiger* als der Inhalt Ihrer Verhandlung ist die Atmosphäre, in der die Besprechung stattfindet. Wenn die Atmosphäre schlecht ist, wird die Logik Ihrer Argumentation und das Gewicht Ihrer Fakten nicht ausreichen. Das gilt nicht nur für Verkaufsgespräche. Wenn Sie sich nicht die Mühe machen, die Beziehung zwischen Ihnen und Ihrem Gesprächspartner durch Small Talk positiv zu gestalten, dann ist Ihr Erfolg im Umgang mit Menschen nicht kontrollierbar.

Sie müssen sich vor Augen führen, dass Sie immer die Atmosphäre eines Gesprächs beeinflussen. Im Small Talk schlagen Sie eine Brücke zu dem anderen. Sie präsentieren sich und lernen Ihr Gegenüber kennen. Wenn Sie ohne Small Talk sofort zur Sache kommen, erwecken Sie bei Ihrem Gegenüber auch einen Eindruck, nämlich den eines nüchternen, trockenen und reservierten Menschen.

Sie kennen den Satz: Der erste Eindruck ist entscheidend. Nutzen Sie die Chance, Ihre Wirkung bewusst durch einen gut gestalteten Small Talk zu präsentieren. Wollen Sie dynamisch, gütig, reflektiert, gebildet, verständnisvoll oder zuverlässig erscheinen? Sie können nicht alle Merkmale zugleich mit dem ersten Eindruck glaubwürdig präsentieren. Entscheiden Sie sich. Welches ist das wichtigste Merkmal? Vermitteln Sie das in der Art und Weise, *wie* Sie mit Ihrem Gegenüber sprechen.

Small Talk klärt bei Business-Gesprächen die Beziehung zueinander. Menschen mit hoher Beziehungsintelligenz nutzen diese Chance. Sie überlassen es nicht dem Zufall, wie sich das Gespräch entwickelt und was daraus wird. Zur Beziehungsintelligenz gehört auch die Fähigkeit, die Persönlichkeit des Gegenübers zu erfassen. Um die Atmosphäre eines Gespräches zu beeinflussen, brauchen Sie einerseits Ausstrahlung und andererseits die Fähigkeit, auf die individuellen Besonderheiten Ihres Gegenübers einzugehen.

Es kommt beim Small Talk auf das *Wie* des Fragens, Zuhörens und Antwortens an. Ihr emotionales Erleben und Ausdrucksverhalten muss echt sein. Die Psychologie nennt so etwas »Authentizität«.

 Small Talk gelingt, wenn Sie mit dem, was Sie sagen und emotional zum Ausdruck bringen, authentisch sind.

Kapitel 6

So geht's weiter: Networking in Aktion

Wenn der Fischer seine Netze einzieht, sichtet er seinen Fang. Wenn Sie von einer Veranstaltung nach Hause kommen, sichten Sie die Visitenkarten. Sie übertragen die Daten in Ihr Adressbuch und überlegen sich, wie Sie den Kontakt zu Ihren neuen Bekannten aufrechterhalten. Vielleicht haben Sie schon bei der ersten Begegnung versprochen, ein Buch zu senden oder in Ihren Golfclub einzuladen.

Nehmen Sie Ihren Terminkalender und legen Sie fest, wann Sie was erledigen wollen. Die Übersendung des Buches mit einem kurzen Begleitbrief erfolgt am besten gleich. Für die Einladung in den Golfclub müssen Sie zuerst den Club-Präsidenten anrufen und anschließend mit Ihrem neuen Bekannten telefonisch einen Termin vereinbaren. Wann tun Sie das? Legen Sie sich fest.

Wenn Sie Ihre Versprechen beim ersten Kontaktgespräch nicht halten, ist Ihr ganzes Networking für die Katz. Wenn auf den ersten Kontakt hin keine weiteren Aktionen folgen, dann war auch das Sammeln von Visitenkarten und weiteren Informationen völlig sinnlos.

Wer Networking treibt, hat viel zu tun. Es muss Ihnen einfach Spaß machen, Ihre neuen Bekannten wieder anzurufen, Ihnen einen Brief zu schreiben und sich für die Einladung zu bedanken. Ihr persönliches Netzwerk sozialer Beziehungen lebt nur durch das Geben und Nehmen.

Andere Erstkontakte waren flüchtiger. Sie haben noch keine weiteren Vereinbarungen getroffen. Gehen Sie die Gespräche noch einmal durch. Dann fällt Ihnen vielleicht etwas ein, was Sie hätten sagen können: eine Feststellung, eine Frage oder eine lustige Geschichte. Schon haben Sie einen Anlass, Ihren neuen Bekannten anzurufen oder ihm einen kurzen Brief zu schreiben. Bringen Sie mit netten Worten zum

Ausdruck, dass der Kontakt interessant war und aus welchen Gründen Sie dieser Meinung sind.

Das Thema »Es war schön, Sie zu treffen« ist bald erschöpft. Menschliche Kontakte müssen mit Begegnungen oder einem Austausch angereichert werden. Sie müssen den anderen treffen, mit ihm spazieren gehen, Kaffee trinken oder etwas anderes gemeinsam unternehmen. Sie müssen dem anderen etwas schicken oder etwas von ihm erhalten. Sie müssen ihm mit konkreten Informationen dienlich sein, oder Sie müssen ihn um eine konkrete Hilfe bitten.

Erst wenn Sie auf diese Art und Weise Networking betreiben, lebt Ihr Netzwerk. Achten Sie beim systematischen Netzwerk auf zwei Dinge: dass Sie immer wieder mündlich und schriftlich in Kontakt treten und dass Sie die Gemeinsamkeiten pflegen.

Bei jedem Folgekontakt ergänzen Sie die noch fehlenden Daten in Ihrem Adressbuch und in Ihren Kontaktnotizen: Partner, Kinder, Beruf, Geburtsdatum und so weiter. Es gibt immer etwas zu fragen. Nehmen Sie an dem Leben, den beruflichen Erfolgen und Misserfolgen und den Wechselfällen des Schicksals Ihrer Bekannten Anteil.

Die gezielte Kontaktsuche

Bisher sind Sie einfach auf fremde Menschen zugegangen und haben einen Kontakt mit Ihnen hergestellt. Wir nennen diese Kontaktsuche *ungezielt*, weil Sie noch keine genaue Vorstellung haben, auf wen Sie treffen und was Sie von Ihrem neuen Bekannten wollen. Um Ziele erfolgreich zu erreichen, werden Sie aber ganz bestimmte Personen kennen lernen wollen. Sie wollen Beziehungen zu Menschen in bestimmten Positionen unterhalten. Dies erreichen Sie mit gezielter Kontaktsuche.

Würden Sie es sich zutrauen, einen Kontakt zu einem bekannten Politiker, einem berühmten Schauspieler oder einem viel gelesenen Autor herzustellen?

»Wie soll ich das machen?«, werden Sie vielleicht fragen. »Das wollen doch so viele Personen. Warum sollte der sich gerade mit mir abgeben?«

Sie haben schon zwei Fehler gemacht. Wer Networking betreibt, ist Spezialist in der Herstellung und Aufrechterhaltung von Kontakten. Das Wort *unmöglich* gibt es für Sie nicht. Wenn Sie es noch nicht können, werden Sie es lernen. Grundsätzlich ist es immer irgendwie möglich, an eine bestimmte Person heranzukommen. Probieren Sie es mal, Sie werden erstaunt sein, wie leicht es geht.

Ihr zweiter Fehler besteht darin, Ihr Licht unter den Scheffel zu stellen. Wenn Sie sich für uninteressant und wertlos halten, dann sind Sie es auch. Wenn Sie schon selbst von sich keine hohe Meinung haben, werden es andere erst recht nicht. Wenn Sie meinen, dass Sie eine langweilige Durchschnittsperson sind, an der berühmte Leute kein Interesse haben, dann tun Sie schleunigst etwas, um interessant zu werden.

Jetzt geht es erst einmal darum, gezielt an die Menschen heranzukommen, die Sie interessieren. Legen Sie Ihre Selbstzweifel einen Moment beiseite, und gehen Sie die Sache pragmatisch an.

Kontakte durch räumliche Nähe

Als Sie noch im Kindergarten waren, konnten Sie auf einen anderen zugehen und sagen: »Ich möchte mir dir spielen. Möchtest du mein Freund werden?«

Die Welt der Erwachsenen ist aber auch heute noch hierarchisch unterteilt. An »die da oben«, an die Mächtigen und Berühmten, kommen Sie so leicht nicht heran. Da müssen Sie sich schon etwas einfallen lassen.

Sie suchen einen persönlichen Kontakt zum Vorstandsvorsitzenden des Unternehmens, in dem Sie arbeiten. Suchen Sie die räumliche Nähe zu diesem Menschen. Wenn er nach zweiundzwanzig Uhr noch in seinem Büro sitzt, dann arbeiten Sie auch noch um diese Zeit. Sollte seine Tür offen stehen, können Sie sogar ohne Gefahr für Ihr Leben hineinschauen und fragen, ob es hier wohl einen Kaffee gibt. Es ist auch nicht verkehrt, bei Begegnungen auf der Toilette oder im Fahrstuhl eine amüsante Bemerkung zu machen. Sie treffen ihn häufiger »zufällig« auf dem Flur. Sie scheuen Sich auch nicht, in dem gleichen Tennisclub zu spielen wie er.

Suchen Sie Interessen, die Sie mit Ihrem Kontaktpartner gemeinsam haben

Entscheidend ist, dass Sie das Interesse Ihrer Zielperson wecken. Als junger Mitarbeiter in einem Großunternehmen werden Sie durch Leistung dem Vorsitzenden des Vorstandes nicht auffallen. Das klappt eher in mittelständischen Unternehmen. Sie können natürlich auch einen Ring durch die Nase tragen. Das fällt auch auf, fördert aber ganz sicher nicht Ihre Managementkarriere. Gehen Sie daher systematisch mit Networking-Methoden vor. Sammeln Sie zuerst einmal alles, was Sie über Ihre Zielperson erfahren können: seine Familie, seine Hobbys, Studienort, seine Karriere und so weiter. Fragen Sie die Kollegen, und lesen Sie alles, was über ihn geschrieben wurde. Das Internet bietet einen leichten Zugang, Zeitungsarchive zu durchforsten.

Nehmen wir an, Ihr Vorstandsvorsitzender ist passionierter Flieger. Er besitzt auch eine Sportmaschine, die er sich bei seinem Gehalt ja leisten kann. Zwar reicht Ihr Gehalt noch nicht, selbst Flugstunden zu nehmen, aber Sie können sich ja mit der Fliegerei einmal theoretisch beschäftigen. Wenn Sie ihn das nächste Mal auf dem Flur treffen, haben Sie ein Buch über Flugzeuge unter dem Arm. Wenn dann seine Augen größer werden, ist Ihre Stunde gekommen. Ist erst einmal ein derartiger Kontakt über ein gemeinsames Thema hergestellt, wird es Ihnen auch gelingen, öfter darauf zurückzukommen. Dabei müssen Sie für Ihre Zielperson auch ein interessanter und kenntnisreicher Gesprächspartner sein. Sonst fällt Ihr Kartenhaus in sich zusammen.

Kontakte durch Briefe

Nehmen wir einmal an, Sie sehen im Theater eine Schauspielerin, die Sie fasziniert. Sie würden sie gerne in Ihren Bekanntenkreis aufnehmen. Oder Sie erleben im Fernsehen das Interview mit einem bekannten Politiker. Sie sind angetan von seiner Persönlichkeit. Sie würden gerne ein persönliches Gespräch mit ihm führen.

Networker haben derartige Wünsche. Wer Networking betreibt, weiß, dass von Menschen vielfältige Faszinationen ausgehen können: von ihrer Art zu reden, von ihrer Schönheit, von ihrem Ansehen, von ihrer Macht, von ihrer Intelligenz und von ihrem Geld. Networking kann zu einer Leidenschaft werden, überall und immer wieder seine Netze auszuwerfen, um die unterschiedlichsten Exemplare der Gattung Mensch aus dem Meer der Gesellschaft zu fischen.

Sie haben sich eine Zielperson ausgesucht, zu der Sie einen Kontakt herstellen wollen. Zuerst überlegen Sie, in welche Richtung Ihr Interesse an diesem Kontakt geht. Wollen Sie den bekannten Politiker kennen lernen, um sich mit ihm in geistvollen Gesprächen zu messen? Wollen Sie mit und über ihn politischen Einfluss ausüben? Wollen Sie selbst eine Hilfestellung beim Einstieg in eine politische Laufbahn erlangen? Oder wollen Sie einen persönlichen freundschaftlichen Kontakt zu ihm realisieren?

Entwickeln Sie eine genaue Vorstellung davon, wie dieses Bekanntsein mit ihm sich abspielen soll.

Schreiben Sie Ihre Zielformulierung in Ihre Kontaktnotizen und versuchen Sie die Adresse Ihrer Zielperson zu ermitteln. Der Königsweg zu Zeitgenossen, die im Rampenlicht der Öffentlichkeit stehen, ist der Brief. Je persönlicher und privater adressiert, desto besser. Schreiben Sie keine E-Mail und kein Fax. Versuchen Sie auch nicht, einen telefonischen Kontakt herzustellen. Sie haben damit meist Pech. Der Brief ist das geeignete Mittel.

Wenn Sie eine Person anschreiben, bei der im Vorzimmer die Post bearbeitet wird, dann müssen Sie sich etwas Besonderes ausdenken. Schreiben Sie etwas Interessantes, Wichtiges und sehr Persönliches, damit die Mitarbeiter in der Postbearbeitung sagen: Das müssen wir ihm persönlich zeigen.

In der Regel genügt ein nicht alltäglicher Gedanke, ein paar treffende Formulierungen und eine persönliche Vorstellung. Sagen Sie etwas über sich selbst. Machen Sie anschaulich, wer Sie sind. Am besten locker und heiter.

Eine Antwort auf Ihren Brief werden Sie in den meisten Fällen bekommen. Wenn sie persönlich und individuell ist, war Ihr Kontaktschreiben nicht schlecht. Schreiben Sie erneut. Versuchen Sie, sich auf aktuelle Ereignisse zu beziehen und den Kontakt zu intensivieren.

Versuchen Sie nicht, Ihre Zielperson zum Geburtstag einzuladen. Sie können aber mit einer Organisation im Hintergrund eine Veranstaltung organisieren, zu der Sie sie einladen. Es kann eine Podiumsdiskussion in der Öffentlichkeit sein, ein Wohltätigkeitsfest oder dergleichen mehr. Sie können natürlich auch auf der Ebene des persönlichen Kontaktes versuchen, sich »räumlich zu nähern«. Fragen Sie nach dem Joggingpfad Ihrer Zielperson. Schauen Sie in Ihrem Adressverzeichnis nach, welches Mitglied Ihres Netzwerkes in dem gleichen Ort wie Ihre Zielperson wohnt. Ergeben sich daraus Kontaktmöglichkeiten?

 Wenn Sie zu bestimmten Menschen gezielt einen Kontakt suchen, dann entwickeln Sie eine Idee, die sich vom Üblichen abhebt.

Gezielte Kontakte zu Personengruppen

Die zweite Art der gezielten Kontaktsuche bezieht sich nicht auf eine bestimmte Person mit einem bestimmten Namen, sondern auf eine Gruppe von Menschen. Sie wollen in Ihrem Unternehmen Karriere machen. Sie suchen den Kontakt zu allen Menschen, von denen Sie erwarten, dass sie für Ihren Aufstieg nützlich sind: Vorgesetzte, Abteilungsleiter, Vorstände und so weiter. Oder Sie wollen sich in Ihrem Beruf verbessern und suchen in anderen Unternehmen neue Chancen. Dann suchen Sie den Kontakt zu Entscheidungsträgern aus anderen Unternehmen der gleichen Branche.

Oder Sie wollen Sich selbstständig machen und suchen einen Geschäftspartner. Hier können Sie mehrere Wege gehen.

1. Sie bewegen sich in den Kreisen, in denen Sie eher Menschen Ihrer gesuchten Gruppe finden. Treten Sie in Vereine, Verbände oder eine Partei ein.
2. Sie geben eine Anzeige auf, in der Sie Ihre Zielvorstellung genau formulieren und sich selbst interessant und ansprechend darstellen. Wählen Sie für Ihre Anzeige das passende Medium.
3. Sie sprechen über Ihre Kontaktwünsche mit den Mitgliedern Ihres Netzwerkes. Je mehr Informationen Sie über sich preisgeben, desto genauer gewinnt ein anderer eine Vorstellung davon, was Sie suchen.
4. Sie veröffentlichen Ihre Ideen in Artikeln, Büchern oder im Internet und warten darauf, dass anderen mit Ihnen Kontakt aufnehmen.

Seien Sie vor allen Dingen flexibel. Wenn eine Anzeige nicht den gewünschten Erfolg hatte, dann müssen Sie den Text oder das Medium für die Veröffentlichung wechseln. Wenn sich in dem einen Berufsverband nicht die gesuchten Personen befinden, gehen Sie in einen anderen.

Wenn Sie sich im eigenen Unternehmen mit den richtigen Leuten umgeben wollen, dann betreiben Sie in Ihrem Berufsalltag Networking. Gehen Sie mit Pförtnern, Vorzimmerdamen und Schreibkräften genauso höflich und entgegenkommend um, wie Sie sich gegenüber einem Vorstandsvorsitzenden verhalten. Ein lockerer netter menschlicher Kontakt verhilft Ihnen zu vielen Informationen. Dort spricht man auch darüber, in welchen Tennis- oder Golfvereinen die obere Führungsriege sich privat trifft. Wenn Ihnen Ihre Karriere etwas wert ist, scheuen Sie sich nicht, in einen teuren Sportverein einzutreten.

Wollen Sie mit dem Vorstandsvorsitzenden Ihres Unternehmens Tennis spielen, dann trainieren Sie kräftig, bis Sie ein ebenbürtiger Partner sind. Es soll ihm und Ihnen Spaß machen, miteinander ein Match zu bestreiten. Und wenn Sie so weit sind, reden Sie nicht über Ihre Beförderung. Wenn er Sie als Tennispartner kennt und schätzt, wird das beim nächsten Auswahlgespräch seine Wirkung haben.

Sie sind im Öffentlichen Dienst tätig. Auch hier wird Networking betrieben. Die Zugehörigkeit zu Gewerkschaften und Parteien spielt hier eine besondere Rolle. Sie können diese Umstände für kritikwürdig halten. Sie werden es aber nicht ändern. Wenn Sie hier zum Erfolg kommen wollen, müssen Sie das Spielchen mitspielen.

Wo auch immer Sie Ihre Karriere machen wollen, Ihre Selbstdarstellung ist wichtig. Wenn Sie Kontakt zu Menschen einer bestimmten Gruppe suchen, dann sollten Sie darüber reden. Sprechen Sie bei jeder Begegnung mit Mitgliedern Ihres Netzwerkes über Ihre Lebenssituation und über Ihre Absichten. Wenn Sie sich beruflich verändern wollen und den Kontakt zu Vorgesetzten und Chefs anderer Unternehmen Ihrer Branche suchen, reden Sie darüber. Wenn Sie eine tolle Software entwickelt haben und diese günstig vermarkten wollen, reden Sie darüber. Sie halten sich für schauspielerisch begabt oder können gut singen? Reden Sie darüber, und geben Sie bei jeder Gelegenheit eine Kostprobe. Wenn Sie erwarten, dass man Sie entdeckt, dürfen Sie sich nicht verstecken.

Um gezielt Menschen einer bestimmten Gruppe kennen zu lernen, können Sie sehr unterschiedliche geeignete Dinge tun, um dieses Ziel zu erreichen. Entwickeln Sie ein Gespür dafür, welche Orte und Gelegenheiten geeignet wären. Sie sollten wie ein erfahrener Fischer in den Gewässern Ihre Netze auswerfen, in denen sich die von Ihnen gesuchten Fische häufiger tummeln.

Wenn Sie schüchtern sind: Ihr Kontakttraining

Glauben Sie, dass Sie schüchtern sind? Kaum ein Mensch ist so selbstsicher, dass er nicht auch in bestimmten Situationen Hemmungen kennen würde. Alle Menschen sind mehr oder minder schüchtern.

Wenn Schüchternheit für Sie ein Problem darstellt, dann sind Sie damit nicht allein. Ein Beispiel: Menschen, die sich nicht kennen, kommen zusammen, etwa bei einem Fortbildungsseminar. Und es passiert Folgendes: Sie grüßen kurz, setzen sich in die letzte Reihe und warten ab, was geschieht. Es gibt Schüchterne, bei denen die Hemmungen und Ängstlichkeiten ganz offenbar sind, und es gibt solche, bei denen sie eher verborgen sind.

Verborgene Schüchternheit ist oftmals nicht leicht zu erkennen. Diese Kandidaten gehen durchaus mutig auf andere zu und scheinen keine Kontaktschwierigkeiten zu haben. Oftmals gestehen sie sich ihre Hemmungen auch gar nicht ein. Aber einige Merkmale verraten die innere Anspannung doch: das nervöse Rauchen vor einer erwarteten Begegnung oder der kleine Schnaps vor dem Vortrag. Problematisch sind Verhaltensweisen, die Psychologen »Durchbrüche« nennen. Ein unterdrücktes Verhalten bricht durch den Abwehrmechanismus der Schüchternheit hindurch und tritt dann übertrieben und in einer unangenehmen Form zutage.

Wenn Sie etwas gegen Ihre Schüchternheit tun wollen, müssen Sie zunächst Ihre Hemmungen entdecken. Das ist gar nicht so schwer. Erleben Sie bewusst Ihre Ängste. Wovor fürchten Sie sich? Vor der Blamage, dem Versagen und dem Abgewiesenwerden.

Halten Sie sich nicht damit auf, nach den Gründen für Ihre Schüchternheit zu forschen. Lassen Sie die Vergangenheit ruhen und beginnen Sie noch heute mit Ihrem Kontakttraining.

Networking ist Kontakttraining

Jeder Networking-Schritt, den Sie tun, ist auch ein Trainingsschritt in Richtung mehr Selbstsicherheit. Indem Sie Networking praktizieren, verliert sich Ihre Schüchternheit. Wenn es Ihnen auch anfänglich schwer fallen wird, werden Sie mit der Zeit durch den Erfolg auch Spaß daran finden. Setzen Sie sich bei Ihrem Kontakttraining jedoch keine falschen Ziele. Ein wenig Schüchternheit, Hemmung und Zurückhaltung sollten Sie durchaus bewahren.

Überprüfen Sie einmal, ob Sie das alles können:

- fremde Leute ansprechen,
- fremde Leute anrufen,
- andere nach ihrem Namen fragen und den Namen wiederholen lassen,
- den Namen des anderen behalten und ihn mit seinem Namen ansprechen,
- sich selbst vorstellen und ein paar Worte über sich sagen,
- über etwas Belangloses reden, also Small Talk machen,
- Small Talk mit einem lebendigen Gefühlsausdruck durchführen,
- Blickkontakt mit dem Gesprächspartner halten,
- jemanden anlächeln, freundlich aussehen und ihm nonverbal signalisieren: »Sie sind mir sympathisch«,
- wissen, was man bei beliebigen Begegnungen sagen oder fragen kann.

All die aufgezählten Verhaltensweisen sollten Sie beherrschen, um erfolgreich Networking zu betreiben. Sie müssen dabei nicht in allem brillant sein. Durch die Übung werden Sie Meister. Je größer Ihr Netzwerk sozialer Beziehungen wird, desto besser werden Sie auch in allen Formen des Kontaktverhaltens.

Wenn Sie allerdings meinen, dass Sie sich eine dieser Verhaltensweisen absolut nicht zutrauen, dann müssen Sie diese vorweg üben. Wenn Sie Small Talk hassen und absolut niemandem in die Augen sehen können, dann beginnen Sie noch heute mit Ihrem Kontakttraining. Keine Angst, all diese Verhaltensweisen sind nicht angeboren, sondern durchaus lernbar.

Trainieren Sie mit der richtigen Methode und in der richtigen Reihenfolge. Wenn Sie extrem schüchtern sind, müssen Sie zuerst einmal Ihre Einstellungen ändern.

1. Einstellungen ändern. Glauben Sie vor allen Dingen nicht, dass nicht auch andere Menschen Hemmungen im Umgang miteinander hätten. Denken Sie auch nicht, dass Sie andere Menschen, die Sie ansprechen, stören oder ärgern würden. Geben Sie auch alle heimlichen oder offenen Vorstellungen auf, dass es bei jedem Kontakt um Sein oder Nichtsein geht. Schüchterne Menschen haben oft die Vorstellung, dass es für Sie unerträglich sein muss, wenn ein Kontaktversuch schief läuft. Sie erleben sich im Zentrum ihrer Persönlichkeit als vernichtet.

Lösen Sie sich von all diesen heimlichen oder offenen Angstvorstellungen. Seien Sie einfach sensibel dafür, wann Sie jemanden stören und wann nicht.

2. Üben Sie in kleinen Schritten. Versuchen Sie niemals in allen Bereichen zugleich Ihre Schüchternheit zu überwinden. Gehen Sie nicht auf eine Party, um zum ersten Mal zwanzig fremde Leute anzusprechen und auch noch eine lange Lobrede auf den Gastgeber zu halten. Üben Sie zuerst das Ansprechen von zwei oder drei Personen. Versuchen Sie ein bisschen länger als bisher, dem anderen in die Augen zu schauen. Und haben Sie Geduld mit sich. Sie werden nicht von heute auf morgen Ihre Schüchternheit überwinden.

3. Trainieren Sie dort, wo Misserfolge erträglich sind. Je früher Sie beginnen, desto besser. Wenn Sie in der Schule geübt haben, vor einer Gruppe zu sprechen, wird es Ihnen später leichter fallen. Wenn Sie sich aber in der Schule und in der Berufsausbildung davor gedrückt haben, Referate zu halten, dann fehlt Ihnen die notwendige Sicherheit bei Ihrer ersten berufsbedingten Präsentation. Kollegen, Vorgesetzte oder Kunden sind nicht das richtige Übungsfeld für einen Neuling. Wenn hier etwas schief geht, dann hat das Folgen.

Suchen Sie daher ein Übungsfeld, auf dem Ihre Fehler keine Folgen haben. Ein verpatztes Referat während des Studiums hat keine langfristigen Konsequenzen. Dort haben Sie fast immer die Chance der Wiederholung.

Sie fühlen sich unsicher in der Führung von Gruppen. Sie haben sich entschlossen, in diesem Feld einmal die Initiative zu ergreifen. Sie wissen noch nicht, wie Sie auf andere wirken und wie es Ihnen gelingt, Aktivitäten zu koordinieren. Versuchen Sie es erst mit einer Gruppe, an die Sie nicht lange gebunden sind. Sie können aus einem Freizeitverein auch wieder austreten, wenn etwas schief gehen sollte. Wenn Sie Kinder haben, können Sie mit einer Gruppe Eltern des Kindergartens oder der Schule ein Fest vorbereiten. Sollte es hier zu Konflikten und Zerwürfnissen kommen, hat das keine schwer wiegenden Folgen.

Albert Ellis ist ein erfolgreicher Psychotherapeut und Autor. Er war selbst in seiner Jugend sehr schüchtern. Er hat die so genannte rational-emotive Therapie entwickelt. Ein Teil dieser Therapie ist ein Verfahren, mit eigenen Problemen fertig zu werden. Es besteht darin, immer wieder das zu tun, was man am meisten fürchtet. Ellis überwand selbst mit diesem Verfahren seine Redeangst, indem er jede Gelegenheit wahrnahm, in der Öffentlichkeit Reden zu halten. Er berichtet:

»Als ich sah, dass es funktionierte, wenn ich mich zu unangenehmen Dingen zwang, beschloss ich, diese Technik auf meine enorme Furcht, Frauen kennen zu lernen, anzuwenden. Aufgrund meiner schrecklichen Angst vor Ablehnung näherte ich mich nie, wirklich niemals unbekannten Frauen, obwohl ich im botanischen Garten der Bronx etwa zweihundertundfünfzig Tage im Jahr spazieren ging oder las und dort eine Reihe von begehrenswerten Frauen sah, die auch mit mir zu flirten schienen und mit denen ich gern gesprochen und eine Verabredung getroffen hätte.

Also beauftragte ich mich, mit jeder jungen Frau zu sprechen, die allein auf einer Parkbank säße. Ohne Ausnahme!

Obwohl ich sehr ängstlich war und mich dabei sehr unwohl fühlte, zwang ich mich, diesen Auftrag auszuführen, und begann in einem Monat mit über hundert Frauen eine Unterhaltung. Es waren hundert Begegnungen mit ›Fremden‹, und zwar von der Art, wie ich sie schon immer gern gemacht hätte, aber bis dahin vermieden hatte.

Ich zog keinen direkten Gewinn aus diesen Zufallsbekanntschaften, da sich nur eine von diesen hundert Frauen mit mir verabredete und selbst diese mich versetzte. Aber ich überwand meine Furcht, fremden Frauen zu begegnen, völlig und war ab diesem Zeitpunkt leicht im Stande, Gespräche anzuknüpfen. Denn indem ich so oft abgewiesen wurde, erkannte ich, dass nichts Schreckliches passierte: kein Beschimpfen, kein Davonlaufen und kein Schreien, kein Rufen eines Polizisten! Ich erkannte, dass ich mit fremden Frauen sprechen konnte, ohne eine Verabredung erreichen zu müssen, und doch konnte ich ein höchst vergnügliches Leben führen.«

Was Ellis hier gemacht hat, ist genau das Richtige für alle Schüchternen. Er wählt sich für seine Übung eine Situation aus, in der nichts schief gehen kann. Wenn die angesprochenen Frauen den Kontaktversuch ablehnen, hat das keine weiteren Folgen. Wenn Sie Kontaktübungen erst in Situationen beginnen, in denen Sie unbedingt einen

Kontakt herstellen *müssen*, dann ist ein Misserfolg sehr viel schmerzlicher.

Wenn Sie schüchtern sind, machen Sie es ebenso. Sprechen Sie Menschen an, und fragen Sie nach der Zeit oder dem Weg, auch wenn Sie diese Information gar nicht benötigen. Wenn Sie Angst vor dem Telefonieren haben, nutzen Sie jede Gelegenheit, ein Telefonat zu führen, auch wenn Sie Ihr Problem anders lösen könnten. Wenn Sie zu schüchtern sind, in einer Gruppe zu reden, melden Sie sich im nächsten Seminar zumindest mit einer Frage zu Wort: »Kommt es zu dieser Zeitersparnis von zwanzig Prozent nur in Ihrem konkreten Fall oder gilt das wirklich für alle vergleichbaren Situationen?« Selbst wenn der Vortragende diese Aussage bereits gemacht hat, wird er Ihnen Ihre Frage nicht übel nehmen.

4. Ändern Sie Ihr Verhalten: Gehen Sie aus sich heraus und unter Leute. Schüchterne sind oft einsam und leiden darunter. Wer sich einsam fühlt, hält sich für nicht gesellschaftsfähig. Damit kommt es zu einem Teufelskreis: Er meidet Kontakte, weil er in Gesellschaft schüchtern ist. Er fühlt sich unwohl und nimmt Kontaktversuche anderer nicht wahr. Er zieht sich zurück. Wenn der Schüchterne wieder allein ist, sehnt er sich nach Kontakten. Zugleich hält er sich nicht für kontaktfähig und meidet sie wieder.

Wenden Sie alle möglichen Tricks an, um unter Leute zu kommen. Sie sollten keinen Fernlehrgang ins Haus kommen lassen, sondern in einen Volkshochschulkursus gehen. Sie sollten Ihre Bücher nicht im Internet kaufen, sondern in einer Buchhandlung und dort nach Titel und Themen fragen. Lassen Sie sich Ihre Zeitung nicht ins Haus schicken, sondern gehen Sie zum Kiosk. Sie werden erstaunt sein, wie viele Menschen Sie dort beim täglichen Zeitungskauf treffen werden.

Gerade für Schüchterne ist die regelmäßige Wiederholung eine gute Empfehlung. Gehen Sie immer wieder in das gleiche Café, in die gleiche Bibliothek, in den gleichen Supermarkt, und fahren Sie in das gleiche Urlaubshotel. Der fremde Mensch, den Sie ein zweites oder drittes Mal treffen, ist schon kein Fremder mehr. Der Kontakt bei wiederholtem Treffen fällt leichter.

5. Halten Sie positive Erfahrungen fest. Wenn Sie sich als schüchterner Mensch zu etwas überwinden, ist das immer eine positive Erfahrung. Sagen Sie sich ganz laut und deutlich:

»Ich kann! Es klappt!« Halten Sie vor allen Dingen bei jedem Kontaktversuch die Erfahrung fest, dass nicht die große Katastrophe eingetreten ist, die Sie sich in Ihren Ängsten ausgemalt haben. Es passiert auch nichts, wenn Ihr Kontaktversuch misslingt. Der andere Mensch, der nicht mit Ihnen sprechen will, hat Ihren Kontaktversuch sofort wieder vergessen. Sie als Schüchterner malen sich aber aus, dass Sie blamiert seien und der andere ein schlechtes Bild von Ihnen hat. Unfug.

Sie werden bei allen Kontaktversuchen immer wieder erfahren, dass andere Menschen dies meist gar nicht als störend empfinden. Die Frau auf der Bank, die ein Buch liest, unterbricht die Lektüre gern, wenn das Gespräch mit Ihnen interessant ist. Wenn Ihr Kollege in die Arbeit vertieft ist, können Sie ihn ruhig mit einer Frage unterbrechen. Vielfach ist ihm die Unterbrechung durchaus angenehm.

Lernen Sie aber, sensibel zu erkennen, wann Sie andere Menschen mit Ihrem Anliegen wirklich stören. Meist lässt es sich durch eine einfache Frage abklären. Sagen Sie zu Ihrem Kollegen: »Ich habe da ein Problem. Es wäre nett, wenn du mir dabei helfen könntest. Könntest du mir irgendwann einmal eine Viertelstunde deiner Zeit spendieren?« Formulieren Sie die Frage, ob Sie stören, immer in offener Form, die dem anderen auch die Möglichkeit einer Alternative lässt.

Als schüchterner Mensch haben Sie andere Stärken als Personen mit weniger Hemmungen. Sie sind ein Mensch, der zurückhaltender ist, sensibler empfindet, von dem weniger Initiative ausgeht und der besser in der Lage ist, anderen zuzuhören und andere zu verstehen. Sehen Sie diese Persönlichkeitsmerkmale nicht als Mangel, sondern als Chance an. Legen Sie Ihre unnötigen Hemmungen und Ängste im Umgang mit anderen Menschen ab. Sie werden auch ein guter Networker werden, wenn Sie nicht täglich zwanzig neue Adressen in Ihre Kartei aufnehmen können.

Aus Ihren Kontaktübungen können sich durchaus auch Netzwerkbeziehungen ergeben. Sie sprechen mit dem älteren Mann am Zeitungskiosk und haben plötzlich Lust darauf, mit ihm ein Stündchen zu plaudern. Verabreden Sie sich zu Bier oder Kaffee für die nächste Woche. So entstehen aus Kontaktübungen vielleicht Freundschaften.

So pflegen Sie Ihre Kontakte

Kontakte herzustellen ist nur die eine Hälfte des Networking. Diese Beziehungen zu pflegen und aufrechtzuerhalten ist die andere Seite. Dazu gehört, dass Sie eine ganze Reihe von Standardgelegenheiten nutzen, auf den anderen zuzugehen. Sie bedanken sich für eine Einladung, Sie gratulieren zum Geburtstag, oder Sie schicken ihm eine Information, von der Sie meinen, dass sie ihm nützlich wäre. Wenn Sie Networking professionell betreiben wollen, wird das nicht genügen. Ihnen muss immer wieder etwas Neues einfallen, um Kontakte aufzufrischen, mit Leben zu füllen und zu verbessern. Die Beziehung zu einem Menschen ist wie eine Zimmerpflanze: Sie müssen sie ständig gießen und pflegen.

An andere denken

Was denken Sie, wenn Sie Zeitung lesen, sich mit einem Menschen unterhalten oder einen Erfolg in einem Verkaufsgespräch erzielt haben? Denken Sie daran, was *Sie selbst* erleben und was das *für Sie selbst bedeutet*? Menschen mit Beziehungsintelligenz denken sofort daran, was diese Situation für *andere Menschen* bedeuten kann. Wenn sie in der Zeitung etwas lesen, fällt Ihnen auf, dass diese Information auch Bernd und Johanna interessieren müsste. Das erfolgreiche Verkaufsgespräch führt zu der Erkenntnis, dass Herr Klausberger eine ähnliche Persönlichkeit hat.

Die Voraussetzung für solche Assoziationen ist, dass Sie auch die persönlichen Vorlieben und Interessen vieler Menschen kennen. Damit Ihnen diese stets präsent sind, schauen Sie wiederholt in Ihr Adressbuch und Ihre Kontaktnotizen. Wenn Sie dann die Eindrücke, die Sie im Alltag gewinnen, mit Ihren Kontaktnotizen vergleichen, können Sie ohne weiteres solche Assoziationen herstellen.

Mit Beziehungsintelligenz können Sie den Bezug zu anderen Menschen aufnehmen. Beschäftigen Sie sich immer wieder mit den Mitgliedern Ihres persönlichen Netzwerkes, und das nicht nur im aktuellen Gespräch, sondern auch in Ihren Gedanken und Ihrer Vorstellung. Lassen Sie sich etwas einfallen. Postkarten aus dem Urlaub und zum Geburtstag sind für ein professionelles Networking etwas zu wenig. Gehen Sie kreativ mit allen Lebenssituationen um, nutzen Sie den Kalender einfallsreich. Beachten Sie vor allen Dingen auch die Namenstage, die in bestimmten Gegenden Deutschlands wichtiger als der Geburtstag sind. Nehmen Sie lokale Ereignisse zum Anlass, auf die Mitglieder Ihres Netzwerkes zuzugehen. Persönliche Veränderungen wie beruflichen Erfolg, Hauskauf, ein neues Auto und die Geburt eines Kindes sollten Sie ohnehin niemals vergessen.

Sammeln Sie Zeitungsausschnitte und eventuell auch Anzeigen, die einen genau passenden Bezug zu Ihren Kontaktpersonen haben. Teilen Sie anderen Personen auch eigene Veränderungen mit. Sie haben einen anderen Beruf, ein völlig anderes Hobby und den Freund oder die Freundin gewechselt.

Lassen Sie den Kontakt zu den anderen Menschen in schweren Zeiten nicht abreißen. Scheidung, Krankheit, Arbeitslosigkeit und ein längerer Gerichtsprozess sind für jeden außerordentlich belastend. Lassen Sie nach der Scheidung nicht einen der Partner fallen. Sie können durchaus zu beiden noch Kontakt halten.

Fragen Sie um Rat

Menschen, die erfolgreich Networking betreiben, haben keine Scheu, andere um Rat zu fragen. Ihre Bitte um Rat muss aber angemessen und passend sein.

Völlig unangemessen ist eine Frage nach einem Rat, wenn der andere diese Information als Dienstleistung verkauft. »Ach, Sie sind Rechtsanwalt. Das ist ja interessant. Wissen Sie, ich habe da ein Problem...«

Mit berufsbezogenen Fragen können Sie viele Menschen belästigen: Polizisten, Bauhandwerker, Architekten und Finanzbeamten.

Solche Fragen sind ungehörig. Es gehört aber zu einem gängigen Vorurteil, dass Networking für alle Lebenslagen kostenlose Dienstleistungen ermögliche.

Aber das ist mit dem »Erfolgsfaktor Networking« nicht gemeint. Viele Menschen verdienen ihr Geld damit, anderen Ratschläge zu geben: juristische, medizinische oder psychologische. Missbrauchen Sie Networking nicht dazu, andere um Ihr Honorar zu prellen.

Ganz anders verhält es sich, wenn Sie die Menschen in den Bereichen ihrer persönlichen Erfahrungen um Rat fragen. Fragen Sie nicht den Architekten, was man beim Hausbau beachten solle, sondern denjenigen, der gerade sein Haus gebaut hat. Er gibt ihnen gerne und bereitwillig ein paar Ratschläge aus seiner Erfahrung.

Sie können die Mitglieder Ihres Netzwerkes um Ratschläge aus allen Lebensbereichen bitten: Einkaufstipps, die Verträglichkeit von Kontaktlinsen, die Gestaltung der Wohnung, die Auswahl des richtigen Tennisvereins und die Höhe des Taschengeldes für die Kinder. Fast alle Menschen lieben es, wenn man sie um Rat fragt. Die einzige Ausnahme: Ihre Frage bezieht sich genau auf den Bereich, den Ihr Gegenüber tagtäglich beruflich praktiziert.

Nehmen wir an, Sie sind in ein Strafverfahren verwickelt. Ihnen ist etwas passiert, was auch einem ehrbaren Bürger passieren kann. Sie brauchen einen guten Strafverteidiger. Sie können sich einen aus dem Branchenbuch aussuchen, die Anwaltskammer anrufen oder eine Auskunftsdatei spezialisierter Rechtsanwälte befragen. Sie kennen aber einen Rechtsanwalt, der auf Scheidungsprozesse spezialisiert ist. Sie rufen ihn an:

> »Klaus ich weiß, du bist ein sehr guter Scheidungsanwalt. Meine Ehe funktioniert immer noch ganz gut. Für eine Scheidung brauche ich deine Hilfe noch nicht. Aber ich brauche eine wirklich gute Empfehlung ...«

So sieht der Unterschied zwischen einer Rechtsauskunft und der Bitte für eine Empfehlung aus. Die Bewertung, wer ein guter Strafverteidiger sei, ist immer etwas Subjektives. Je genauer Sie den Menschen, der die Bewertung abgibt, kennen, desto mehr können Sie mit der Bewertung anfangen.

Menschen, die Networking betreiben, haben Spaß daran, etwas zu vermitteln. Gerade die Frage nach anderen Personen ist der Dauerbrenner in professionellen Netzwerken.

- »Wer ist für was zu empfehlen?«
- »Wer sollte wen kennen lernen?«
- »Wer passt zu wem?«
- »Wer könnte wem nützlich sein?«

Gehen Sie einfach auf andere zu und bitten Sie um Rat und Information. Der Clou des Networking besteht darin, die Informationsbitte zum Anlass des Kontaktes zu nehmen, statt eine Informationsrecherche alleine durchzuführen.

Formulieren Sie ihre Frage geschickt, sodass der andere sich nicht ausgefragt oder ausgenutzt vorkommt. Kleiden Sie Ihre Frage in eine positive Formulierung zur Person:

»Du hast da ja sicherlich Erfahrungen, weil ...«
»Sie kennen sich hier ganz besonders gut aus, denn Sie haben ja ...«

Um Hilfe bitten und anderen helfen

Wie es grundsätzlich mit der Hilfsbereitschaft der Menschen bestellt ist, wird schon immer kontrovers diskutiert. Der Tod des Wohnungsnachbarn, der wochenlang nicht bemerkt wurde, und das Vorbeifahren vieler Fahrzeugen an hilflosen Unfallopfern sind Beispiele mangelnder sozialer Verantwortung. Andererseits engagieren sich viele Menschen in Hilfsorganisationen und opfern dafür Ihre Freizeit.

Vielleicht ist die Frage nach der *grundsätzlichen* Hilfsbereitschaft des Menschen falsch gestellt. Es kommt wohl eher auf die Situation an, in der Hilfe erforderlich ist und Hilfe geleistet wird. Grundsätzlich gilt:

 Je besser und vertrauter die Beziehung zu einem Menschen ist, desto eher können Sie ihn um eine konkrete Hilfe bitten.

Die konkreten Hilfen, die Sie von Mitgliedern Ihres Netzwerkes erwarten können, müssen in einem *angemessenen* Verhältnis zu Ihrer

Beziehung stehen. Dies ist natürlich eine sehr abstrakte und allgemeine Feststellung. Versuchen Sie einfach, sich in jeder konkreten Beurteilung der Angemessenheit auf Ihre Beziehungsintelligenz zu verlassen. Erkennen Sie, ob Ihre Bitte *angemessen* oder *unverschämt* ist. Einen anderen Maßstab als das *subjektive Empfinden der Beteiligten* gibt es ohnehin nicht.

Tragen Sie Ihre Bitte nicht als Forderung vor, sondern als offene Frage. Ermöglichen Sie es Ihrem Gegenüber, nein zu sagen, ohne zu einer ausführlichen Entschuldigung verpflichtet zu sein. Kleine Bitten können Sie natürlich in einfacher Frageform vortragen. Wenn Sie allerdings eine größere Leistung erwarten, dann stellen Sie Ihrem Gegenüber Ihre Problemsituation so dar, dass er Ihnen von sich aus ein Hilfsangebot macht. Es ist eine einfache psychologische Grundtatsache, dass die Menschen die Dinge, auf die Sie selbst kommen, motivierter durchführen, als wenn man sie in irgendeiner Weise dazu verpflichten würde.

Seien Sie grundsätzlich selbst bereit, alle Hilfeleistungen, die Sie von anderen erwarten, auch selbst zu erbringen. Es spricht sich in Ihrem Netzwerk sehr schnell herum, wenn Sie andere Menschen »ausnutzen«. Sollten Sie einmal diesen Ruf haben, werden Sie ihn nie wieder los. Die meisten Menschen spüren in der konkreten Situation, in der Sie sie um Hilfe bitten, sehr genau, ob Sie auch zu einer entsprechenden Gegenleistung bereit wären.

 Das, was Sie als Hilfeleistung von anderen erhalten, müssen Sie selbst in Hilfeleistungen für andere investieren. Der Gewinn besteht im Austausch der Leistungen und nicht darin, dass Sie quantitativ mehr erhalten als geben.

Und so kann der Austausch aussehen: Der eine bringt psychische Zuwendung ein, der andere Informationen. Der eine ist zu materieller Hilfe bereit, der andere kann soziale Leistungen erbringen.

Grundsätzlich betrifft das Gegenseitigkeitsprinzip des Gebens und Nehmens Ihr gesamtes Netzwerk. Aber es ist psychologisch durchaus auch vertretbar, wenn Sie für jedes einzelne Mitglied ein Punktekonto anlegen. Wem Sie häufig viele kleine Gefälligkeiten erweisen, bei dem rufen Sie gelegentlich auch einmal eine Leistung ab.

Das bringt die Schieflage Ihres Verhältnisses wieder ins Gleichgewicht. Es befreit Ihre Partner von Schuldgefühlen und lässt bei Ihnen nicht das Gefühl aufkommen, ausgenutzt zu werden. Haben Sie mit einem großen Aufwand und persönlichem Einsatz für einen anderen eine Hilfe erbracht, so lösen Sie Ihr Guthaben *nicht sofort* ein, sondern dann, wenn Sie es wirklich brauchen. Auf die Menschen, denen Sie in wirklicher Not geholfen haben, können Sie sich verlassen.

Ihnen mag dieses gegenseitige Aufrechnen befremdlich erscheinen. Sie sollen natürlich keine reale Kontoführung betreiben. Verkennen Sie aber nicht, dass die psychischen Mechanismen unserer sozialen Beziehungen nach diesem Schema verlaufen. Ihre Reflektion erleichtert Ihnen in mancher konkreten Situation die Entscheidung über richtiges und falsches Tun.

Der Ausgleich von Hilfeleistungen ist ein ganz natürlicher Prozess sozialer Beziehungen. Beim Networking erhöhen Sie in kontrollierter Weise die Anzahl Ihrer Beziehungen und damit auch die Vielfalt der möglichen Unterstützungen, die Sie empfangen können. Networking hat das Gegenseitigkeitsprinzip von Geben und Nehmen nicht erfunden. Es findet hier nur zur Optimierung Ihres erstrebten Erfolges Anwendung.

Das Gegenseitigkeitsprinzip des Gebens und Nehmens ist moralisch nicht verwerflich. Ganz etwas anderes ist es, jemand in eine Abhängigkeit hinein zu manipulieren, die ihn dann zu einer Unterstützung verpflichtet. Ganz klar: Der andere würde Ihre Hilfe nicht brauchen, wenn Sie ihm nicht ein Bein gestellt hätten. Als Gegenleistung erwarten Sie dann in einer bestimmten Situation seine bedingungslose Unterstützung. Solche manipulativen Machtspiele sind zur Beförderung der eigenen Karriere in allen Organisationen üblich.

Ob Sie sich solcher Techniken auch bedienen wollen, müssen Sie selbst entscheiden. Mit Networking und dem Gegenseitigkeitsprinzip hat das nichts zu tun. Wenn Sie selbst nicht Opfer einer derartigen Manipulation werden wollen, hilft nur eine rechtzeitige Aufdeckung dieser Techniken. Lassen Sie sich nicht von den Personen helfen, die Sie manipulieren wollen.

So nutzen Sie das Telefon und schreiben erfolgreich Briefe, Faxe und E-Mails

Telefonieren Sie gerne? Gerade Menschen, die beruflich viel telefonieren, haben nicht selten negative Gefühle gegenüber diesem Kommunikationsmedium. Dafür gibt es drei Ursachen:

1. Anrufe stören. Man fühlt sich durch das Telefon fremdbestimmt und ausgeliefert.
2. Es kommt kein Kontakt mit der Zielperson zustande. Viele Anrufversuche verlaufen erfolglos und führen zu Enttäuschungen.
3. Es ist manchmal schwierig und zeitaufwändig, ein kleines Problem per Telefon zu lösen.

All diese negativen Erfahrungen müssen nicht sein. Nutzen Sie die technischen Hilfsmittel, insbesondere Anrufbeantworter und Voice-Box, damit Sie Ihre Zeit wieder selbstbestimmt einteilen können. Legen Sie sich Telefonstrategien zurecht, mit denen Sie zielsicher zum Erfolg kommen. Und fixieren Sie sich nicht ausschließlich auf das Telefon als einziges Kommunikationsmittel. Manches Problem lässt sich leichter durch ein Fax oder E-Mail lösen.

Führen Sie sich stets vor Augen, dass Ihnen fast immer drei Grundformen der Kommunikation zur Verfügung stehen:

1. Face-to-Face-Kontakt, das persönliche Gespräch mit Ihrem Gegenüber;
2. fernmündlicher Kontakt mit dem Telefon;
3. schriftliche Kommunikation mit Brief, Fax oder E-Mail.

Wenn Sie Networking mit Beziehungsintelligenz betreiben, entscheiden Sie sich bei jedem Kontakt für eine dieser drei Kommunikationsmöglichkeiten. Ich vertrete nicht die Ansicht, dass die Face-to-Face-Kommunikation die einzig wahre und lebendige ist und alle anderen Formen nur einen mangelhaften Ersatz darstellen. Jede dieser drei Formen hat in bestimmten Situationen ihre Vor- und Nachteile.

Nehmen Sie beim Telefonieren die Sitzposition ein, die Sie bei einem persönlichen Kontakt haben würden

Körpersprache: Viele Menschen meinen, beim Telefonieren könne der andere ja nicht sehen, was man gerade tut. Darum spiele es keine Rolle, was für ein Gesicht man macht, ob man während des Gesprächs in anderen Unterlagen liest oder die Beine auf den Tisch legt. Sehen kann dies der Telefonpartner natürlich nicht. Es ist aber erstaunlich, was er alles hören kann. Er hört, wenn Sie rauchen, essen oder trinken. Er hört auch, wenn Sie lächeln, denn ein Lächeln verändert Ihren Stimmklang. Die gesamte Mimik und Gestik wirkt sich auf die Stimme aus.

Das »Hören« der Körpersprache hat allerdings seine Grenzen. Ein Schweigen ist am Telefon schwerer zu deuten als bei einem Gespräch unter vier Augen. Die mangelnde Information über die Körpersprache kann in einem gewissen Ausmaß durch verbale Beschreibungen ausgeglichen werden. Sprechen Sie über Ihre Gefühle und Empfindungen. Fragen Sie nach den Gefühlen Ihres Gesprächspartners.

Starke emotionale Erregungen werden Sie auch akustisch wahrnehmen, wie zum Beispiel ein heftiges Ausatmen bei Schreck und Enttäuschung, ein Verändern des Stimmklanges bei Schrecken und Angst usw. Aber die kleineren emotionalen Reaktionen sind nicht so leicht wahrnehmbar wie bei einem unmittelbaren Blickkontakt.

Kontakte herstellen: Zur Herstellung von Geschäftskontakten hat sich eine ganze Branche mit der Entwicklung von Experten etabliert: das Telefonmarketing. Hier können Sie viel für Ihr Networking lernen. Wenn Sie einen bestimmten Menschen kennen lernen wollen, können Sie es nur mit dem Telefon oder in Kombination mit einem Brief versuchen. Wenn Sie ein Anliegen ausführlicher erläutern wollen, schreiben Sie erst einen Brief und rufen Sie dann an. Oder umgekehrt.

Auch bei Bewerbungen ist diese Kombination möglich. In Deutschland kommt es allerdings selten vor, dass Sie zu einem Bewerbungsgespräch eingeladen werden, ohne vorher Ihre Unterlagen übersandt zu haben.

Kontakte am Leben erhalten: Das Telefon ist fast das geeignetste Kommunikationsmittel, um Kontakte am Leben zu erhalten. Sie haben sich auf einem Kongress mit dem Leiter eines Forschungsunternehmens angeregt unterhalten. Das Gespräch war angenehm und die Person sympathisch. Rufen Sie kurz an, und sagen Sie ihm, warum Sie der Kontakt erfreut hat und dass Sie ihn ganz bestimmt zu Ihrer Sommerparty einladen werden.

Solche Begegnungen sind schnell wieder vergessen, auch wenn auf beiden Seiten ein hohes Maß an Sympathie vorhanden war. Darauf zu hoffen, diesen Menschen im nächsten Jahr wieder bei dem Kongress zu treffen, ist zu wenig. Halten Sie die gegenseitige Sympathie durch kurze Telefonkontakte am Leben. Selbstverständlich ergänzen Sie diese Telefonate durch andere Networking-Aktivitäten.

Diese telefonische Kontaktpflege nach dem ersten Kennenlernen dient auch der Klärung, ob aus der Beziehung etwas wird. Es kommt nicht selten vor, dass man sich mit einem Menschen in einer bestimmten Situation ganz nett unterhalten hat, sich daraus aber bei weiteren

Kontakten keine weitere Basis findet lässt. Der eine oder andere Kontakt wird einschlafen. Das ist nur natürlich.

Kurze Informationen und Absprachen: Das Telefon ist wie kein anderes Kommunikationsmittel dazu geeignet, kurze Informationen auszutauschen und Termine abzusprechen. Auf einer Rechnung fehlt die Bankleitzahl. Kurzer Anruf bei dem Absender, und schon ist das Problem gelöst. Sie haben Ihren Mantel im Restaurant vergessen. Mit einem Anruf können Sie klären, ob er noch da hängt und mitteilen, wann Sie ihn abholen. Ist die Sendung schon abgegangen, die Sie erwarten? Ein Telefonat kann diese Frage klären. Beachten Sie aber, dass Missverständnisse in der Regel besser schriftlich geklärt werden.

Das Telefon ist ganz vorzüglich dafür geeignet, Terminabsprachen mit den geringsten Reibungsverlusten zu treffen. Es lassen sich ohne großen Aufwand Alternativen diskutieren, bis Sie eine Lösung finden, die beiden beteiligten Partnern genehm sind. Schriftlich wäre das kaum möglich.

Wenn Sie mit mehreren Personen eine Terminabsprache treffen wollen, nutzen Sie die Möglichkeit einer Konferenzschaltung. Konferenzschaltungen gibt es sowohl bei betriebsinternen Kommunikationsanlagen als auch bei Ihrem ISDN-Anschluss. Sie werden sehen, dass Sie mit dieser Kommunikationstechnik schneller zu einer Lösung kommen, als wenn Sie alle Beteiligten einzeln anrufen und mit ihnen das Problem diskutieren würden. Bei einem Konferenzgespräch kann sich jeder zu Wort melden und hört die Meinung der anderen. Wenn die Interessen der Einzelnen schwer zu vermitteln sind, dann entsteht bei einem offenen Konferenzgespräch weniger der Eindruck einer Manipulation, als dies bei der Vermittlung durch Einzelgespräche der Fall sein kann.

Wenn Sie telefonisch Informationen einholen oder Termine verabreden, führen Sie auch wirklich nur kurze Gespräche. Machen Sie ein wenig Small Talk als Ausdruck der Verbindlichkeit im Umgang mit anderen Menschen, kommen Sie dann zur Sache und beenden Sie nach Klärung der wichtigsten Fragen das Gespräch. Sie wissen ja: Wenn Sie anrufen, müssen auch Sie das Telefonat beenden.

Beziehungspflege: Es ist nicht verboten, mit einem Menschen auch stundenlang zu telefonieren. Wenn das allerdings Ihr Nachbar ist, dann stimmt etwas mit Ihrem Kontaktverhalten nicht. Mit ihm hätten Sie lieber ein persönliches Treffen vereinbart. Aber mit allen anderen Menschen, mit denen Sie aus zeitlichen oder räumlichen Gründen nicht so leicht zusammenkommen können, ist längeres Telefonieren ein wichtiger Teil Ihrer Beziehungspflege.

Kulturkritiker bedauern, dass das Scheiben persönlicher Briefe immer seltener wird. Das Kommunikationsverhalten der Menschen hat sich durch das Telefon tiefgreifend geändert. Und es ändert sich zur Zeit nochmals erheblich, was die Häufigkeit und Dauer von Gesprächen betrifft. Die Ursache liegt in den preiswerten Telefontarifen und in der Nutzung des Internet. Stundenlanges Telefonieren mit Ihren Freunden in den USA kostet Sie über das Internet nicht mehr als jede andere Online-Stunde auch.

Telefongespräche, die der Beziehungspflege dienen sollen, sind manchmal enttäuschend. Woran liegt das? Ein Brief kann in Ruhe geschrieben und in Ruhe gelesen werden. Der Angerufene wird aber manchmal in Situationen überrascht, in denen er für ein Gespräch nicht aufgelegt oder abgelenkt ist. Klären Sie als Anrufer zu Beginn des Gespräches immer ab, ob Ihr Gegenüber zu einer längeren Unterhaltung bereit ist. Wenn er Gäste hat, gerade ins Theater gehen will oder sich in einer tiefgreifenden Auseinandersetzung mit seinem Lebenspartner befindet, dann ist das einfach kein geeigneter Zeitpunkt für ein Beziehungsgespräch.

Beziehungsintelligenz zeigt sich in vielen kleinen Dingen. Dazu gehört diese besondere Einfühlsamkeit, anhand deren man spürt, ob man mit dem anderen jetzt ein längeres Gespräch führen kann oder diesen Anruf lieber mit einem Small Talk nach zwei oder drei Minuten beendet. Wenn Sie Ihre ursprüngliche Gesprächsabsicht situationsbedingt ändern, machen Sie daraus auch keine Affäre. Sagen Sie nicht:

»Mein Anruf kommt ja heute ungelegen: Ich rufe dich lieber ein anderes Mal an.«

Solche Formulierungen enthalten dann sogleich den Vorwurf, dass der Gesprächspartner nicht freundlich genug reagiert hat.

Aber Sie sollten natürlich als Angerufener selbst auch offen zum

Ausdruck bringen, ob Ihnen ein längeres Telefonat in diesem Moment angenehm ist oder nicht.

»Ich habe gerade Gäste im Haus. Ich würde mich aber sehr gerne mit Ihnen in Ruhe unterhalten. Würde es Ihnen morgen um die gleiche Zeit passen?«

Darüber ist niemand verärgert, und daran geht auch keine Beziehung kaputt. Im Gegenteil. Eine solche Äußerung zeigt, wie wichtig Ihnen jedes Gespräch ist – das mit Ihren Gästen und das mit dem Anrufer. Sie sollten diese offenen Äußerungen in jedem Fall positiv formulieren.

Für Besuche und andere persönliche Treffen vereinbaren Sie Termine. Warum nicht auch für längere Telefongespräche? Wenn Sie häufiger auf einen besetzten Anschluss treffen oder der Angerufene gar nicht abnimmt, vereinbaren Sie durchaus einmal ein Telefongespräch durch ein kurzes Fax, eine E-Mail oder eine Postkarte. Auch im Business-Bereich praktiziert man erfolgreich diese Technik, wenn es um telefonische Verhandlungen, die Klärung größerer Problemfragen oder umfangreiche telefonische Angebote geht.

Bitten aussprechen: Sie haben sich um eine bestimmte Position beworben. Dank Networking kennen Sie zwei Personen in der Kommission, die über die Auswahl der Bewerber entscheidet. Sie schreiben ihnen einen Brief, in dem Sie sich für diese Stelle empfehlen. Und dann kommen Sie zur Sache: »Darf ich in aller Freundschaft, die uns verbindet, erwarten, dass Sie meine Bewerbung unterstützen?«

In dieser Weise dürfen Sie als Politiker um Stimmen werben. Aber solche Briefe sollten Sie nicht schreiben, wenn Sie sich innerhalb eines Unternehmens oder einer Behörde bewerben. Dieser direkte Bezug auf die persönliche Beziehung kann sich als Bumerang erweisen, zumal Sie das auch noch schriftlich fixiert haben. Das lässt sich nicht zurücknehmen.

Machen Sie es in diesem Fall anders. Rufen Sie die Ihnen bekannten Personen der Kommission an, und bitten Sie sie um Tipps für das Bewerbungsgespräch. Wenn Sie eine gute Beziehung zu dieser Person haben, fragen Sie nach Ihren Schwächen. Dabei erhalten Sie sicher alle wichtigen Informationen: Was muss ich in dem Gespräch tun oder nicht tun? Welches sind die Stärken der anderen Kandidaten? Wer unterstützt mich persönlich?

Das mündliche Gespräch hat gegenüber dem Brief den Vorteil, dass Sie locker und variabel sind. Sie können sich inhaltlich wiederholen und immer wieder anders formulieren, um herauszubekommen, ob Ihr Gesprächspartner Ihre Bewerbung unterstützt. Haben Sie sich zu weit vorgewagt, können Sie dies wieder zurücknehmen. Und ein Protokoll dieses Gespräches gibt es auch nicht, das ein Dritter in die Hände bekommen könnte.

Das eher Vage und Ungenaue des mündlichen Gesprächs kann aber auch bei vielen Anlässen ein Vorteil sein. Mit Ihrem Anliegen pirschen Sie sich ein wenig vor, spüren, dass der andere ungehalten darauf reagiert, nehmen alles wieder zurück und sprechen über ein anderes Thema. Ähnlich gehen Sie vor, wenn der andere Sie verärgert hat: Hat er überhaupt gemerkt, dass er Sie verletzt hat? Sie wollen das klären. Die leichteste Form dafür ist das mündliche Gespräch. Durch ein Telefonat lassen sich viele Missverständnisse schnell aus der Welt räumen. Wenn Sie jedoch über ein Verhalten sehr verärgert sind, sollten Sie nicht sofort zum Hörer greifen, sondern eine Nacht darüber schlafen.

Wer das Ende des Telefonates bestimmt: Telefonieren verändert die Kommunikation. Es haben sich für das Ferngespräch ein paar Besonderheiten herausgebildet. Eine Grundregel lautet:

 Wer anruft, ist auch derjenige, der das Gespräch beendet.

Sie können als Angerufener Signale geben, indem Sie das Gesagte noch einmal zusammenfassen oder vorschlagen, bei einem anderen Termin darauf noch einmal zurückzukommen. Aber wirklich beendet wird das Gespräch immer von dem Anrufer. Selbst wenn Sie das Schlusssignal aussenden, kann der Anrufende Sie immer noch mit der Bemerkung »Das wollte ich noch kurz sagen« festhalten. Umgekehrt können Sie das Gespräch mit einem Anrufer nicht beliebig lange ausdehnen, den es ist ja sein Gespräch, das er bezahlt. Die Freiheit, den Hörer aufzulegen, haben Sie natürlich. Dies kommt aber oft einem Affront gleich.

Wenn ein Telefonkontakt mit Ihrer Zielperson nicht zustande kommt und Sie es mit der Sekretärin oder mit dem Anrufbeantworter zu tun haben, dann müssen Sie sich entscheiden: Rufe ich wieder an, oder will ich angerufen werden? Wenn Sie anrufen, können Sie den Zeitpunkt des Anrufes und das Ende des Gespräches bestimmen. Das kostet Sie zwar etwas mehr, kann aber manchmal vorteilhaft sein. Überlegen Sie sich so etwas grundsätzlich vor jedem Gespräch.

Vor- und Nachteile des Telefonierens: Erledigen Sie nicht zwanghaft jede Kommunikation mit dem Telefon, weder im Networking noch in Ihrem Beruf.

 Telefonieren Sie immer dann, wenn diese Form die bessere, schnellere und leichtere Alternative für Ihre Kommunikation ist.

Als Networking-Experte verfügen Sie für fast jeden Kontakt auch über die Alternativen Brief, Fax, E-Mail und persönliches Gespräch. Führen Sie sich noch einmal die Vor- und Nachteile des Telefonierens vor Augen:

1. Das Telefonieren hat viel von der lebendigen Spontaneität einer persönlichen Begegnung. Im Wechselspiel des Gespräches können Sie auf die Stimmungslage Ihres Gegenübers eingehen, was Ihnen beim Brief nicht möglich ist. Es fehlt lediglich der Blickkontakt und damit die Möglichkeit, die nonverbalen Äußerungen des Gesprächspartners genau zu erfassen. Sie können aber an der Stimme ein gewisses Spektrum des jeweiligen emotionalen Erlebens erkennen.
Sie können für Ihr Gespräch auch Unterlagen benutzen, etwa Ihre Kontaktnotizen, die Sie bei einem Face-to-Face-Gespräch so offen nicht verwenden würden.
2. Das Telefon ermöglicht ein schnelles, kurzes und preiswertes Gespräch. Durch die preiswerteren Tarife und das Telefonieren über Internet werden sich die Gesprächsarten – wer mit wem wie lange redet – tiefgreifend verändern.
3. Im Geschäftsleben werden wichtige Verhandlungen, größere Ver-

käufe und Entscheidungsprozesse nicht per Telefon durchgeführt. Man hält den persönlichen Kontakt für so bedeutungsvoll, dass man den großen Zeitaufwand und die hohen Reisekosten nicht scheut.

Mit Videokonferenzen und Bildtelefonen versucht man, das Fehlen des persönlichen Kontaktes auszugleichen. Diese Technik ist noch zu wenig verbreitet, um schon ein wesentlicher Bestandteil Ihres Networking zu werden.

4. Ein Telefonat ist nur dann eine schnelle Kommunikationsmöglichkeit, wenn Sie Ihren Gesprächspartner auch erreichen. Sie können zumindest gewährleisten, dass Sie selbst telefonisch erreichbar sind. Anrufbeantworter, Voice-Box-Systeme und Weiterleitungen machen es möglich.
5. Mit einer telefonischen Anfrage machen Sie Ihrem Gesprächspartner oftmals die geringste Mühe. Bei einer schriftlichen Anfrage muss der Empfänger aktiv werden, schreiben oder anrufen.
6. Probleme und Missverständnisse, die rein informativer Natur sind, lassen sich durch einen Brief oder ein Fax besser klären. So zum Beispiel Fehlbuchungen, verlorene Sendungen und unberechtigte Ansprüche. Liegen die Probleme und Missverständnisse jedoch mehr im zwischenmenschlichen Bereich, ist das Telefonat oftmals besser geeignet als ein persönliches Gespräch. Das Zusammenkommen verleiht der Angelegenheit mehr Bedeutsamkeit als das Telefonieren. Beim Networking werden Sie eher versuchen, Missverständnisse auf leichte Art und Weise aus der Welt zu schaffen. Wenn Sie allerdings als Vorgesetzter ein verhaltensänderndes Kritikgespräch führen wollen, dann werden Sie es nicht am Telefon tun.
7. Das gesprochene Wort ist flüchtig. Was man niederschreibt, kann man wiederholt nachlesen und auf die Goldwaage legen. Was man aber nur sagt, kann man auch schnell wieder zurücknehmen und neu formulieren. Es gibt im Leben eine Reihe von Situationen, in denen gerade diese Ungenauigkeit und Flüchtigkeit des gesprochenen Wortes von Vorteil ist. Das kann aber auch zu einem Nachteil werden, wenn Sie mit Ihrem Gesprächspartner exakte Vereinbarungen treffen. Es kommt nicht selten vor, dass der andere es

anders verstanden hat oder verstehen wollte. Daher sollten Sie es sich zum Prinzip machen, wichtige Absprachen schriftlich zu bestätigen. Das kann bei Ihrem Networking auch ein Termin für eine Einladung sein.

Trainieren Sie Ihr Gefühl für diese Unterschiede und entfalten Sie dabei die Potenziale Ihrer Beziehungsintelligenz.

Der optimale Einsatz von Briefen

Die schriftliche Kommunikation ähnelt einem Monolog. Sie müssen in korrekten und vollständigen Sätzen etwas niederschreiben, auf das Ihr Kommunikationspartner erst nach einiger Zeit mit seinem Monolog antworten kann. Der schriftlichen Kommunikation fehlt die Unmittelbarkeit der Sprache. Er fehlt die Spontaneität und Leichtigkeit, mit der Sie reden und hören. Sie schreiben außerdem langsamer, als Sie reden. Sie sind bemüht, Ihre Sätze korrekt niederzuschreiben und Sie werden Sie daher ein- oder mehrmals korrigieren. Sie können Ihre Worte mit Bedacht wählen. Sie können die Wirkung überprüfen und bevor, Sie das Niedergeschriebene absenden noch einmal korrigieren. Das ist bei mündlichen Gesprächen nicht möglich.

Es gibt eine ganze Reihe von Kommunikationssituationen, bei denen es beliebig ist, ob Sie telefonieren oder schreiben. Das betrifft zum Beispiel den Dank für einen schönen Abend, die Bitte um eine Information oder eine kurze Anfrage. Und doch gibt es immer Unterschiede in der Wirkung. Wenn Sie schriftlich um eine Auskunft bitten, stellen Sie den Empfänger in den Zugzwang, Ihnen auch wieder schriftlich zu antworten. Er hat einen höheren Aufwand, als wenn er Ihnen die Frage kurz am Telefon beantworten würden.

Andererseits gibt es bestimmte Situationen, bei denen Sie selbstverständlich den Brief oder die Karte wählen. Dazu gehört zum Beispiel die Einladung zu einer Cocktailparty, die Hochzeit oder eine andere größere Feier, die Information über wichtige Familienereignisse wie die Geburt des Kindes, die Taufe, die Hochzeit und die Beisetzung. Im Business-Bereich sind natürlich bestimmte Informationen an die Schriftform gebunden. Eine Kündigung können Sie nicht am Telefon aussprechen. Aber auch Belobigungen und Anerkennungen sollten Sie schriftlich abfassen.

 Beachten Sie die unterschiedliche Wirkung schriftlicher und mündlicher Kommunikation.

Eine schriftliche Darstellung hat sehr viel mehr *Gewicht*. Sie ist *bedeutsamer* und damit *wirkungsvoller* als das flüchtige Wort. Vergleichen Sie einen mündlich ausgesprochenen Dank mit einem Dankesbrief. Wer sich die Mühe macht, einen Brief zu schreiben, muss es mit seiner Anerkennung sehr ernst meinen!

In der Vergangenheit war der Brief das einzige Mittel, um über eine große Entfernung mit Menschen zu kommunizieren. Nur sehr wenige Menschen schreiben noch lange ausführliche und persönliche Briefe. Wenn Sie ein großes Netzwerk sozialer Beziehungen unterhalten, werden Sie nicht mit allen Menschen einen intensiven Briefkontakt unterhalten können. Das schließt aber nicht aus, dass Sie durchaus mit einigen Menschen diese Art der Kommunikation pflegen können. Es setzt allerdings voraus, dass Sie und die anderen gerne Briefe schreiben. Senden Sie niemandem lange persönliche Briefe, von dem Sie nicht wissen, ob er selbst auch gerne schreibt. Sie können Ihrem Briefempfänger damit ein erhebliches Unwohlsein bescheren. Er fühlt sich vielleicht genötigt, Ihnen zu antworten, und er hat ständig ein schlechtes Gewissen, dass er nicht rechtzeitig und ausführlich genug antwortet.

Als Netzwerk-Experte müssen Sie nicht unbedingt viele ausführliche Briefe schreiben. Wenn Ihnen diese Form der Kommunikation nicht sonderlich liegt, sollten Sie sich nicht dazu zwingen. Wie häufig und wie ausführlich Sie schriftlich mit anderen kommunizieren, ist eine Frage des persönlichen Stils. Für Ihren Networking-Erfolg wichtiger ist die Häufigkeit und das Ausmaß Ihrer Kontakte. Andererseits darf es Ihnen auch keine allzu große Mühe machen, einmal einen ausführlicheren Brief zu beantworten.

Ist es notwendig, persönliche Briefe per Hand zu schreiben, oder kann man Schreibmaschine oder PC dazu verwenden?

Die Zeiten sind vorbei, in denen Briefe, die mit Maschine oder PC geschrieben sind, als unhöflich gelten. Es ist eher unhöflich, einem Empfänger einen handgeschriebenen Brief zuzumuten, der kaum lesbar ist. Die persönliche Note bekommt ein Brief nicht durch die Handschrift, sondern durch seinen Inhalt und den Stil, den Sie verwenden.

Kurze Mitteilungen und Grüße auf Karten schreiben Sie eher mit der Hand. Sie können bei Ihrem maschinenerstellten Brief nicht nur die Unterschrift, sondern auch die Anrede und die Grußformel per Hand schreiben. Außerdem können Sie die Anschrift auf dem Kuvert handschriftlich einsetzen. Zwingend notwendig sind all diese Gestaltungen allerdings nicht.

Ihr Schreibprogramm erlaubt es Ihnen auch, für Ihren Brief andere als die üblichen »Druckschriften« zu verwenden. Es gibt sogar eine Software, die aus Ihrer Handschrift einen Schriftsatz erstellt. Ihr Brief erweckt dann den Eindruck, als ob Sie ihn mit der Hand geschrieben hätten. Würde eine solche Schrift Ihrem Brief nicht die persönliche Note geben, die die handgeschriebenen Briefe früher hatten? Wohl kaum. Derartige Schriften können zwar ganz ansprechend sein. Aber niemand wird dies wirklich als »handgeschrieben« ansehen. Dazu sind die Buchstaben zu gleichmäßig.

Es gibt gängige Gestaltungsformen für Briefe. Privatbriefe haben kein »Betreff« und kein »Aktenzeichen«. Ich sehe auch kein Problem darin, einen Privatbrief, den Sie mit dem PC erstellen, mit einem Sichtkuvert zu versenden. Sie können aber auch die Adresse auf dem Kuvert mit der Hand schreiben. Für Privatbriefe sollten Sie jedoch keine Adressaufkleber verwenden.

Wählen Sie für Ihren Brief die Schrift, die Ihnen gefällt. Aber eins sollten Sie weder für den Privat- noch für den Business-Brief tun: den Text als »Blocksatz« gestalten. Blocksatz liegt dann vor, wenn der gesamte Text einen rechteckigen Block bildet, also die Zeilen links und rechts alle auf der gleichen Linie enden. Dies ist die übliche Gestaltungsform für *Druckwerke*. Mit Druckwerken verbindet jeder die Vorstellung von *Massenware*. Wählen Sie für jeden Brief den Flattersatz, das heißt, dass die Zeilen ungleich lang sind. Diese Gestaltungsform erinnert an die Schreibmaschine und die Handschrift, also an einen *einmal* hergestellten Text.

Briefpapier: Gedrucktes Briefpapier macht einen guten Eindruck. Überlegen Sie aber, ob die Investition sich lohnt. Ihr PC-Drucker macht das fast genauso schön und ist in der Praxis kaum von einem vorgedruckten Briefbogen zu unterscheiden. Lästig ist es, wenn sich Ihre Anschrift oder Telefonnummer ändert und Sie noch eine große Menge von dem gedruckten Briefpapier haben. Wenn Sie mit Ihren Briefen Eindruck machen wollen, wählen Sie lieber eine etwas bessere, leicht getönte Papierqualität. Gestalten Sie Anschrift und Adresse auf Ihrem Briefbogen professionell.

Wenn Ihnen die mit Ihrem PC-Drucker erstellten Briefköpfe nicht gut genug aussehen, dann gibt es noch folgende Möglichkeiten der Kombination: Sie lassen sich Briefpapier herstellen, auf dem lediglich Ihr Namenszug, eventuell ein Logo oder Ihr Familienwappen abgebildet ist. Wählen Sie für den Druck ein oder zwei passende Farben. Alle anderen Angaben, wie Absender, Telefonnummern und so weiter drucken Sie dann jeweils mit dem Brief zusammen aus. Diese Lösung hat den Vorteil, dass Sie bei Adressen- oder Telefonnummern-Änderungen Ihre Vordrucke weiter benutzen können. Es lohnt sich also, eine große Menge davon zu bestellen. Außerdem können Sie das Papier auch benutzen, um Geschichten, Gedichte oder Einladungen darauf zu schreiben.

Serienbriefe und Textbausteine: Das Schreiben von Briefen ist zeitaufwändig. Moderne Textverarbeitungsprogramme stellen Funktionen zur Verfügung, die Ihnen die Arbeit enorm erleichtern. Sie wollen mehreren Personen einen gleichen oder ähnlichen Brief schreiben? Dann benutzen Sie die so genannte »Serienbrief-Funktion« Ihres Textverarbeitungsprogramms. Ihre Adressdatei stellt dann die Datenquelle dar, aus der die verschiedenen Namen und Anschriften gezogen werden. Sie schreiben einen Brief und setzen statt der Namen und Anschriften so genannte Platzhalter ein, die dann aus Ihrer Datei aufgefüllt werden. Sie müssen lediglich entscheiden, für welche Personen aus Ihrer Datei dieser Brief ausformuliert werden soll. Wie das im Einzelnen funktioniert, können Sie der Beschreibung des Textverarbeitungsprogramms entnehmen.

Sie schreiben häufig Briefe mit einem ähnlichen Inhalt. Sie bedanken sich für die Übersendung einer Information, für die Einladung zu einer Party oder für einen gelungenen Abend. Sie formulieren eine Einladung oder erläutern noch einmal Ihren Standpunkt. Solche Briefe werden Sie wiederholt in gleicher oder ähnlicher Form an verschiedene Leute schreiben. Rufen Sie also in Ihrem Textverarbeitungsprogramm den abgespeicherten Brief zum Thema Dank auf, korrigieren Sie die Inhalte, die nicht zutreffend sind, und schon ist der Brief an eine andere Person fertig. Sie hätten ihn nicht anders formuliert, wenn Sie jeden Satz Buchstaben für Buchstaben neu eingetippt hätten. Wichtig ist nur, dass Sie bei der Korrektur keine Fehler machen und nicht vergessen, die alte Anrede zu korrigieren.

Was im Geschäftsleben schon lange üblich ist, können Sie auch bei Ihrer Korrespondenz anwenden: den Einsatz von Textbausteinen wie etwa:

- »Sehr geehrte Frau (…), vielen Dank für Ihren freundlichen Brief«,
- »… hat mich besonders gefreut« oder
- »Mit ganz herzlichen Grüßen«.

Ihre Briefe setzen sich immer wieder aus den gleichen Wörtern, Satzteilen und Sätzen zusammen. Diese können Sie als »Satzbausteine« abspeichern und durch einen einfachen Code aufrufen. Zum Beispiel wird aus »sgf« dann »Sehr geehrte Frau«. Schneller kann man nicht schreiben. Nehmen Sie sich einmal zwanzig oder dreißig Ihrer alten Briefe vor und streichen Sie an, welche Formulierungen Sie immer wieder verwenden. Diese geben Sie als Textbausteine ein und definieren einen Code, mit dem Sie sie wieder aufrufen können. Hier müssen Sie einen gewissen Arbeitsaufwand einkalkulieren, um später einen erheblichen Zeitgewinn zu einzustreichen.

 Nutzen Sie die Arbeitserleichterungen, die Ihnen die modernen Textverarbeitungsprogramme bieten.

Die gesparte Zeit verwenden Sie für die Vertiefung Ihrer persönlichen Kontakte.

Der Einsatz von Fax und E-Mail

Sie können Ihren Brief in ein Kuvert stecken und in den Postkasten werfen. Sie können den gleichen Brief auch als Fax oder als E-Mail versenden. Beides hat den Vorteil, dass es schneller geht und preiswerter ist. Besonders bequem ist das Faxen aus einem PC-Programm heraus. Sie brauchen Ihren Brief nicht erst auszudrucken und auf ein Faxgerät zu legen, sondern Sie schicken Ihren fertig geschriebenen Brief direkt über ein Modem und die Telefonleitung an den Empfänger. Ebenso können Sie mit Ihrem PC Faxe empfangen und auf dem Bildschirm lesen oder ausdrucken. So könnten Ihren Brief aber auch von Ihrem Computer aus direkt als E-Mail versenden.

Vom Kommunikationsverhalten her ist das Schreiben, Senden und Empfangen bei E-Mail und Fax ähnlich. Technisch funktioniert es allerdings ganz anders. Eine E-Mail besteht aus digitalisierten Computerinformationen, ein Fax ist eine Bilddatei. Ein Fax können Sie ausdrucken, nicht aber in einem Textverarbeitungsprogramm bearbeiten. Mit einer E-Mail können Sie eine Computerdatei verschicken, die Sie bisher nur auf einer Diskette per Post verschicken konnten.

Die Technik von Fax, E-Mail und Internet ist eins, das Kommunikationsverhalten ein anderes. Interessant ist, dass die *Versandform* des Briefes den Schreibstil total verändert. Faxe und E-Mails, die ein paar Stichworte enthalten, sind durchaus immer noch höfliche Formen der Kommunikation. Ein Brief dürfte so nicht aussehen.

Sie senden Ihren Brief auch nicht als E-Mail, sondern erstellen Ihre E-Mail in einem speziellen Programm. Sie geben lediglich die Adresse und den Bezug ein und schreiben den fortlaufenden Text. Sie können als Anhang eine oder mehrere Dateien hinzufügen und senden das Ganze über das Internet.

Alles, was Sie über die Gestaltung von Briefen je gelernt haben, können Sie hier vergessen. Die Erstellung einer E-Mail ist schnell, einfach und »formlos«. Die Technik verändert Stil und Gestaltung der schriftlichen Kommunikation.

Der Versand von E-Mails und Faxschreiben ist in der Regel preiswert. Die Geschwindigkeit der Übermittlung weltweit ist unschlagbar. Wählen Sie aber diese Versandart nicht, um Geld zu sparen. Eine Einladung zu einer Jubiläumsveranstaltung oder ein Dankes- oder Anerkennungsschreiben gehört auf einen ordentlichen Briefbogen.

Stellen Sie sich vor, wie Ihr Fax beim Empfänger ankommt. In der Regel ist das Fax auf dem Thermopapier etwas schief abgerissen und hat nicht das übliche DIN-A 4-Format. Wenn man es auf den Schreibtisch legt, rollt es sich zusammen oder springt davon. Eine Katastrophe sind zwölf Faxseiten, die Sie auseinander reißen und mühselig gegen ihren Drall glatt streichen müssen. Je nach Qualität des Empfängergerätes ist die Schrift oftmals verwischt und im günstigsten Fall gerade lesbar.

Ihr Brief kommt in der Form an, wie Sie ihn abschickt haben. Die Form, die Sie Ihrem Text geben, bleibt für den Empfänger erhalten. Das Fax ist nur noch eine »Kopie« Ihres Briefes auf einem anderen Papier. Farbunterschiede sind nicht mehr vorhanden. Das E-Mail enthält nur noch den Text Ihrer Botschaft, den der Empfänger sich in jeder beliebigen Form ansehen und ausdrucken kann.

 Wählen Sie zwischen Brief, Fax und E-Mail je nach Erfordernis, und beachten Sie die unterschiedliche Wirkung auf den Empfänger.

Berücksichtigen Sie bei Ihrer Entscheidung nicht nur die Kosten und *Ihre* Arbeitserleichterung, sondern immer auch die Wirkung, die Ihre schriftliche Botschaft bei dem Empfänger hervorruft.

Denken Sie auch an die technischen Bedingungen dieser Medien. Die »Empfangsbestätigung« ist keine Garantie, dass der Empfänger das Fax auch ausgedruckt erhielt. Beim Faxen gibt es kein Briefgeheimnis. Und eine abgeschickte E-Mail ist noch nicht gleich angekommen. Der Empfänger muss seine elektronische Post immer erst abrufen.

Gelungene Einladungen

Einladungen werden in den verschiedenen Kulturen unterschiedlich gesehen und unterschiedlich praktiziert. In Deutschland ist die Einladung nach Hause ein Angebot, die Beziehung zu vertiefen. Man lädt nur gute Freude ein oder solche Menschen, die es werden sollen. Eine Umfrage in Deutschland ergab, dass 33 Prozent im Westen und 23 Prozent im Osten das Einladen und Eingeladenwerden als eines ihrer vorrangigen Freizeitvergnügen ansehen. Auch das wird in anderen Kulturen anders erlebt. Achten Sie jeweils auf die kulturellen Unterschiede.

Mit Einladungen können Sie Kontakte pflegen und Beziehungen vertiefen. Berücksichtigen Sie allerdings die üblichen Implikationen bei Einladungen in das eigene Haus.

Wie bei allen Kommunikationsformen, mit denen Sie die Kontakte mit den Mitgliedern Ihres Netzwerkes sozialer Beziehungen pflegen, kommt es auch bei einer Einladung auf die Angemessenheit an. Sprechen Sie Einladungen nicht zu häufig aus. Sie handeln sich nur Absagen ein. Darin muss sich keine Ablehnung Ihrer Person ausdrücken. Jedermann hat eine Fülle von Beschäftigungen und Verpflichtungen, die er miteinander in Einklang bringen muss.

Große und kleine Einladungen

Wir unterscheiden zwischen *großen* und *kleinen* Einladungen. Große Einladungen sind solche zu bedeutenden Festen, zu denen in der Regel auch viele Personen kommen. Jubiläen, Hochzeiten, Geburtstage, die Ernennung und die Verabschiedung sind große Gelegenheiten.

Dann gibt es noch die kleinen Einladungen, das Zusammensein im kleinen Kreis ohne besonderen Anlass. Lassen Sie den Kreis nicht zu groß werden. Acht bis zehn Personen beim Abendessen können sich weniger gut unterhalten als drei bis vier. Die großen Partys sind dazu da, sich kennen zu lernen. Bei Einladungen im kleineren Kreis sprechen alle länger und intensiver miteinander.

Wenn Sie einladen, sind Sie der *Gastgeber*. Sie laden zu sich nach Hause oder in ein Restaurant, zu einem Ausflug oder zu einem sonstigen Ereignis ein. Eine »Einladung« heißt auch, dass Sie für Essen, Getränke und sonstige Unkosten aufkommen.

Kleine Einladungen sprechen Sie am besten mündlich oder telefonisch aus. Große Einladungen erfolgen per Brief oder Karte. Ein Hinweis auf die erwünschte Kleidung gehört dazu.

Bei kleinen, mündlich ausgesprochenen Einladungen gibt es häufig Probleme. Die können in etwa folgendermaßen aussehen:

»Hör mal, Klaus, es würde uns freuen, wenn ihr am Sonnabend zu uns kommen würdet.«
»Ja, gerne, wann denn?«
»Na, so am Abend, so um sechs oder sieben, wann ihr wollt.«
»Na gerne, klar, machen wir. Macht euch aber keine große Mühe.«

Und dann kommt der Abend. Die Gastgeberin hat ein großes Menü mit drei Gängen vorbereitet. Der Aperitif steht bereit. Sie rechnet damit, dass die Gäste gegen neunzehn Uhr kommen. Die Gäste kommen nicht. Der Braten droht zu verbrennen. Die Kartoffeln zerfallen. Die Gastgeberin macht sich in der Küche zu schaffen, um zu retten, was noch zu retten ist. Gegen zwanzig Uhr klingelt es. »Och, wir sind doch nicht zu spät? Das Abendessen mit den Kindern hat etwas länger gedauert. Oh, ihr habt euch so viel Mühe gemacht. Das war doch nicht nötig. Puh, ich bin auch noch ganz satt.«

Solche Missgeschicke sind hausgemacht. Wenn Sie Ihre Gäste überraschen wollen, bereiten Sie kein üppiges Essen vor. Und wenn Sie gerne ein üppiges Essen anbieten, kündigen Sie es acht Tage vorher an, damit Ihre Gäste die Fastenkur rechtzeitig beginnen können.

Wenn Sie eingeladen werden, bringen Sie eine kleine Aufmerksamkeit mit. Es braucht nichts Aufwändiges zu sein. Ein kleiner Blumenstrauß, ein Getränk, ein kleines Buch, das genügt.

Der Unterschied: einladen oder treffen

Wenn Sie in ein öffentliches Restaurant oder in ein Café *einladen*, dann müssen Sie dies auch immer ganz deutlich aussprechen.

Leider gibt es auch die Unsitte, jemand in ein teueres Restaurant zu lotsen, das Essen für ihn zu bestellen und am Schluss die Rechnung zu teilen. Wenn Sie in ein Restaurant einladen, lassen Sie niemals Zweifel daran aufkommen, wer bezahlen wird. Wenn Sie sich mit jemandem in einem Restaurant *treffen* wollen, dann unterscheiden Sie dies deutlich von einer Einladung. Spätestens bei der Bestellung der Speisen sollte es ganz klar sein: Wenn Sie jemanden *einladen*, fragen Sie ihn, was er essen und trinken möchte und geben Sie die Bestellung auf. Umgekehrt: Wenn Sie sich mit jemandem in einem Restaurant *treffen*, gibt jeder seine eigene Bestellung auf und bezahlt sie dann auch am Ende.

 Lassen Sie keine Missverständnisse entstehen, wenn Sie sich in einem Lokal treffen: Handelt es sich um eine Einladung oder ein Treffen?

Zeitliche Begrenzung von Einladungen

Viele Leute scheuen sich, Besucher in ihre Wohnung einzuladen, weil Ihnen die zeitliche Gestaltung entgleitet. Sie beabsichtigen, gemeinsam mit ihrem Gast eine Flasche Wein zu trinken. Schließlich haben Sie vier getrunken, die gesamten Essensvorräte für das Wochenende geplündert und bis nachts um halb vier zusammengesessen. Das muss nicht sein. Machen Sie bei Ihrer Einladung ganz deutlich, welche Vorstellung Sie damit verbinden:

»Wir trinken eine Flasche Wein und nehmen einem kleinen Imbiss. Es sollte auch nicht später als 22 Uhr werden.«

Oder:

»Darf ich Sie für eine Stunde oder anderthalb am Nachmittag zum Kaffee und Pflaumenkuchen einladen?«

Wenn Sie selbst eingeladen sind, seien Sie ebenso aufmerksam. Sie sind angeregt ins Gespräch mit Ihrer Gastgeberin vertieft. Es geht auf Mitternacht zu. Der Partner sitzt dabei und hat schon dreimal gegähnt. Als Sie es bemerken, sagt er: »Nein, nein, ich bin nicht müde.« Das Gespräch schleppt sich so dahin. Die Gastgeberin drängt Sie, noch ein wenig zu bleiben, während sie langsam nach der nächsten Flasche Rotwein greift, um sie zu entkorken.

Ergreifen Sie als Gast die Initiative. Verabschieden Sie sich mit ein paar freundlichen Worten, und bedanken Sie sich für den netten

Abend. Es reicht. Wenn man auch hundertmal betont, man sei böse, dass Sie schon gehen, ist genau das Gegenteil der Fall. Man ist Ihnen dankbar, dass Sie endlich verschwinden.

Es gibt drei wichtige Gründe, die Kontakte bei Einladungen zeitlich einzugrenzen:

1. Wenn Sie Networking betreiben, wollen Sie viele Einladungen aussprechen und erhalten. Das schließt nicht aus, dass Sie auch einmal sehr lange und intensive Gespräche führen, aber ein Gespräch, das nach erheblichem Alkoholgenuss nur noch dahinplätschert, ist für keinen ein Gewinn.
2. Die wichtige und gehaltvolle Kommunikation läuft in den ersten ein bis zwei Stunden eines persönlichen Gesprächs ab. Was darüber hinausgeht, ist selten gehaltvoll.
3. In der Regel sind sowohl Gastgeber als auch Gäste dankbar, wenn jemand in geschickter Weise die Initiative für den Abschluss des Kontaktes ergreift. Sie können dies als Gastgeber ganz deutlich bei der Einladung aussprechen. Sie können auch ganz deutlich das Ende signalisieren. Sie servieren oder präsentieren etwas und bezeichnen dies ausdrücklich als den Abschluss der kleinen Feier. Dies kann ein Dessert sein, ein Cognac, eine kleine Rede, ein Gedicht, ein Musikstück oder was auch immer.

Getränke

Das Essen und die Beschäftigung mit dem Essen sind ein vorzüglicher Aufhänger für die Kommunikation bei Einladungen. Aber machen Sie es richtig. Servieren Sie das Richtige und die richtige Menge.

Das Gleiche gilt auch für die Getränke. Über Wein, Bier, Sekt und Schnaps brauchen Sie sich keine großen Gedanken zu machen. Schwieriger wird es aber mit den alkoholfreien Getränken. Dass Sie immer einiges im Angebot haben sollten, ist selbstverständlich. Geben Sie sich bei der Auswahl des Mineralwassers die gleiche Mühe wie bei der Auswahl des Weins. Auch unter Orangensäften und alkoholfreien Bieren gibt es erhebliche Qualitätsunterschiede. Drängen Sie Ihren

Gästen niemals alkoholische Getränke auf, wenn sie mit dem Auto fahren oder diese nicht trinken mögen. Denken Sie immer an das persönliche Wohl Ihres Gastes.

Machen Sie sich von vornherein Gedanken darüber, wie Ihre Gäste nach dem Genuss von Alkohol wieder nach Hause kommen. Sie sprechen schon bei der Einladung darüber. Sie nennen Ihnen passende Verbindungen mit öffentlichen Verkehrsmitteln. Oder Sie selbst oder ein Familienmitglied trinkt keinen Alkohol und bietet den Gästen an, sie am Abend wieder zurückzufahren. Auch das sollten Sie gleich bei der Einladung mit Ihren Gästen absprechen.

Gespräche

Zu der Vorbereitung der Einladung gehört nicht nur der Einkauf von Essen und Trinken, sondern auch die Überlegung, worüber man miteinander redet oder was man zusammen tut. Gemeinsames Fernsehen oder zwei Stunden Urlaubsvideos? Das lassen Sie lieber. Dafür brauchen Sie keine Gäste einzuladen. Der Sinn der Einladung besteht darin, die Beziehung zu vertiefen und Beziehungsnetze auszutauschen, das heißt weitere Kontakte zu herzustellen.

Zunächst schauen Sie in Ihr Adressbuch und Ihre Kontaktnotizen und reaktivieren alle wichtigen personenbezogenen Daten und Ereignisse. Sie erkundigen sich nach gemeinsamen Bekannten, nach dem Wohlergehen der Kinder, dem Haus und dem Hund. Sie haben alles im Kopf, was in Ihren Kontaktnotizen steht, und Sie werden nach diesem Abend noch mehr über Ihre Gäste wissen und Ihre Kontaktnotizen dementsprechend ergänzen.

Wenn Sie bei Ihrer Einladung mit Ihren Gästen zu dritt oder zu viert zusammensitzen, achten Sie darauf, dass die Themen, die Sie anschneiden, alle gleichermaßen interessieren. Anderseits ist es auch nicht schlimm, wenn sich zwei Gesprächsgruppen bilden. Von Zeit zu Zeit allerdings sollten bei kleineren Einladungen alle in das Gespräch eingebunden sein. Es kommt Ihnen als Gastgeber in besonderer Weise zu, Themen zu finden, die das leisten.

Die einfachste Form, andere Menschen in ein Gespräch einzubinden und ihr spezielles Interesse kennen zu lernen, ist die Frage.

Sie können aus jedem Thema eine Frage machen. Aus jeder definitiven Feststellung lässt sich ein offenes Problem entwickeln. Bei jedem Gedankenaustausch zwischen zwei Personen lässt sich in allgemeiner oder spezieller Weise ein Dritter oder Vierter einbinden.

Ein Ehepaar hat ein befreundetes anderes Ehepaar eingeladen. Es gibt Fisch und Weißwein. Das Gespräch kommt unweigerlich aufs Angeln. Siehe da, zwei Angelfreunde entdecken ihre gemeinsame Leidenschaft. Im Nu sind Sie beim Fachsimpeln. Die von Ihnen gefangenen Fische werden immer größer. Aber die Ehefrauen mögen weder das Hobby noch das Thema. Nun gilt es, eine Überleitung zu finden und die Partnerinnen in das neue Thema einzubinden.

»Was wäre der ganze Angelerfolg ohne die tollen Kochkenntnisse meiner Frau? Sie hat da ihre besonderen Rezeptgeheimnisse. Verrate uns doch mal, was du mit diesem Fisch angestellt hast, dass er so unvergleichlich gut schmeckt?«

Sagen Sie etwas Positives über Hobbys im Allgemeinen oder die Toleranz von Ehefrauen im Besonderen. Suchen Sie immer nach positiven Aussagen und finden Sie eine Überleitung, die es den anderen Gästen ermöglicht, am Gespräch teilzunehmen.

»Nun ja, mein Hobby ist nun mal das Angeln. Meine Frau liebt die Musik und die Querflöte. Und was machen Sie gerne?«

Eine kleine Präsentation

Je genauer Sie Ihre Gäste kennen, desto besser können Sie für die Einladung das eine oder andere vorbereiten. Sie wissen, dass jemand eine bestimmte Musik liebt. Sie suchen dementsprechende Musikstücke heraus und spielen ein oder zwei davon vor. Oder Sie haben etwas gelesen, was einen Bezug zu einem von Ihnen in der Vergangenheit besprochenen Thema hat. Sie lesen eine Stelle daraus vor. Oder Sie tragen etwas vor, was ganz allgemein unterhaltsam und erheiternd ist. Oder Sie haben einen kleinen Video-Ausschnitt vorbereitet, der wirklich passend und ansprechend ist. Für alle diese kleinen Einlagen gilt, dass sie nicht zu lange dauern sollen.

Das Gleiche gilt aber auch für Sie als Gast. Bringen Sie ein Buch, ein Bild, einen Zeitungsausschnitt oder etwas Ähnliches mit. Damit haben Sie einen vorzüglichen Anlass, ein Thema anzuschneiden und unterhaltsam zu sein. Seien Sie aber nicht böse, wenn Sie das, was Sie vorbereitet haben, nicht anbringen können. Andere Themen waren wichtiger. Anderes war interessanter. Dann ist es auch gut.

Nach Ihrer Einladung, ob als Gast oder Gastgeber, werden Sie sich ein paar Kontaktnotizen machen. Schreiben Sie kein Protokoll über diesen Abend! Notieren Sie lediglich, was Sie Neues über die Menschen erfahren haben: Hobbys, Leidenschaften, Abneigungen und Interessen. Außerdem beschreiben Sie mit wenigen Stichworten Ihr subjektives Erleben.

Verbindungen herstellen

Wenn Sie Menschen einladen, sind sie Ihnen zu diesem Zeitpunkt schon bekannt. Das Ziel der Einladung ist die Kontaktpflege. Sie wollen aber mit weiteren Menschen bekannt werden. Hören Sie aufmerksam zu, wenn Ihre Gäste über andere Menschen sprechen. Würde Sie eine Bekanntschaft auch interessieren? Würden Sie einen Kontakt zu den Bekannten Ihrer Bekannten begrüßen? Wenn dies der Fall ist, sagen Sie ruhig, dass Sie Spaß daran hätten, den geschilderten Menschen näher kennen zu lernen. Meistens sind die Menschen gerne bereit, diesen Kontakt zu vermitteln.

Für Kontakte offen zu sein ist nur eins. Sie müssen auch darüber reden. Nur wenn andere Menschen auch wissen, dass Sie immer Spaß daran haben, neue Menschen kennen zu lernen, werden sie Ihnen anbieten, Kontakte zu vermitteln.

Umgekehrt gilt das Gleiche. Wenn Sie erzählen, dass Sie mit dem Vorstandsvorsitzenden einer großen Bank gut bekannt sind, dann müssen Sie auch bereit sein, ihn den Gästen vorzustellen, die an dem Kontakt interessiert sind. Sie denken also darüber nach, wie und wann Sie das am besten arrangieren können.

Haben Sie Spaß daran, Kontakte zu vermitteln.

Netzwerke sind liberale Gebilde. Die Beziehung zu einem Menschen ist nichts Exklusives und kein persönlicher Besitz. Es geht Ihnen nichts ab in Ihrer Beziehung zu einem anderen Menschen, wenn Sie auch andere daran teilhaben lassen. Ganz im Gegenteil: Networking funktioniert vor allen Dingen dadurch, dass immer mehr Menschen immer mehr übereinander wissen und miteinander zu tun haben.

Eine Einladung war für Sie als Gastgeber oder als Gast erfolgreich, wenn Sie Ihren Kontakt belebt oder ausgeweitet haben. Sie dürfen nicht den Eindruck haben: Das war's jetzt, den lade ich nicht wieder ein und mich lädt der bestimmt auch nicht wieder ein. Ihre Beziehung lebt durch nette Gespräche, interessante Themen, den Austausch von positiven Gefühlen und die Eröffnung weiterer Kontaktmöglichkeiten.

 Wenn Ihnen jemand einen Kontakt vermittelt, halten Sie ihn auf dem Laufenden, wie es sich damit entwickelt.

Verabreden Sie sich zu einem Treffen

Einladungen und Treffen sollte man deutlich unterscheiden. Sie *treffen* sich zu einem gemeinsamen Mittagessen in einem Restaurant. Jeder verbringt dort seine Mittagspause und bezahlt sein Menü. Etwas anderes ist es, wenn Sie jemanden in die Oper, zu einem Abendessen in ein Restaurant oder auch nur zu einer Tasse Kaffee *einladen*. Sie ergreifen die Initiative und bezahlen die Rechnung.

 Bei persönlichem Networking gilt: Wer einlädt ist Gastgeber und bezahlt auch.

Treffen und Einladungen im Business

Im geschäftlichen Bereich sind die Gepflogenheiten bei einem Treffen anders als im Privatleben. Wenn Sie sich mit einem Geschäftspartner zu einem Abendessen im Hotelrestaurant treffen, kann das durchaus

Bei Spesenabrechnungen gibt es häufig Probleme

bedeuten, dass dies von einem der beiden Partner als Einladung gemeint ist. Je nach dem geschäftlichen Verhältnis der Partner zueinander gibt es da sehr feine Unterschiede. Wenn Sie Produkte oder Dienstleistungen zu verkaufen haben und sich mit einem potenziellen Kunden bei einem Essen treffen, laden Sie ihn selbstverständlich ein. Wenn aber zwei Verhandlungspartner, die vor wichtigen Entscheidungen stehen, gemeinsam essen, achten Sie sehr bewusst darauf, weder den anderen einzuladen noch sich einladen zu lassen. Hier geht es nicht real darum, dass jemand käuflich ist und der andere ihn mit einer Einladung bestechen möchte, sondern mehr um die psychologische Komponente der Unabhängigkeit.

Im Geschäftsleben ist es durchaus möglich, dass eine Frau für einen Herrn die Spesenrechnung bezahlen kann, selbst dann, wenn die Frau jünger ist als der Herr. Es kommt hier, anders als im Privatbereich, nicht darauf an, wer den Vorschlag für das Treffen in diesem Restaurant gemacht hat oder wer die Bestellung aufgibt. Wichtiger sind die der Beziehung zugrunde liegenden »Geschäftsbedingungen«.

Nehmen wir an, eine Immobilienmaklerin trifft sich mit dem

Herrn, der ein Objekt kaufen will, das sie im Angebot hat. Sie treffen sich in einem Restaurant, um die Verkaufsverhandlungen zu führen. Es kommt noch nicht zur Einigung. Der Interessent erwartet, dass die Maklerin beim Verkäufer noch einen Preisnachlass erwirkt. Die Dame besteht darauf, die Rechnung zu bezahlen. Der Herr tut gut daran, dies auch zu akzeptieren und nicht etwa hinter ihrem Rücken für sie zu bezahlen. Die Frau ist hier gleichberechtigter Partner im Geschäftsleben. Das Bezahlen der Spesenrechnung ist in diesem Fall der Ausdruck ihrer geschäftlichen Unabhängigkeit.

Im Business-Bereich ergibt sich aus der Geschäftsbeziehung, wer bei einem gemeinsamen Treffen die Spesenrechnung bezahlt.

Abgesehen von der Geschäftsbeziehung darf der Herr natürlich nach alter und immer noch gültiger Etikette der Dame den Vortritt lassen und ihr in den Mantel helfen.

Diverse Gelegenheiten für Kontakte nutzen

In den USA ist es sehr viel verbreiteter als bei uns, die alltägliche Mittags- oder Abendmahlzeit zu einem Treffen mit Geschäftspartnern und Bekannten zu nutzen. Die USA sind auch das Land der Makler und Vermittlungsagenten. Für alle möglichen Geschäftsverbindungen benötigen Sie einen Agenten, der für Sie tätig ist. Aber auch viele Bekannte und Freunde treffen sich für eine Stunde beim gemeinsamen Essen. Oftmals ist der Terminkalender einer Person schon auf Monate hinaus ausgebucht. Es ist durchaus üblich, sich für einen kleinen gemeinsamen Imbiss schon sechs Wochen vorher zu verabreden.

Nutzen Sie die Mittagspausen kreativ für Ihr Networking.

Sie können in Ihrer Betriebskantine essen und dabei mehr oder minder zufällig auch ein paar Worte mit Ihren Kollegen wechseln. Sie können sich aber auch gezielt mit Ihrem Kollegen zum Essen verabreden, um ihn einmal näher kennen zu lernen.

Nutzen Sie nicht nur die Mittagspause, sondern auch andere Zeiten kreativ, um Freunde und Bekannte zu treffen. Der Kauf der Frühjahrsgarderobe steht an. Sie müssen dazu in eine größere Stadt fahren. Sie wissen, dort wohnen mehrere Personen, die zu Ihrem Netzwerk sozialer Beziehungen gehören. Sie rufen die eine oder andere Person an, ob sie Zeit und Lust hätte, sich mit Ihnen zu treffen. Die Verabredung in einem Café für eine Stunde ist meist die günstige Gelegenheit. Bei schönem Wetter können Sie sich ja auch in einem Park verabreden. Wenn Sie Lust haben, können Sie den Einkaufsbummel auch zusammen machen. Aber der Gesprächskontakt mit dem anderen Menschen lässt sich besser bei einer Tasse Kaffee realisieren.

Wenn Sie geschäftlich unterwegs sind oder aus anderen Gründen reisen, nutzen Sie diese Gelegenheiten immer zu Kontakten mit alten Bekannten. Schauen Sie rechtzeitig in Ihre Adressdatei. Wer wohnt in dem Ort? Rufen Sie diese Person vorher an, oder schicken Sie ihr einen kleinen Brief. Planen Sie vor oder nach Ihrer Verpflichtung an diesem Ort eine angemessene Zeitspanne für ein Treffen ein. Meist lässt sich das dadurch ganz gut arrangieren, dass Sie eine oder zwei Verkehrsverbindungen früher oder später wählen, als für die Wahrnehmung Ihrer Verpflichtung notwendig wäre.

Nehmen Sie sich für eine zweitägige Geschäftsreise nicht zu viele Kontakte vor. Verabreden Sie sich niemals in dem gleichen Restaurant in einem Halbstundenrhythmus mit drei Personen. Sie müssen die anderen dann verabschieden, während der nächste schon ansteht. So etwas ist für Networking-Kontakte nicht angemessen.

Sprechen Sie ganz offen vorher über das Thema Bezahlung. Wenn Sie für den anderen bestellen, stellt das eine Einladung dar. Wenn der andere das für Sie tun, können Sie nicht immer sicher sein, ob er das so verstanden hat. Missverständnisse lassen sich vermeiden, indem man versucht, sie so frühzeitig wie möglich zu klären.

Kleine Geschenke erhalten die Freundschaft

Es gibt Situationen, in denen Geschenke ein absolutes Muss für die Beziehungspflege sind: Geburtstage, Hochzeiten und Jubiläen. Auch das kleine Gastgeschenk bei Einladungen ist notwendig. Sie können sich all dieser Verpflichtungen dadurch entledigen, dass Sie im üblichen Schema bleiben. Der Hausherr bekommt eine Flasche Wein, die Dame einen Blumenstrauß, und für die Kleinen bringen Sie etwas aus dem Supermarkt mit. Diese Art des Schenkens ist für alle Beteiligten lästig. Bei einer größeren Party weiß am Schluss schon keiner mehr, von wem welcher Wein und von wem welche Blumen stammen.

Schenken sollte allen Spaß machen. Sehen Sie das Schenken nicht als lästige Pflicht an, sondern machen Sie es zu einem wichtigen Bestandteil Ihrer Networking-Arbeit.

 Geschenke sollen positive Gefühle wecken. Die Auswahl von Geschenken ist eine gute Übung zur Verbesserung Ihrer Empathie.

Welche Wünsche und Bedürfnisse hat dieser Mensch, den ich beschenken will? Was könnte ihn anregen, freuen, nachdenklich machen, auf neue Gedanken bringen, unterhalten oder amüsieren?

Geschenke können nicht nur Freude und Überraschung auslösen, sondern auch andere Gefühle bewirken. Fragen Sie sich nicht ständig: »Was kann er gebrauchen?«

Geschenke dürfen auch nutzlos sein. Sie beschenken eine Person, damit Sie sich mit Ihnen beschäftigt. Sie überreichen das Geschenk, um darüber zu sprechen. Sie hinterlassen mit Ihrem Präsent dem Beschenkten einen Grund, später noch einmal mit Ihnen Kontakt aufzunehmen. Schenken und Geschenke erhalten ist für die Beziehungspflege der Menschen ein nützliches Ereignis.

Sie sind zur Hochzeit der Tochter Ihres Nachbarn eingeladen. Wochenlang zermartern Sie sich das Gehirn, was Sie ihr schenken können. Endlose Brainstorming-Sitzungen mit Ihrem Partner führen auch zu keinem konkreten Ergebnis. Schließlich durchstreifen Sie stundenlang die Geschäfte und können sich nicht zwischen Bettbezügen, Parfum oder einem großen Bildband entscheiden. Am Schluss kaufen Sie eine große Gratulationskarte und heften einen Geldschein daran, weil Sie der Ansicht sind, dass dies das junge Paar sicherlich immer gebrauchen kann. Hier bleibt vom Schenken nur der Stress in Erinnerung.

Sammeln Sie Geschenke und Ideen, *bevor* Sie sie brauchen. Halten

Sie immer die Augen offen nach schönen Dingen, die Sie diesem oder jenem bei Gelegenheit einmal schenken können. Wenn Sie attraktive Angebote in Geschenkkatalogen finden, notieren Sie sich diese Quelle. Die nächste Gelegenheit kommt bestimmt.

Wenn Sie häufiger eingeladen werden, kann das ganz schön ins Geld gehen. Die Preisdimension gekaufter Geschenke ist für den Beschenkten allgemein erkennbar. Versuchen Sie niemals, durch ein teures Geschenk einen besonders guten Eindruck oder ein Wohlwollen zu erkaufen. Greifen Sie niemals höher, als Ihre Einkommensverhältnisse es Ihnen erlauben. Sicherlich darf es für eine Hochzeit etwas mehr sein als zum Geburtstag. Viel wichtiger aber als der Preis des Geschenkes ist der Wert, den Sie ihm verleihen. Schenken Sie daher Freunden und Bekannten niemals Geld. Geldgeschenke sind nur innerhalb der Familie möglich, und dann nur in Verbindung mit einem netten und persönlichen Text.

Wenn Sie sich Ihre Kontaktnotizen durchlesen und sich in Erinnerung rufen, welche Vorlieben, Hobbys, Wünsche und Ideen der Mensch hat, den Sie beschenken wollen, wird es Ihnen auch leichter fallen, das passende Präsent zu finden. Geburtstage und Jubiläen kommen nicht von heute auf morgen. Denken Sie schon heute darüber nach, was Sie dem einen oder anderen Mitglied Ihres Netzwerkes bei passender Gelegenheit einmal überreichen sollten. Wenn jemand in einem Gespräch einmal äußern sollte, dass ihm ein bestimmtes Stück in seiner Sammlung fehlt, vermerken Sie sich das unbedingt in Ihren Kontaktnotizen. Wenn Sie diesem Menschen dann nach einem Dreivierteljahr das fehlende Stück seiner Sammlung überreichen, wird ihn nicht so sehr das Objekt beeindrucken, sondern die Tatsache, dass Sie sich tatsächlich gemerkt haben, was ihm fehlt. Derartige Geschenke machen andere zu Ihren Freunden oder vertiefen vorhandene Beziehungen.

Notieren Sie sich aber auch, was Sie wem wann geschenkt haben. Je größer Ihr Netzwerk ist, desto wichtiger sind diese Vermerke. Sie können auch ganze Geschenkserien darauf aufbauen.

Wenn Sie in Erfahrung bringen, dass jemand keinen Rotwein mag und Topfpflanzen nicht ausstehen kann, notieren Sie das sofort. Die Vorlieben und Abneigungen der Menschen sind sehr vielfältig. Je genauer Sie diese kennen, umso passender wird die Auswahl Ihres Geschenkes sein.

Auch Unternehmen beschenken andere Personen. Zum Jahreswechsel geht auf Kunden und Mitarbeiter eine wahre Flut von Präsenten nieder. Wenn es in Ihrer Kompetenz liegt, die Entscheidungen zu treffen, dann versuchen Sie auch hier, mit mehr Sorgfalt als allgemein üblich auszuwählen. Weniger verbreitet, aber sehr viel persönlicher ist eine Geschenkaktion zum Geburtstag und nicht zu Weihnachten.

 Sammeln Sie Geschenke, bevor Sie sie brauchen.

Beim Einkaufen stößt man oftmals auf Dinge, die man zurzeit gar nicht benötigt. Sie suchen eine neue Aktenmappe und finden eine attraktive Schreibtischgarnitur. Sie selbst brauchen keine, weil Sie eine haben; wenn Sie aber Ihr nächstes Geschenk einkaufen müssen, werden Sie diese hier im Laden wieder vergessen haben oder sich nicht mehr erinnern, in welchem Geschäft Sie sie gesehen haben. Die Konsequenz: Kaufen Sie Dinge, die Ihnen gefallen und die als Geschenk dienen könnten, sofort. Das nächste Jubiläum kommt bestimmt, und dann müssen Sie das Geld ohnehin ausgeben. Sie binden lediglich Ihr Kapital durch solche Gelegenheitskäufe. Dafür haben Sie aber bei der nächsten Geschenkauswahl weder Stress noch Zeitverlust. Sie können von attraktiven Objekten auch mehrere Exemplare anschaffen und sie Personen schenken, die normalerweise keinen Kontakt miteinander haben.

Alles, was Sie für sich kaufen und Ihnen gefällt, könnte auch ein Geschenk für Ihre Freunde sein. Man kann nicht nur Romane verschenken, sondern auch Sachbücher. Hier ist es oftmals leichter zu erkennen, welche Thematik für einen Beschenkten interessant ist, als das bei Romanen der Fall ist.

Es gibt Geschenkläden, die als Versandhandel auch attraktive Kataloge herausgeben. Lassen Sie sich solche Kataloge kommen, und bewahren Sie diese bei Ihrer Geschenksammlung auf. Im Internet finden Sie eine ganze Reihe solcher Versandgeschäfte. Sie finden dort auch Spezialanbieter für sehr persönliche Geschenke. Sie wissen von einem Freund, dass er antiquarische Bücher bestimmter Autoren sammelt. Nach solchen Büchern zu fahnden ist im Internet ein Leichtes. Die Antiquariate der Stadt aber systematisch abzukämmen ist ein Riesenaufwand.

Sehr persönliche Geschenke, die immer in Erinnerung bleiben, sind solche, die Sie selbst hergestellt haben. Sie haben ein Buch geschrieben? Das können Sie immer wieder verschenken. Sie erhalten es von Ihrem Verlag ohnehin preiswerter und haben darüber hinaus, wenn Sie noch eine Widmung hineinschreiben, ein sehr attraktives Geschenk zu vielen Gelegenheiten. Ob Ihr Buch ein Bestseller ist oder ein Ladenhüter, spielt gar keine Rolle. Wenn es Ihnen noch nicht gelungen ist, für Ihre Gedichte einen Verleger zu finden, dann lassen Sie das Buch auf eigene Kosten herstellen. So haben Sie für viele Gelegenheiten ein attraktives Geschenk.

Wenn Sie fotografieren oder malen, backen oder kochen oder sonst etwas Anschaubares herstellen können, dann nur zu. Auf diese Weise macht sich Ihr Hobby bezahlt. Sie verdienen daran, dass Sie keine Geschenke kaufen müssen.

Alles, was wir tun oder nicht tun, sagen oder unterlassen, verrät auch etwas über uns. Es mag Ihnen lästig sein, Geschenke auszuwählen und Blumen zu kaufen. Dann ist Ihnen aber auch der Umgang mit den Menschen lästig. Die Art, was Sie schenken und wie Sie es überreichen, wird es verraten. Sie müssten schon ein sehr guter Schauspieler sein, wenn Ihr Gegenüber nicht merken soll, was Sie von dieser Beziehung zu ihm und der Pflege dieser Beziehung halten.

Sie brauchen auch nicht alle Menschen mit Geschenken zu überhäufen.

 Wenn Sie schenken, dann schenken Sie richtig. Ein unpassendes Geschenk ist schlimmer als gar keins.

Wenn Sie sich mit dem Schenken schwer tun, dann lassen Sie es lieber. Gehen Sie freundlich und heiter auf die Menschen zu, und erzählen Sie eine lustige Geschichte. Vielleicht auch eine darüber, warum Sie kein Gastgeschenk mitgebracht haben.

Allerdings gibt es Situationen, in denen das fehlende Geschenk ein schwerer Verstoß gegen das gute Benehmen ist. Weder zu einer Hochzeit noch zum Geburtstag eines guten Freundes können Sie ohne ein Präsent gehen. Auch wenn jemand Sie zu einem exklusiven Essen im kleinen Kreis in sein Haus einlädt, müssen Sie auf jeden Fall eine Aufmerksamkeit mitbringen.

Kapitel 7

Das Netzwerk für Ihren Erfolg

Sie wissen jetzt, was Networking ist und wie man es macht. Das Ganze ist kein großes Geheimnis. Es gibt nicht *die* Geheimformel, mit der sich alles auf einen Schlag zum Erfolg führen lässt. Beim Networking müssen Sie sich im Umgang mit anderen Menschen beziehungsintelligent verhalten. Das bedeutet nichts anderes, als *in vielen kleinen Dingen* sozial geschickt zu handeln.

Vieles von dem, was bisher beschrieben wurde, wird Ihnen selbstverständlich erscheinen. Manches andere dagegen haben Sie vielleicht noch nicht ausreichend beachtet. Sie werden sich möglicherweise auch fragen, ob es nun wirklich notwendig ist, sich in der beschriebenen Weise am Telefon zu melden oder ob wirklich Ihr Berufserfolg davon abhängt, dass Sie im richtigen Moment Ihre Visitenkarte formvollendet überreichen. Sie werden vielleicht sagen: »An diesen Äußerlichkeiten kann es doch nicht liegen.«

Genau das ist der Punkt. Wenn Networking erfolgreich sein soll, dann müssen Sie viele kleine »Äußerlichkeiten« beherrschen. Ihr Erfolg setzt sich aus der Summe vieler gelungener Kontakte mit anderen Menschen zusammen. So bauen Sie durch Ihr beziehungsintelligentes Verhalten ein Netzwerk auf, das Ihren Erfolg ermöglicht. Das passiert nicht über Nacht, sondern in kontinuierlicher Bemühung, die sich über Jahrzehnte, ja das ganze Leben erstreckt.

Wie der Erfolgsfaktor Networking wirkt

Wenn Sie Erfolg im Beruf haben wollen, setzen Sie immer auf beides: Leistung *und* Beziehung. Versuchen Sie es aber nie ohne Beziehungen, denn mit Leistung allein klappt es selten. Es müssen immer andere auf Ihre Leistung aufmerksam werden. Dazu müssen Sie präsent sein, viele Menschen kennen und von vielen gekannt werden. Bauen Sie sich für Ihre Karriere ein Netzwerk sozialer Beziehungen auf, aber reden Sie nicht ständig darüber.

 Reden Sie nicht *über* Ihre Beziehungen, sondern reden Sie *mit* den Menschen, und erfüllen Sie damit Ihre Beziehungen mit Leben.

Halten Sie Augen und Ohren offen, um nichts zu versäumen, was für Ihren beruflichen Erfolg von Vorteil sein könnte. Manche Einstellungs- und Beförderungsposten werden nicht ausgeschrieben, sondern nur an die vergeben, die *zufällig* davon erfahren. Networking erhöht Ihre Chancen gewaltig, dass Sie rechtzeitig informiert werden. Sie erhalten den Zuschlag, bevor andere überhaupt wissen, worum es geht.

 Networking erhöht Ihre Chancen, den gewünschten Job zu erhalten, rechtzeitig befördert zu werden und Leute zu treffen, die Ihnen beruflich weiterhelfen.

Vertrauen erzeugen

Die Menschen, die Sie einstellen, befördern oder Ihnen etwas abkaufen sollen, müssen eine Entscheidung treffen. Entscheidungen sind Belastungen. Es muss eine Auswahl getroffen, beurteilt und gewichtet werden. Diese Entscheidung soll sich in der Zukunft als richtig erweisen. Der Mensch, der entscheiden muss, hat immer Zweifel, ob er über ausreichende Informationen verfügt. In dieser Situation greift er gerne auf das zurück, was Sie mit Networking bereits hergestellt haben: das Vertrauen in Ihre Person. Wenn Sie schon eine vertrauensvolle Beziehung zu dem Entscheidungsträger aufgebaut haben, *bevor* er seine Entscheidung treffen muss, haben Sie eine sehr viel höhere Chance, den Zuschlag zu bekommen, als alle anderen Mitbewerber. Sie bekommen den Auftrag oder den Posten, weil Sie einfach vertrauenswürdiger waren. Das größere Vertrauen, dass man Ihnen entgegenbringt, resultiert aus Ihrer Networking-Beziehung.

Ihre Mitbewerber sind ebenfalls gut qualifiziert. Vielleicht sogar ein wenig besser. Ihre Mitbewerber sind auch vertrauenswürdige Persönlichkeiten. Aber Sie haben auf Grund Ihrer Networking-Arbeit einen Vertrauensbonus, den Ihre Konkurrenten nicht wieder einholen können.

Dieser psychologische Mechanismus, wie das Vertrauen in Ihre Person den Entscheidungsprozess zu Ihren Gunsten beeinflusst, ist relativ leicht zu durchschauen. Alles, was unbekannt ist, erzeugt manchmal Neugier, aber meistens Unsicherheit und Angst. Alles Vertraute wirkt dagegen beruhigend.

Beobachten Sie sich selbst einmal bei einer Kaufentscheidung in einem Supermarkt. Sie haben zwei Produkte gleicher Art vor sich, das eine mit dem Namen einer Firma, die Sie kennen, und das andere ein »markenloser« Artikel. Sie können das Produkt vor dem Kauf nicht testen. Sie entscheiden sich sicherlich für den Markenartikel. Dabei vergessen Sie völlig, dass die Firma einen enormen Werbeaufwand getrieben hat, um Sie mit dieser »Marke« vertraut zu machen, das heißt, um das Produkt zu einem Markenartikel zu machen. Sie schenken dem Produkt mehr Vertrauen, dessen Name ihnen vertraut ist.

An diesem Beispiel sehen Sie, wie Entscheidungen funktionieren. So wie bei Ihnen läuft das auch bei anderen Menschen ab. Das Bekannte ist das Vertraute. Das gilt für Gegenstände genauso wie für Menschen. Die Konsequenz für Ihre Erfolgsstrategie:

 Stellen Sie vertrauensvolle Beziehungen zu allen Menschen her, *bevor* sie Entscheidungen treffen, die für Sie von Wichtigkeit sind.

Anschaulich und lebendig

Bei Bewerbungen oder Angeboten, bei der Vergabe von Aufträgen oder der Unterstützung von Projekten ist die Grundsituation für die Entscheidungsträger immer die gleiche: Sie machen sich ein Bild von den Personen, zwischen denen eine Wahl getroffen werden muss. Es wird zwar bei solchen Entscheidungsprozessen viel über Preise und die Stichhaltigkeit von Argumenten geredet. Die Qualifikationen der

Bewerber sind jedoch oft ähnlich, und bei Angeboten sind Preise und Leistungen vielfach gleich. Welcher Anbieter oder welcher Bewerber spricht mehr an?

Die Entscheidungsträger versuchen, sich ein *Bild* von den zur Auswahl stehenden Personen zu machen. Keine Einstellung ohne Vorstellungsgespräch. Kein Einkauf einer größeren Dienstleistung ohne persönlichen Kontakt mit dem Anbieter. Die so gewonnenen Informationen sind anschaulich und lebendig, schriftliche Darstellungen dagegen abstrakt und steril. Je länger man einen Menschen persönlich kennt, desto stärker ist die Wirkung dieses konkreten Bildes, das man sich mit eigenen Augen gemacht hat.

 Wer ein anschauliches und lebendiges Bild Ihrer Persönlichkeit vor Augen hat, wird bei Entscheidungen eher auf Ihrer Seite sein.

Das Gesagte gilt allerdings nur unter der Voraussetzung, dass Sie den anderen nicht zu Ihrem Gegner gemacht haben. Er muss ein überwiegend positives Bild von Ihnen haben. Das wird dann der Fall sein, wenn Ihre Networking-Kontakte von der Achtung und Wertschätzung dieses Gegenübers getragen waren.

Qualität der Beziehung

Heute weiß jeder Verkäufer, dass eine gute Beziehung zum Kunden ganz entscheidend für seinen Verkaufserfolg ist. Jeder Verkäufer weiß auch, dass bei Kaufentscheidungen das Gefühl eine größere Bedeutung hat als rationale Argumente. Was aber nicht jeder Verkäufer weiß, ist, dass es zum großen Verkaufserfolg einer besonderen Beziehung zum Kunden bedarf.

Was eine »besondere Beziehung« ist, lässt sich schwer in allgemeiner Form beschreiben. Wenn Sie je die Gelegenheit haben, den Umgang eines Top-Verkäufers mit seinen Kunden zu beobachten, dann tun Sie es. Nehmen Sie diese Gelegenheit auch dann wahr, wenn Sie beruflich keine Ambitionen im Verkauf haben.

Kunden kaufen nicht nur ein Produkt, sondern auch die Atmosphäre und den gepflegten Stil des Verkaufsgesprächs. Der Spitzen-Verkäufer verkauft nichts und überredet niemand. Allenfalls lässt er kaufen. Wenn er gut ist, gelingt es ihm, eine Gesprächssituation zu gestalten, in der sich alle Beteiligten wohl fühlen. Er baut eine Beziehung auf, die über das Gespräch hinaus Bestand hat.

Der Kunde ist Mitglied des Verkäufer-Netzwerkes und umgekehrt. Die Umsetzung eines Networking-Kontaktes in eine besondere Beziehung können Sie vorzüglich von Spitzenleuten des Vertriebs lernen.

Verpflichtungen durch Gruppenzugehörigkeit

Wer Beziehungen zu seinem Vorteil nutzt, genießt nicht unbedingt hohes Ansehen. Seien Sie vorsichtig, sich auf Beziehungen zu berufen. Stellen Sie Ihre Beziehungen auch nicht besonders heraus, um sich damit ins rechte Licht zu setzen. Das ist peinlich und weist nicht gerade auf eine gute Beziehungsintelligenz hin.

Wenn Sie einem Mitbewerber den dicken Auftrag vor der Nase wegschnappen, weil Sie langfristig gute Beziehungen zu diesem Kunden unterhalten haben, wird er Ihnen das nicht übel nehmen. Sie hatten das bessere Networking. Das muss er neidlos zugestehen. Anders ist es, wenn Sie Ihren Auftrag nur deshalb erhalten haben, weil eine allgemeine Verpflichtung Ihnen gegenüber besteht, die sich aus einer bestimmten Gruppenzugehörigkeit ableitet. Solche Gruppen können politische Parteien, Glaubensgemeinschaften, Geheimbünde oder ethnische Zugehörigkeiten sein. Wenn Personen allein wegen der Zugehörigkeit zu einer derartigen Gruppe bevorzugt werden, dann hat dieses nichts mit Networking zu tun. Denn entscheidend ist nicht die Beziehung der einzelnen Menschen, sondern die allgemeine Zugehörigkeit zu der Gruppe. Es werden auch Gruppenmitglieder bevorzugt, ohne dass zwischen den Einzelnen vorher Kontakte bestanden haben.

Verpflichtungen, die aus solchen Gruppenzugehörigkeiten entstehen, führen zu Vorteilen für die Mitglieder und zu Nachteilen für alle, die nicht dazugehören. Derartige Systeme führen zu sozialen Spannungen und gesellschaftlichen Unruhen. Nach dem Grundgesetz dürfen Träger staatlicher Macht ihre Entscheidungen nicht nach diesen Kriterien fällen. Wie es aber in der Praxis aussieht, insbesondere bei der Zugehörigkeit zu politischen Parteien, ist eine ganz andere Frage.

Das ist etwas, was es beim Networking nicht gibt. Ihre Kontakte zu den Mitgliedern Ihres Netzwerkes richten sich niemals *gegen* andere, die nicht dazugehören. Ihr Netzwerk ist keine Gruppe, die eine Zusammengehörigkeit und eine Abgrenzung kennt. Mitglieder eines Netzwerkes kennen keine allgemeine Verpflichtung gegeneinander. Verpflichtungen sind immer persönliche Verpflichtungen einzelner Menschen, die auf individuellen Leistungen des Gebens und Nehmens beruhen.

Networking und Personalverantwortung

Bei Einstellungen und Beförderungen ist Networking als Erfolgsfaktor besonders wirksam. Sie bekommen die Stelle eher, wenn Sie die besseren Beziehungen haben. Sie erleben dabei aber noch einen weiteren Synergieeffekt. Sie lernen Networking-Strategien und üben sich im erfolgreichen Umgang mit anderen Menschen. In fast allen Karrierepositionen benötigen Sie die Fähigkeit, erfolgreich mit Menschen umzugehen. Dazu gehört es, in leichter und eleganter Weise Kontakte herstellen zu können. Sie können sich auch in einem Umfeld sicher bewegen, in dem Sie neu sind. Sie können Kontakte aufrechterhalten und Beziehungen dauerhaft pflegen. Und Sie können auf die Menschen zugehen, sie um etwas bitten und Einfluss auf sie nehmen.

All diese Verhaltensweisen im Umgang mit anderen Menschen lernen Sie beim Networking. Dadurch qualifizieren Sie sich für Positionen mit Personalverantwortung. Was Sie allerdings beim Networking nicht üben, ist das Beurteilen und Kritisieren von Menschen. Bei Ihren Networking-Kontakten werden Sie niemals andere Menschen kritisieren. Sie werden auch niemals andere nach bestimmten Wertmaßstäben beurteilen.

In Ihrem Verhältnis zu den Mitgliedern Ihres Netzwerkes kommt dieses Kritisieren, Beraten, Anweisen und Bewerten nicht vor. Beim

Networking pflegen Sie Beziehungen auf der Grundlage der vollen Unabhängigkeit jeder Person. Wenn Sie Chef oder Vorgesetzter sind, bestehen Verpflichtungen und Abhängigkeiten ganz anderer Art zwischen Ihnen und den anderen Personen. Das bedingt, dass auch andere Verhaltensweisen im Umgang miteinander eine Rolle spielen, als Sie sie in Ihrem Networking praktizieren. Wenn Sie aber bei Ihrem Networking den beziehungsintelligenten Umgang mit anderen Menschen erlernt haben, erwerben Sie auch leicht die Verhaltensstrategien, die Sie in einer Vorgesetzten-Position benötigen.

Karriere-Netzwerke und Seilschaften

Wenn Sie Karriere machen wollen, sollten Sie bei dem Aufbau Ihres Netzwerkes immer darauf achten, sich bei Ihren Kontakten nicht nur auf Ihre Abteilung oder das jeweilige Unternehmen zu beschränken.

 Nicht mehr als die Hälfte aller Mitglieder Ihres Netzwerkes dürfen Ihrer Abteilung und Ihrem Unternehmen angehören.

Kontakte zu Kunden, Lieferanten und zur Konkurrenz sind genauso wichtig wie die zu Ihren eigenen Vorgesetzten. Nutzen Sie jede Gelegenheit, mit Mitarbeitern anderer Standorte oder Abteilungen zu sprechen, denn gerade die Kontakte, die sich aus seltenen Begegnungen ergeben, müssen gepflegt werden. Das Gespräch mit den Kollegen, mit denen Sie zusammenarbeiten, ergibt sich viel leichter.

Was wird aus Ihrem Netzwerk, wenn Sie auf der Hierarchieleiter aufsteigen? Sie werden vielleicht manche Kontakte nicht mehr so häufig realisieren, aber tun Sie es in der gleichen offenen und herzlichen Art. Wenn Sie zum Vorgesetzten Ihrer bisherigen Kollegen befördert werden, dann haben beide Seiten meist Schwierigkeiten, ein neues Verhältnis zueinander zu finden. Am leichtesten haben Sie es als Vorgesetzter, wenn Sie streng zwischen Dienstlichem und Privatem unterscheiden. Bevorzugen Sie niemanden, weil Sie persönlich mit ihm befreundet sind. Kontrollieren und kritisieren Sie alle Mitarbeiter in gleicher, gerechter und angemessener Form. Es wird Ihnen vielleicht der eine oder andere erst einmal übel nehmen, dass er keinen persönlichen Vorteil aus seiner privaten Beziehung zu Ihnen ziehen kann. Aber wenn Ihre Entscheidungen sachlich korrekt, allgemein gerecht und menschlich verbindlich durchgesetzt werden, werden Sie auch auf längere Zeit persönliche Freundschaften zu Ihren Kollegen erhalten.

Sollten Sie in einem Unternehmen aufsteigen, vielleicht sogar bis an die Spitze, gilt für Sie folgende wichtige Networking-Regel:

 Vernachlässigen Sie niemals Ihre Netzwerk-Kontakte der ersten Stunde.

Auf die Kollegen, mit denen Sie zusammen angefangen haben und mit denen Sie die ersten Ängste und Bewährungsproben gemeinsam erlebten, können Sie sich immer verlassen – vorausgesetzt allerdings, dass Sie die Kontakte weiterhin pflegen und im besten Sinne des Netzwerk-Systems die Maxime von Geben und Nehmen praktizieren. Lassen Sie diejenigen, die Sie in Ihrer Karriere überholt haben, an Ihrem Erfolg teilhaben. Informieren Sie andere darüber, wie es in den oberen Etagen zugeht. Sie werden sich dann, wenn Sie einmal Unterstützung brauchen, auf diese Mitglieder des Netzwerkes verlassen können.

Sichern Sie also die Kontakte zu den Mitgliedern Ihres Netzwerkes der ersten Stunde über alle Beförderungen hinaus. Sicherlich werden einige Kontakte einschlafen, aber das darf nicht dazu führen, dass Sie überhaupt nicht mehr mit Ihren früheren Kollegen reden. Je zuverlässiger und einschätzbarer Sie sich schon vor der Beförderung zeigen, umso weniger müssen Sie sich nach der Beförderung verändern. Menschen, die sich nach einer Beförderung plötzlich anders verhalten, weil sie, wie sie sagen, andere Töne anschlagen müssen, sind äußerst unbeliebt. Auf diese Weise verlieren Sie sofort die Mitglieder Ihres persönlichen Netzwerkes und machen sie sich darüber hinaus noch zu Feinden. Eins müssen wir noch klarstellen:

 Netzwerke sind keine Seilschaften.

Wenn sich mehrere Kollegen zu einem Zweckverband zusammenschließen und wie Bergsteiger gemeinsam agieren, dann handelt es sich um eine *Seilschaft*. Der eine klettert gesichert durch die anderen auf die nächsthöhere Ebene und zieht den Nächsten nach. Der Abteilungsleiter macht den Nächsten zu seinem Vertreter, und wenn er selbst zum Hauptabteilungsleiter befördert wird, macht er ihn dann zum Abteilungsleiter und den Nächsten zu seinem Vertreter und so weiter.

Damit dies funktioniert, müssen die Mitglieder einer Seilschaft absolute Loyalität walten lassen. Hier darf keiner überholen und keiner abstürzen. Es kann zwanzig bis dreißig Jahre dauern, bis Sie mit diesem Prinzip Ihr Wunschziel erreichen. In langen Zeiträumen wachsen dann Ansprüche auf Positionen, die wie Erbhöfe vergeben werden.

Seilschaften haben zu Recht ein schlechtes Image. Aus Loyalitätsgründen werden auch Leistungsschwache bevorzugt und tüchtige Mitarbeiter vom Aufstieg ausgeschlossen und demotiviert. Das schafft ein schlechtes Betriebsklima und ruiniert das Unternehmen. Die Solidarität der Seilschaften führt zu Abhängigkeiten, die in Problemfällen für den Einzelnen außerordentlich belastend sein können. Außerdem arbeiten Sie nicht an Ihrer eigenen Karriere, sondern auch an der Beförderung desjenigen, dessen Posten Sie einnehmen wollen. Am Ende warten Sie auf die Pensionierung Ihres Vordermannes oder freuen sich gar über seinen vorzeitigen Tod.

Netzwerke sind keine Seilschaften. Das sollten Sie ganz deutlich unterscheiden. Zu einem Netzwerk gehört es auf keinen Fall, sich nur an einen Menschen zu binden und einen anderen hinter sich herzuziehen. Das Besondere an Netzwerken im Gegensatz zu Seilschaften ist gerade das völlige Fehlen von Hierarchien. Kein Mitglied Ihres Netzwerks ist Führer, kein anderer Gefolgsmann. Sie sind mit niemandem, wie das bei einer Bergtour der Fall ist, auf Gedeih und Verderb verbunden.

 Netzwerke sind hierarchiefreie Verbindungen, die durch souveräne menschliche Kommunikation existieren.

Wenn Sie Karriere machen wollen, sollten Sie sich darüber klar werden, ob das Seilschaftsprinzip für Sie das Richtige ist. Es mag angehen, wenn Sie es mit Ihrer Karriere so laufen lassen, wie es gerade kommt. Wenn Sie sich aber etwas zutrauen, dann lassen Sie lieber die Finger davon. Halten Sie sich die Option für Ihre Karriere auf der Überholspur offen. Bewahren Sie sich vor allen Dingen Ihre persönliche Unabhängigkeit, und begeben Sie sich nicht in Verpflichtungen, deren Konsequenzen Sie nicht absehen können.

Networking plus Erfolgsintelligenz führen zum Ziel

Mit einem großen Netzwerk und einer guten fachlichen Qualifikation haben Sie Ihren beruflichen Erfolg noch nicht in der Tasche. Sie müssen auch so etwas wie *Erfolgsintelligenz* entwickeln – die Fähigkeit, die Dinge zu tun, die Sie zielgerichtet zu Ihrem beruflichen Erfolg führen.

Früher nahm man an, wer über einen scharfen Verstand und hohe Intelligenz verfügt, müsse es auf jeden Fall schaffen. Dann belegten die Erkenntnisse der *emotionalen Intelligenz*, dass eine Reihe weiterer psychischer Fähigkeiten für den Erfolg notwendig sind. Heute wissen wir, dass die intellektuelle Intelligenz und die emotionale Intelligenz allein auch nicht reichen. Es kommt noch etwas hinzu, was Robert Sternberg »Erfolgsintelligenz« genannt hat. Diese ist, wie jede Intelligenz, eine Begabung oder Fähigkeit, die trainiert und entfaltet werden kann und kann vor allem an erfolgreichen Menschen beobachtet werden.

Wenn Sie eine schnelle berufliche Karriere anstreben und ganz hoch hinaus wollen, empfehle ich Ihnen, sich über ein professionelles Networking hinaus mit Karrierestrategien zu beschäftigen. Lesen Sie nicht nur eines, sondern so viele Bücher über das Thema Karriere, wie Sie können. Bitten Sie die Mitglieder Ihres Netzwerkes um Rat und Unterstützung, und halten Sie Ohren und Augen dort offen, wo Sie Ihre Karriere machen wollen. Sie können darüber hinaus noch spezielle Karriereberater engagieren und honorieren.

 Setzen Sie für die Erreichung Ihrer beruflichen Ziele nicht nur Networking ein, sondern entfalten Sie Ihre Erfolgsintelligenz und beschäftigen Sie sich mit Karrierestrategien.

Mit Networking-Strategien lernen Sie Menschen kennen und gestalten Kontakte. Karrierestrategien geben Ihnen Empfehlungen, welche Kontakte Ihren Zielen förderlich sind. So könnte eine Karrierestrategie für Ihren Aufstieg in einer Organisation lauten:

»Begeben Sie sich immer in das Zentrum der Macht. Halten Sie sich nicht in Zweigstellen auf, sondern immer in den oberen Etagen der Hauptverwaltung.«

Karrierestrategien und Bewerbung

Karrierestrategien können aus der Analyse großer Erfolge abgeleitet werden. So haben zahlreiche Untersuchungen belegt, dass hervorragende Persönlichkeiten der Wirtschaft immer auch besondere visionäre und strategische Fähigkeiten eingesetzt haben. Sie bewältigen Herausforderungen und entwickeln unternehmerische Fantasie. Für das Einsetzen einer Strategie nehmen wir ein einfaches Beispiel: Sie wollen sich um eine ausgeschriebene Stelle bewerben. Setzen Sie nun alle Hebel in Bewegung. Kaufen Sie sich in der Buchhandlung nicht nur einen Leitfaden, sondern so viele, wie Ihr Geldbeutel zulässt. In den Büchern zum Thema »Bewerbung« sind alle Strategien beschrieben, die für diesen Karriereschritt anwendbar sind. Bedenken Sie, wie schnell sich die Investition von fünfhundert Mark für Bücher bei einer erfolgreichen Bewerbung in baren Gewinn verwandelt. Sodann gehen Sie Ihr Netzwerk durch und schauen, wer Ihnen bei Ihrer Bewerbung behilflich sein kann.

Wenn Sie sich im öffentlichen Dienst bewerben, sollten Sie nicht gerade einen Entscheidungsträger aus einem mittelständischen Unternehmen fragen, auf was es bei Bewerbungen ankommt. Fragen Sie jeweils Menschen, die sich genau in dem Unternehmensumfeld auskennen, das Sie anstreben.

Anschließend versuchen Sie über Ihr Netzwerk einen Kontakt zu denjenigen herzustellen, die über Ihre Bewerbung entscheiden. Entweder haben Sie von einem Mitglied Ihres Netzwerkes von vornherein eine Empfehlung erhalten, oder Sie suchen jetzt Kontaktpersonen zu den Entscheidungsträgern. Je größer Ihr Netzwerk ist, desto leichter müsste Ihnen das gelingen. Sie können die Mitglieder Ihres Netzwerkes gezielt darauf ansprechen und sie bitten, nach solchen Kontaktpersonen in ihrem Bekanntenkreis zu suchen. Sie können aber auch einfach nur mit allen Leuten darüber reden, dass Sie sich bei X, Y und Z beworben haben. Je mehr Sie das publik machen, umso größer ist die Wahrscheinlichkeit, dass ein Kontakt zu Ihrem Zielunternehmen zustande kommt.

Als erfahrener Networker haben Sie auch keine Scheu, die Verantwortlichen in dem Unternehmen, bei dem Sie sich beworben haben, vor und während Ihres Bewerbungsverfahrens zu kontaktieren. Fragen Sie ruhig nach, wie Auswahlgespräche ablaufen und wer im Unternehmen daran beteiligt sein wird.

Eine weitere Möglichkeit besteht darin, eine bezahlte Dienstleistung in Anspruch zu nehmen. Sie können bei Karriere- und Bewerbungsberatern ein Training buchen und sich in Seminaren konkret auf Testverfahren vorbereiten. Sie können ein simuliertes Bewerbungsgespräch führen, in dem ein Trainer Sie auf alle Eventualitäten vorbereitet. Wenn Sie dieses harte Trainingsgespräch überstehen, meistern Sie auch das reale Bewerbungsgespräch.

Sollten Sie mit einer solchen Strategie die gewünschte Stellung doch nicht erhalten, dann kann das nur daran liegen, dass das Unternehmen ohnehin niemanden einstellt oder dass Ihre Mitbewerber besser waren als Sie. Dann müssen Sie kritisch und ehrlich analysieren, worin Ihre Schwachpunkte liegen. Wurden Ihre Kenntnisse und praktischen Erfahrungen für die Aufgabe als zu gering angesehen? Oder lagen die Gründe in Ihrer Persönlichkeit und Ihrem Sozialverhalten? Wenn es an Kenntnissen und praktischen Erfahrungen fehlte, werden Sie das meist auch in Ihrer Bewerbungsablehnung erfahren. Schwieriger ist es schon mit den Mängeln Ihrer Persönlichkeit und dem fehlerhaften Sozialverhalten. Das müssen Sie eigentlich mit sich alleine klären. Wenn Sie es ganz genau wissen wollen, dann »kaufen« Sie sich diese Informationen bei einem professionellen Karriereberater. Fragen Sie lieber nicht Ihre Freunde. Sie werden in diesem Falle nicht immer ehrlich sein.

Ob nun als Freiberufler oder Angestellter, als Politiker oder Künstler, als Beamter oder Unternehmer: Immer wird Ihr persönliches Netzwerk sozialer Kontakte eine zentrale Bedeutung für die Verwirklichung Ihrer Ziele haben. Wenn Sie als Wissenschaftler eine geniale Entdeckung gemacht haben, dann können Sie sich zwischen einem Lehrstuhl in New York und in Kapstadt entscheiden. Wenn Ihre ersten drei Bücher bereits in Millionenauflage verkauft sind, brauchen Sie für den Vertrieb des vierten Buches Ihr Netzwerk nicht mehr zu bemühen. Diese Beispiele sind extrem, aber sie sollen zeigen, dass es nur wenig Menschen gibt, die ohne ein Netzwerk sozialer Beziehungen auskommen. Bewerbung, Karriere und beruflicher Erfolg gelingen mit einem Netzwerk einfach schneller und leichter.

 Nicht jeder, der viele Freunde hat, hat automatisch auch Erfolg.

Erfolg tritt nur selten von selbst ein. Das Netzwerk sozialer Kontakte ist die Voraussetzung für Ihren Berufserfolg. Die Anwendung von Erfolgsstrategien und der Einsatz Ihrer Erfolgsintelligenz müssen noch dazukommen.

Was Erfolgsintelligenz ist

Ähnlich wie die intellektuelle Intelligenz oder die emotionale Intelligenz ist auch die Erfolgsintelligenz kein einheitliches Gebilde, sondern setzt sich aus einer Reihe von Fähigkeiten zusammen, die sowohl das psychische Erleben als auch das sichtbare Verhalten betreffen. Ein Teil dieser psychischen Fähigkeiten, wie emotionale Stabilität und Frustrationstoleranz, sind schon unter dem Begriff »emotionale Intelligenz« beschrieben worden. Andere Fähigkeiten wie Selbstkritik, Entschlussfreudigkeit und kreative Initiative kommen noch hinzu.

Robert Sternberg hat das Konzept der Erfolgsintelligenz entwickelt und nachgewiesen, dass Menschen mit Erfolg die entsprechenden Begabungen nachweislich auch besitzen. Sein sehr komplexes Konzept umfasst zwanzig Merkmale, von denen ich hier einige zusammenfasse und in Form von sechs Fähigkeiten unterscheide.

- *1. Klare Ziele entwickeln.* Wenn der Erfolg nicht Ergebnis eines Zufalls wie ein Lottogewinn, sondern das Resultat einer Bemühung ist, dann ist dafür eine klare Zielvorstellung unabdingbare Voraussetzung. Wer nur in vagen Vorstellungen vom Reichtum träumt, wird ihn nie erreichen. Bei Erfolgsmenschen verbindet sich mit der genauen Zielvorstellung immer auch die Vorstellung des Weges zu diesem Ziel. Diese Vorstellungen sind jeweils sehr konkreter Natur. Menschen, die am Ende Erfolg haben, haben immer schon gewusst, wie sie etwas erreichen können. Auf diesem Weg zum Ziel gab es vielleicht Irrpfade, aber es fehlte nie an konkreten, bildhaften Visionen der einzelnen Schritte zu diesem Ziel.

- 2. *Selbstmotivation, Leistungsmotivation und Psychowissen.* Erfolgsmenschen können sich selbst motivieren. Sie kennen auch Leistungstiefs, aber es gelingt ihnen immer wieder, aus Enttäuschungen herauszukommen und sich selber wieder einen Ruck geben. Sie sind leistungsmotiviert in dem Sinne, dass ihnen die Mühe zur Erreichung eines Ziels Spaß und Genuss bereitet. Wer einen abgrundtiefen Horror vor Arbeit und Anstrengung hat, kann nicht als wirklich leistungsmotiviert gelten.

Erfolgsorientierte Menschen verfügen über so genanntes Psychowissen, das heißt, sie kennen Techniken, mit denen sie sich selbst überlisten können. Sie beherrschen Tricks, um sich vor Ablenkung zu schützen. Sie wissen, wie man Überforderung genauso wie Unterforderung vermeidet. Sie kennen Verfahren, um selbst aus Enttäuschungen wieder neue Kraft zu schöpfen.

- 3. *Selbstkritik und Korrekturfähigkeit.* Kritik stellt für viele Menschen eine schwer wiegende psychische Bedrohung dar. Kritik wird als Angriff erlebt und mit vielfältigen Abwehrmechanismen zurückgewiesen. Anders bei erfolgsorientierten Menschen. Sie akzeptieren *berechtigte* Kritik und lassen sich nicht zu falschen Schuldzuweisungen hinreißen. Sie können offen einen Irrtum eingestehen und realistisch die Ursache eines Fehlverhaltens einschätzen.

Erfolgsorientierte Menschen sind auch fähig, ihr Verhalten in vielen Bereichen zu ändern. Tief greifende Probleme mit der Anpassung an andere Menschen, soziale Verhältnisse und den Umgang mit Autoritäten kennen sie nicht. Sie haben ihr Ziel stets vor Augen und sind in der Lage, dementsprechend variabel zu reagieren, Verhaltensweisen zu ändern und neue Verhaltensweisen zu erwerben. Bei erfahrenem Unrecht werden sie nicht in Selbstmitleid zerfließen, sondern versuchen, die Benachteiligung zu korrigieren.

- *4. Emotionale Stabilität und Selbstsicherheit.* Es ist ein Irrtum anzunehmen, dass große Erfolge unbedingt zu einer psychischen Zerrüttung führen. Es ist auch falsch, dass ein großer Erfolg nur dann möglich ist, wenn der Mensch ohnehin schon psychisch defekt ist. Erfolgreiche Menschen sind erheblich stabiler als nicht erfolgreiche.

Ich spreche hier von denjenigen, die es aufgrund langfristiger eigener Anstrengungen und eigener Fähigkeit zu beruflichem Erfolg gebracht haben. Und für sie gilt ganz eindeutig, dass sie emotional stabiler sind als andere.

Zum Erfolgsstreben gehört ein stabiles Selbstwertempfinden, ein einigermaßen fester Glaube an sich selbst und seine Ziele, eine gewisse Angstfreiheit und insbesondere keine Furcht vor Fehlern und Fehlschlägen.

- *5. Wissen und Fertigkeiten.* Um erfolgreich zu sein, müssen Sie neben speziellem Fachwissen insbesondere kommunikative Fähigkeiten besitzen, diese entwickeln und ständig verbessern. Einen großen Teil dieser kommunikativen Fähigkeiten entwickeln Sie beim Networking. Darüber hinaus müssen Sie in fast allen Berufszweigen, in denen Sie an die Spitze wollen, auch Vorträge halten, Informationen präsentieren, mit Kunden und Geschäftspartnern verhandeln, Überzeugungsarbeit leisten und Mitarbeiter motivieren. Diese kommunikativen Fähigkeiten sind ganz entscheidend für Ihren Erfolg verantwortlich.

Zur Beziehungsintelligenz gehört es auch, unterschiedliche Denkansätze zu beherrschen und sie situationsgerecht einzusetzen. Eine Problemstellung erfordert eine analytische Betrachtung, eine andere den kreativen Einfall und eine dritte eine pragmatische Lösung. In wissenschaftlichen Untersuchungen wurde festgestellt, dass Menschen mit hoher Erfolgsintelligenz ganz vorzüglich in der Lage sind, auf unterschiedliche Anforderungen situationsgerecht *mit unterschiedlichen Denk- und Handlungsstilen* zu reagieren.

Vortragen und Präsentieren gehören zu den Fertigkeiten, die Sie für Ihren Erfolg in fast allen Berufszweigen dringend benötigen

- *6. Initiative, Kreativität und Entscheidungsfähigkeit.* Menschen mit Erfolgsintelligenz können Gedanken in Taten umsetzen. Sie können Entscheidungen treffen und sind in der Lage zu handeln. Sie ergreifen die Initiative und warten nicht darauf, dass andere es tun. Das ist besonders bei Kontakten und Beziehungen auffällig. Sie ergreifen die Initiative für einen Kontakt und beginnen eine Beziehung wie eine Freundschaft oder Bekanntschaft von sich aus.

 Die Merkmale der Erfolgsintelligenz sind bei allen Menschen, die es aus eigener Kraft zu etwas gebracht haben, deutlich sichtbar.

Gliedern Sie Ihr persönliches Netzwerk

Sie haben nun einige Zeit lang Networking-Strategien angewendet. Ihre Adressdatei ist auf dem neusten Stand. Sie haben alte Bekannte und Verwandte erfasst. Kollegen und Nachbarn sind genauso aufgenommen wie alle anderen Menschen, mit denen Sie es zu tun haben. Täglich kommen neue dazu – Kontakte im Beruf, bei Begegnungen auf Veranstaltungen und durch Zufallsereignisse.

Ihnen ist bewusst geworden, dass ein Netzwerk leben muss. Deshalb ergreifen Sie die Initiative und pflegen die Kontakte. Sie rufen die Personen an, schreiben Ihnen Dankesbriefe, schicken Ihnen kleine Präsente, Faxe und E-Mails und treffen sich von Zeit zu Zeit zu einem persönlichen Gespräch.

Aus diesem Networking entstehen auch Probleme. Sie geben sich auch mit Leuten ab, die Sie wenig sympathisch, vielleicht sogar unsympathisch finden. Sie fragen sich, ob Sie nicht zum Heuchler geworden sind. Ihr Selbstwertgefühl beginnt darunter zu leiden, dass Sie es nicht mehr wagen, dem anderen offen Ihre Meinung zu sagen. Sie wollen es sich ja mit niemand verderben. Diese Fragen tauchen unweigerlich auf. Lassen Sie uns gemeinsam diese Probleme lösen.

Lieben Sie alle Menschen?

Männer und Frauen machen da einen Unterschied. Selbst die Autoren der Bücher zum Thema Networking haben unterschiedliche Ansichten, je nachdem, ob es sich um Frauen oder Männer handelt. Männer sagen häufig:

»Ich muss den anderen nicht lieben, um ihn in mein Netzwerk aufzunehmen.«

Frauen ist das emotionale Erleben der Beziehung wichtiger. Sie sagen:

»Wenn ich kein Vertrauen zu dem anderen habe, kann ich keine Beziehung zu ihm aufnehmen. Daher sollten wir uns mit Menschen, die wir nicht mögen oder denen wir nicht vertrauen, nicht vernetzen.«

Es stellt sich zunächst die Frage, was man unter »sich vernetzen« versteht und welche Erwartungen an das Netzwerk gesetzt werden. Wer unter Netzwerk einen Kreis von Freunden versteht, sollte sich natürlich nur mit Menschen abgeben, die er auch wirklich zu seinen Freunden zählen kann. Sie sollten aber im Networking mehr sehen als die Pflege von freundschaftlichen Beziehungen. Networking wird gerade der Tatsache gerecht wird, dass es sehr unterschiedliche Beziehungen zwischen den Menschen gibt. Menschen begegnen sich im Alltag. Sie reden miteinander über Belanglosigkeiten oder vertrauen sich Geheimnisse an. Menschen akzeptieren sich gegenseitig als Experten oder misstrauen dem anderen, weil sie ihn als gefährlich ansehen. Sie erleben das Verhältnis zu dem anderen als einen Kampf, in dem es darauf ankommt, nicht unterzugehen. Oder sie erleben die Beziehung als ein Wettkampf, in dem sie ständig auf ihren Sieg bedacht sind. Sie sollten bedenken, dass Sie mit den Mitgliedern Ihres Netzwerks ja nicht in allen, sondern vielleicht nur in bestimmten Bereichen einen Austausch haben wollen.

 Mit Networking können Sie zu den Menschen sehr unterschiedliche Beziehungen unterhalten.

Nehmen Sie auch Menschen, die Sie nicht unbedingt mögen, in Ihr persönliches Netzwerk sozialer Beziehungen auf. Sie brauchen deswegen keine moralischen Bedenken zu haben. Sie tun es nicht allein deshalb, weil Sie sich davon einen Vorteil versprechen. Sie tun es, weil Sie in der Lage sind, Beziehungen sehr unterschiedlicher Art zu unterhalten. Die Basis all der verschiedenen Arten von Beziehungen, die Sie zu anderen Menschen pflegen, ist die *Achtung* vor dem anderen. Sie achten ihn auch, wenn er sehr anders ist als Sie.

 Die Achtung und Akzeptanz anderer Menschen ist beim Networking die Basis aller Beziehungen.

Drehen Sie das Ganze bitte nicht um. Networking heißt natürlich nicht, dass Sie gezielt Menschen suchen sollen, die Ihnen unsympathisch sind und denen Sie misstrauen. Zwischen »nicht vertrauen« und »misstrauen« gibt es noch einige Zwischenstufen. »Nicht sympathisch« sein und »unsympathisch« sein ist auch grundsätzlich noch etwas anderes. Niemand zwingt Sie dazu, mit Menschen, die Sie betrogen, enttäuscht und verletzt haben, Kontakt zu pflegen. Stellen Sie den Kontakt von sich aus ein, und sagen Sie zu Kontaktversuchen des anderen »nein«. Die Sache ist erledigt. Solche schroffen Kontaktabbrüche sind aber selten notwendig.

 Networking ist mehr als der Aufbau eines Kreises von guten Freunden. Es besteht im Umgang mit Menschen auf verschiedenen Kontaktebenen.

Networking erweitert und differenziert das Handeln und Erleben von menschlichen Interaktionen. Erst wenn Sie mit Menschen auf verschiedenen Kontaktebenen differenziert umgehen können, betreiben Sie Networking richtig.

Das Zeitproblem

Beim Networking wird unweigerlich ein Zeitproblem entstehen. Sie kennen jetzt so viele Menschen, dass die Kontaktpflege zu einem Full-Time-Job wird. Ihnen kann die ganze Sache schnell über den Kopf wachsen.

Sie können nicht mit allen Menschen Ihres Netzwerkes in gleicher Häufigkeit Kontakte pflegen. Sie müssen Ihr Netzwerk gliedern. Sie können nicht allen eine Geburtstagskarte schreiben und jeden jede Woche anrufen. Sie müssen *Unterschiede* machen.

Unterscheiden Sie aber nicht in *bessere* und *schlechtere* oder in *nützliche* und *weniger nützliche* Kontakte, sondern ganz schlicht in solche Kontakte, die Sie häufiger und solche, die Sie weniger häufig pflegen. Das ist eine ganz pragmatische und völlig wertfreie Unterscheidung.

Ich rate Ihnen auch, nur in Ausnahmefällen Adressen wirklich zu tilgen. Wenn Menschen miteinander nichts zu tun haben oder zu tun haben wollen, schlafen die Beziehungen ein. Das genügt. Die Informationen über diesen Menschen stellen keinen Ballast dar, der abgeworfen werden muss.

 Werfen Sie grundsätzlich keine Informationen und Kontaktnotizen weg.

Die einzig angemessene Art, mit Menschen umzugehen, besteht darin, Ihrer Adressdatei und damit Ihrem persönlichen Netzwerk eine Struktur zu geben. Damit schaffen Sie keine Bewertungen. Sie halten sich nach wie vor alle Optionen offen. Sie gliedern Ihr Netzwerk so, wie sich jede lebendige Gruppe gliedert: nämlich nach der Häufigkeit von Kontakten.

So lässt sich auch Ihr Zeitproblem lösen. Gehen Sie noch einmal an den Anfang unserer gemeinsamen Überlegungen zurück. Beim Entwurf Ihrer eigenen Networking-Strategie haben Sie sich Gedanken über die Größe Ihres Netzwerkes, Ihre Ziele und den Zeitaufwand gemacht. Dort wurden die Zusammenhänge erörtert. Wenn Ihnen das Networking jetzt etwas über den Kopf gewachsen ist, dann müssen Sie Ihre Ziele noch einmal überprüfen. Entscheiden Sie sich noch einmal ganz klar und eindeutig, wie viel Zeit Sie in der Woche für die einzelnen Networking-Aktivitäten aufwenden wollen. Daraus ergibt sich dann, wie groß Ihr Netzwerk wird und mit wie vielen Menschen Sie wie häufig Kontakte realisieren.

So strukturieren Sie Ihre Adressdatei

Ihre Adressdatei und Ihre Kontaktnotizen sind das einzige materiell fassbaren Objekt Ihres persönlichen Netzwerks sozialer Beziehungen. Ihr Netzwerk besteht eigentlich nur aus Kommunikationsvorgängen. Diese Vorgänge sind in Ihrer Erinnerung, Ihrer Vorstellung und in dem Erleben Ihrer Gefühle repräsentiert. Dieses alles können sie nicht anfassen, verlieren, verschenken oder verkaufen.

Beim Networking halten Sie systematisch Kontakte zu vielen Personen. Das müssen Sie planen und Ihre Aktivitäten dokumentieren. Ihr Adressbuch eignet sich dazu am besten.

Für die folgenden Vorschläge spielt es keine Rolle, ob Sie ein handgeschriebenes Adressbuch benutzen, direkt mit Ihrem Datenbank-Programm am PC arbeiten oder den Computerausdruck benutzen. Das Struktursystem basiert darauf, den Personen Ihrer Adressdatei verschiedene Kategorien zuzuteilen, durch die Sie die Planung Ihrer Kontakte in den Griff bekommen.

Sie haben in Ihrer Adressdatei eine Spalte oder ein Datenfeld, das wir *Kategorie = KAT* genannt haben. Wenn Sie eine Person neu kennen gelernt haben und beabsichtigen, eine lebendige Beziehung zu ihr aufzunehmen, dann tragen Sie in Ihre Adressdatei unter *Kategorie N = neu* ein. Dies bedeutet, Sie werden in der nächsten Zeit hier aktiv werden: Anrufe, Briefe, Übersendung von Informationen und Einladungen.

Nehmen wir zuerst den negativen Fall an, dass all diese Versuche keine Reaktion ausgelöst haben. Sie haben festgestellt, dass Ihr neuer Bekannter an Ihnen nicht interessiert ist. Trotz eines flüchtigen Anscheins bei der ersten Begegnung gibt es doch offensichtlich keine Gemeinsamkeiten. Außerdem scheint es auch keine beruflichen oder sonstigen Berührungspunkte zu geben.

 Wenn wiederholte Kontaktversuche nicht zu gewünschten Reaktionen führen, stellen Sie Ihre Bemühungen vorläufig ein.

Was Sie unter »wiederholt« verstehen, legen Sie selbst fest. Nach einem Kennenlernen könnten es zwei bis drei Kontaktversuche sein. Liegt Ihnen aus besonderen Gründen sehr viel an der Beziehung zu dem Menschen, können Sie es auch öfter versuchen.

In der gleichen Weise definieren Sie für sich, was »gewünschte Reaktionen« sind. Das kann sehr wenig sein, wie etwa die ehrliche Freude über Ihren Anruf. Das kann aber auch eine Aktivität des anderen sein wie etwa eine Einladung.

Auch wenn Sie Ihre Kontaktbemühungen einstellen, löschen Sie Ihre Aufzeichnungen nicht. Sie wissen nicht, ob Sie nach Jahren dieser Person wieder einmal begegnen und sich die Beziehung ganz anders entwickeln könnte. Dann sind alle gesammelten Informationen wichtig. Sie brauchen nicht lange nachzudenken, sondern können einfach nachschlagen, wann die erste Begegnung stattfand, über welches Thema Sie gesprochen haben und so weiter. Sie »erinnern« sich nach Jahren noch an den Vor- und Zunamen. Sie werden damit durchschlagenden Erfolg haben. Also: Niemals Adressen und andere Informationen löschen oder wegwerfen, sondern immer aufbewahren.

Wenn sich nach wiederholten Kontaktversuchen herausstellt, dass weitere Bemühungen zurzeit nicht sinnvoll sind, ändern Sie dieses Merkmal in *KA = keine Aktivitäten* oder *Kontakte, alt*. Das Merkmal *KA* verleihen Sie auch allen anderen Personen in Ihrer Adressdatei, zu denen der Kontakt abgerissen ist: Klassenkameraden und Studienkollegen, Nachbarn in Orten, in denen Sie nicht mehr wohnen, oder auch entfernte Verwandte, deren Adresse Sie zwar aufbewahren, von denen aber keine Kontaktwünsche ausgehen.

Sollten mit den Personen, die Sie kennen gelernt haben, die Kontaktbemühungen erfolgreicher verlaufen, so ändern Sie die Kategorie in *K = Kontakte*. Sie entdecken Gemeinsamkeiten. Ihr Gegenüber wird auch aktiv und ruft Sie an, schreibt Ihnen und lädt Sie ein. Es entsteht ein lebendiger Austausch von Informationen und gegenseitiger Unterstützung. Sie entscheiden spontan: »Der Kontakt mit dieser Person lohnt sich und macht Spaß. Ich möchte einen regelmäßigen Kontakt pflegen.« Nun stellen Sie eine Rangordnung auf: *K1, K2, K3* und so fort.

K1 bedeutet, dass Sie diese Kontakte häufiger pflegen als K2 und so weiter. Diese Rangordnung gibt Ihnen eine Entscheidungshilfe, welche Aktivitäten Sie in der zur Verfügung stehenden Zeit realisieren wollen. Sie gibt die *Häufigkeit* der Kontakte, nicht der *Wichtigkeit* der Personen an.

K2 heißen alle Kontakte, die Sie gelegentlich pflegen wollen oder pflegen können. Diese Personen können genauso wichtig sein wie die Kontakte *K1*. Aber häufigere Aktivitäten bei dieser Gruppe sind weder notwendig noch wünschenswert.

Sie haben einen hochrangigen Manager aus der Wirtschaft kennen gelernt. Bei einigen Folgekontakten konnten Sie Informationen zu einem Thema austauschen, das Sie bei Ihrem Erstkontakt angesprochen haben. Weitere Gemeinsamkeiten als Grundlage für freundschaftliche Beziehung haben sich daraus nicht ergeben. Nun wäre es völlig verfehlt, diesen Kontakt durch wöchentliche Telefonate oder Briefe intensivieren zu wollen. Sie würden damit wahrscheinlich dem anderen auf die Nerven fallen und die positive Beziehung kaputt machen. Sie kontaktieren diesen Menschen ab jetzt gelegentlich zu bestimmten Anlässen. Sie ordnen ihm die Kategorie *K3* zu und notieren sich, dass Sie ihm wahrscheinlich auf einem bestimmten Kongress im nächsten Jahr »zufällig« begegnen könnten. Falls nicht, überlegen Sie, was Sie zum Anlass für einen erneuten Kontakt nehmen könnten. Den Jahreswechsel? Seinen Geburtstag? Oder Ihre Veröffentlichung eines Artikels oder Buches? Ohne Kontakte hat er Sie nach einer gewissen Zeit vergessen. Das müssen Sie verhindern.

Diese dritte Kategorie *K3* bedeutet also *seltene Kontakte*. Worin der Unterschied zwischen *K2* = *gelegentlich* und *K3* = *selten* liegt, müssen Sie selbst bestimmten. *Selten* ist in der Größenordnung von Jahreskontakten angesiedelt: Geburtstage, Jahreswende oder regelmäßige Veranstaltungen wie Messen oder Kongresse. Als *selten* können wir auch die Kontakte bezeichnen, die in unregelmäßiger Folge mit mehreren Jahren Abstand erfolgen.

Interessanterweise kann es auch sehr gute Beziehungen zu Menschen geben, zu denen nur sehr selten ein direkter Kontakt stattfindet. Ich treffe auf einer Messe, die alle zwei Jahre stattfindet, immer wieder mit Personen zusammen, die ich nur bei diesem Anlass kontaktiere. Wir pflegen bei diesen Begegnungen einen sehr freundschaftlichen Umgang. Für häufigere Kontakte gab es bisher noch keinen Anlass, das könnte sich aber jederzeit ändern.

 Ordnen Sie in Ihrem Adressbuch jeder Person einen Merkmalsbuchstaben für die Häufigkeit der Kontakte zu.

Sie können diese Kategorien selbstverständlich nach Ihrem Bedarf abändern. Wählen Sie nicht weniger als drei Kontakthäufigkeiten. Sie können aber durchaus weitere Differenzierungen vornehmen, etwa K1 bis K5.

Bei der Zuordnung von Kontakmöglichkeiten dürfen Sie natürlich nicht Ihre gesamte Zeit verplanen, denn Sie benötigen auch Zeit für neue Begegnungen und für Kontakte, die Sie gelegentlich und selten realisieren.

Strukturieren Sie Ihr Netzwerk ständig neu. Passen Sie die Kategorien Ihrer zeitlichen Kapazität an. Das Ziel von Networking besteht nicht darin, mit einer maximalen Anzahl von Kontakten und dem größten persönlichen Netzwerk sozialer Beziehungen in das Guinness-Buch der Rekorde zu kommen. Nur wenn die Pflege der Kontakte nicht zum negativen Stress für Sie wird, werden Sie auch Ihre Ziele erreichen.

 Ordnen Sie in Ihrem Adressbuch jeder Person einen personenbezogenen Merkmalsbuchstaben zu.

Es gibt eine ganze Reihe von Personen, mit denen Sie aus bestimmten Notwendigkeiten heraus zu tun haben, für die Sie aber keine Kontaktstrategie entwickeln müssen: Ärzte, Mitarbeiter Ihrer Bank, Steuerberater, Haushaltshilfe, Babysitter, Handwerker usw. Ich gebe all diesen Personen das Merkmal *L = Lieferanten*. Sie alle liefern Ihnen Leistungen, für die Sie bezahlen. Ihre Daten müssen sich jederzeit griffbereit in Ihrer Adressdatei befinden. Sie gehören alle in gewisser Weise zu Ihrem persönlichen Netzwerk sozialer Beziehungen. Für die Kontakte mit diesen »Lieferanten« müssen Sie keinen Strategieplan entwickeln. Sie ergeben sich jeweils anlassbezogen aus sachlichen Notwendigkeiten.

Sie könnten natürlich auch für all die Personen, mit denen Sie sowohl im privaten als auch im geschäftlichen Alltag zu tun haben, eine zweite Adressdatei anlegen. Aber es gibt viele pragmatische Gründe dafür, nur ein Adressbuch zu führen. Wenn Sie allerdings Berufs- und Privatleben deutlich gegeneinander abgrenzen, werden Sie auch eine separate Klienten- oder Kundenkartei führen, zum Beispiel als Unternehmer oder Freiberufler.

Andererseits gibt es eine ganze Reihe von Tätigkeiten, bei denen Sie berufliche und private Kontakte zwar unterscheiden, aber nicht unbedingt trennen sollten. Der selbstständige Handelsvertreter tut das in der Regel auch nicht. Aus privaten Kontakten entwickeln sich Geschäftsabschlüsse und umgekehrt – Kunden werden zu seinen besten Freunden. Privates und Berufliches vermischt sich und ist oftmals kaum noch zu unterscheiden. Der engagierte und erfolgreiche Verkäufer hat am Umgang mit Menschen Spaß und Freude. Er nutzt auch Freizeitkontakte zu einem Verkaufsabschluss.

Wenn Sie es für Ihre Networking-Strategie für notwendig halten, machen Sie die Unterscheidung zwischen *beruflichen Kontakten = B* und *privaten Kontakten = P*. Sie können auch je nach Ihrer persönlichen Situation Karrierekontakte, Kundenkontakte und Kontakte mit Interessenten noch differenzierter unterscheiden. Solche Merkmalsbuchstaben kennzeichnen und sortieren in prägnanter Weise die Mitglieder Ihres Netzwerkes.

Welche personenbezogenen Merkmalsbuchstaben Sie verwenden, hängt nun ganz von Ihrer individuellen Situation ab. Arbeiten Sie dieses System sorgfältig aus. Der Erfolg Ihres Networking hängt zum großen Teil an einem System, das gut und praktikabel ist.

 Entwickeln Sie für Ihre persönliche Situation ein Merkmalssystem, das die Mitglieder Ihres Netzwerkes prägnant kennzeichnet.

Wie kann ein derartiges System aussehen? Nehmen wir an, Sie sind Architekt. Sie haben den Sprung in die Selbstständigkeit gewagt. Sie haben zurzeit drei gute Aufträge. Aber diese Häuser werden einmal fertig, und Sie brauchen auch in Zukunft Auftraggeber. Wenn Sie eine Weile Networking systematisch betreiben, werden verschiedene Mitglieder Ihres persönlichen Netzwerks für Ihr Architektenbüro interessant sein. Einige Menschen tragen sich mit dem Gedanken, selbst einmal ein Haus zu bauen. Andere sind in Unternehmen beschäftigt, die eventuell auch einmal Bauaufträge vergeben. Wieder andere Menschen haben etwas mit Presse- und Öffentlichkeitsarbeit zu tun. Und bei einigen ist es einfach nur wichtig, dass sie über Ihr Architekturbüro informiert sind.

Es ist nun völlig legitim, wenn Sie in Ihrer Adressdatei den Mitgliedern Ihres persönlichen Netzwerkes unterschiedliche Merkmale zuweisen: *Potenzieller Bauherr* = P, *Journalist* = J, *Handwerker* = H, *mit Bauvergabe befasst* = V und so weiter. Sie müssen auch für Ihre Branche sinnvolle Unterscheidungsmerkmale einführen, mit denen Sie die Mitglieder Ihres persönlichen Netzwerkes kennzeichnen.

Wenn Sie einer Reihe von Menschen das Merkmal J = *Journalist* zuweisen, weil sie in verschiedenen Positionen bei Zeitungen, Rundfunk und Fernsehen tätig sind, dann müssen Sie diesen Personen auch häufiger ausführliche Informationen zukommen lassen. Den Menschen mit dem Merkmal P = *Potenzieller Bauherr* werden Sie Ihre Qualitäten als guter Architekt nicht verschweigen. Im Umgang mit diesen Personen werden Sie immer all das herausstellen, was Sie als Architekt vertrauenswürdig und kompetent erscheinen lässt. Sie helfen auch schon hier und da mal mit einem kleinen Ratschlag aus. Die Zuordnung der personenbezogen Merkmalsbuchstaben für Ihre Kontakte kann immer praktische Konsequenzen haben.

Sie sind aber nicht enttäuscht, wenn eine Ihrer mit P bezeichneten Personen sich nun ein Haus kauft, statt selbst eines zu bauen. In absehbarer Zeit wird er kein Bauherr und für Sie kein potenzieller Kunde sein. Brechen Sie nicht den Kontakt ab. Er kann Sie durchaus auch an andere Freunde weiterempfehlen. Entscheiden Sie nun, welchen Merkmalsbuchstaben er jetzt erhält und worauf Sie in Zukunft das Schwergewicht bei Kontakten legen.

Das Entscheidende beim Networking ist, dass Sie immer beides zugleich im Auge haben: die Beziehung um der Beziehung willen und den Kontakt zu einem Menschen hinsichtlich des Austausches von Vorteilen. Die Einteilung der Mitglieder Ihres Netzwerkes darf niemals dazu führen, dass Sie die Personen in Schubkästen einordnen.

 Personenbezogene Merkmalsbuchstaben weisen darauf hin, in welcher Art Ihre Kontaktaktivitäten gestaltet werden sollen.

Sie müssen Ihre Adressdatei wiederholt durchsehen und die Merkmale immer wieder korrigieren. Sie können natürlich einer Person auch mehrere Merkmale zuordnen. Diese Merkmale steuern Ihre Kontaktaktivitäten, und zwar sowohl in der Häufigkeit als auch in den inhaltlichen Schwerpunkten. Wenn Ihre Adresskartei mehr als zwanzig Personen umfasst, können Sie eine systematische Kontaktpflege nicht mehr ohne Hilfsmittel überblicken. Sie müssen Aufzeichnungen machen, und dazu ist es notwendig, ein System von Merkmalen zu entwickeln, die Sie den Personen Ihrer Adressdatei hinzufügen. Wählen Sie Merkmale aus, mit denen Sie persönlich gut umgehen können und die für Ihre Bedingungen passend sind. Die Anzahl soll überschaubar sein.

An institutionellen Netzwerken teilnehmen

Amerikanische Netzwerk-Experten empfehlen: »Werden Sie in so vielen Vereinen wie möglich Mitglied.«

Das ist schlicht Unfug. Bei der Mitgliedschaft in zwanzig oder dreißig Vereinen ist weder eine vernünftige Vereinsteilnahme möglich, noch werden Ihnen die Geld- und Zeitausgaben etwas bringen. Meine Empfehlung lautet daher:

 Treten Sie nur in die Vereine oder Verbände ein, deren Mitgliedschaft für Sie sinnvoll ist.

Versuchen Sie zunächst einmal, sich von der Vorstellung, alles alleine bewältigen zu wollen, zu lösen, und legen Sie auch Ihre Vorurteile gegen die »Vereinsmeierei« ab.

Networking mit Vereinen und Verbänden

Für jede Branche und jedes Interesse gibt es professionelle Verbindungen, Vereine und Verbände. Ob es Fotografen oder Rechtsanwälte sind, Handwerker oder Hebammen, Grafiker, Autoren, Handelsvertreter oder Laternenanzünder: Für jeden existiert der passende Verein oder Verband. Für die meisten Berufszweige gib es sogar mehrere zur Auswahl.

Treten Sie in die Vereinigung ein, die für Sie nützlich ist. Üben Sie hier Networking. Die Vorteile einer passenden Zugehörigkeit sind ganz offensichtlich. Sie erhalten wichtige Informationen über Ihre Branche, über Rechtsfragen, die wirtschaftliche Situation und die Kollegen, die meist Ihre Konkurrenten sind.

Wenn Sie die »Mitbewerber« am Markt nicht als Feinde ansehen, können Sie von der Berufserfahrung anderer profitieren. Suchen Sie in beziehungsintelligenter Art und Weise das Gespräch mit ihnen. Bei Jahreshauptversammlungen, Workshops und Veranstaltungen treffen Sie Gleichgesinnte. Auch der Kontakt mit angestellten Mitarbeitern des Vereins oder Verbandes (etwa Sekretärinnen, Sachbearbeiter oder

Bibliothekare) ist oft sehr informativ. Bei der Übernahme von Aufgaben lernen Sie die Mitglieder kennen, die in der Regel auch in ihrem Beruf die Engagiertesten und meist auch die Erfolgreichsten sind. Die Zugehörigkeit zum Verein oder Verband und die Kontakte mit den anderen Mitgliedern stärken Ihr berufliches Selbstverständnis. Es ist für Sie eigentlich keine Frage, ob Sie beitreten oder nicht. Die Frage ist lediglich, welcher Vereinigung – und wie vielen.

Die Checkliste: »Eintritt in ein institutionelles Netzwerk« (S. 244) soll Ihnen eine Hilfestellung geben.

Treffen Sie Ihre Entscheidung nach diesem Check. Bleiben Sie nur Mitglied, wenn die Bilanz auch stimmt. Es hat keinen Sinn, in vielen Vereinen Mitglied zu sein und ständig ein schlechtes Gewissen zu haben, weil Sie aus zeitlichen Gründen an den Aktivitäten nicht teilnehmen können. Besser ist es, Mitglied in nur wenigen Vereinen zu sein und dann auch aktiv am Vereinsleben teilzunehmen. Andererseits ist es durchaus legitim, einen Berufsverband von vornherein nur als Serviceunternehmen anzusehen. Sie rufen die Informationen ab, die Sie brauchen und nehmen die Hilfe in Anspruch, die Ihnen sinnvoll erscheint. Dafür zahlen Sie Ihren Mitgliedsbeitrag.

Viele Vereine und Verbände sind netzwerkähnlich strukturiert. Aber nicht jeder ist ein richtiges Netzwerk. Trotzdem stellt die Zugehörigkeit einen guten Einstieg in das Networking dar. Sie können hier sehr leicht Kontakte knüpfen und Bekanntschaften machen und dabei das Gegenseitigkeitsprinzip des Gebens und Nehmens anwenden.

So finden Sie Ihr institutionelles Netzwerk

Sie sind von der Netzwerk-Idee angetan, sonst hätten Sie dieses Buch nicht bis hierher gelesen. Sie haben eine Analyse Ihrer Lebenssituation durchgeführt und Ziele formuliert. Sie wissen, was Sie wollen. Sie suchen ein Netzwerk, durch das Sie Förderung erfahren und in dem Sie Menschen treffen, die auch Sie fördern können. Wie finden Sie *Ihr* Netzwerk?

Bei jeder Informationssuche können Sie grundsätzlich drei Wege gehen. Entweder einen allein oder zwei oder drei nacheinander.

- *1. Fragen Sie andere Menschen.* Wer Networking betreibt, weiß, wen er fragen kann. Es ist kennzeichnend für jedes *gute* Netzwerk, dass dem Networker bei jedem Informationsproblem eine Person einfällt, die er fragen kann. Außerdem ist die Frage nach einer Information eine ideale Gelegenheit, Kontakte herzustellen. Es gibt kaum eine bessere »Rechtfertigung«, auf fremde Menschen zuzugehen, als eine Frage.

Sie haben in der Zeitung einen Artikel über ein bestimmtes Netzwerk gelesen, dem Sie beitreten möchten. Der Initiator dieses Netzwerkes ist eine bekannte Person des öffentlichen Lebens. Lassen Sie sich die Adresse geben. Fragen Sie bei der Zeitung nach der Adresse dieser Person oder nach ihrem Wohnort. Oftmals ist auch bekannt, welcher Institution diese Person zuzuordnen ist: einem Unternehmen, einer politischen oder einer anderen Organisation. Schreiben Sie einfach dorthin, und bitten Sie, Ihren Brief weiterzuleiten.

Networking heißt, durch den Kontakt mit anderen Menschen an Informationen heranzukommen. Es bedeutet aber auch, durch gezielten Informationsaustausch mit anderen Menschen Kontakte zu pflegen.

 Durch Networking lassen sich viele Informationsprobleme lösen. »Wissen wer was weiß« lautet die Erfolgsformel des Networking.

- *2. Schlagen Sie in Büchern und Zeitschriften nach.* Fast das gesamte Wissen der Welt ist in veröffentlichten Büchern und Zeitschriften enthalten. Es gibt diverse gedruckte Verzeichnisse, die Netzwerke, Vereine und Verbände auflisten. Sie finden hier ganz sicher das Passende.

Um nach einem bestimmten Netzwerk zu suchen, müssen Sie zuerst das richtige Buch oder Verzeichnis finden. Ein Buch verweist auf andere. Dieses Buch zum Beispiel enthält im Anhang Hinweise auf andere Bücher und andere Informationsquellen. Wenn Ihnen das nicht ausreicht, fragen Sie im Buchhandel oder in einer Bibliothek nach weiteren Büchern.

Auch im Zeitalter des Internet haben gedruckte Texte ihre Berechtigung und sind oftmals sogar die bessere Informationsquelle. Das gilt insbesondere für Zeitungen und Zeitschriften. Obgleich viele Publikationen im Internet einzusehen sind, finden Sie aktuelle und lokale Hinweise besser in den gedruckten Ausgaben, die Sie an einem gut sortierten Zeitungskiosk kaufen können. Das gilt insbesondere für Anzeigen, die auf Veranstaltungen von Netzwerken und Vereinen hinweisen. Anzeigen in Regionalblättern sind nach wie vor der ideale Weg, um Kontakte zu Personen und Gruppen herzustellen.

- 3. *Suchen Sie im Internet.* Vieles, was in gedruckter Form oder als CD-ROM vorliegt, können Sie auch über das Internet nutzen: das Telefonbuch, den Fahrplan der Bahn oder die Kataloge der Bücher, die zurzeit im Buchhandel erhältlich sind. Wenn Sie die freundlichen Menschen in einem Buchladen oder in einer Bibliothek nach bestimmten Buchtiteln fragen, schlagen sie auch in diesen Katalogen nach. Das können Sie aber über das Internet selbst tun. Dort gibt es das »Verzeichnis lieferbarer Bücher« (*www.vlb.de*) oder so genannte Barsortimentskataloge von Buchgroßhändlern, wie zum Beispiel der Katalog »Libri« (*www.libri.de*). Die Kataloge verschiedener Internetbuchhandlungen wie etwa »amazon«, »buecher«, »bol« basieren meist auf diesen Katalogen.

Durch das Internet erhalten Sie aber auch Informationen, die auf anderem Weg nur sehr schwer oder gar nicht zugänglich wären. Sie können ohne Mühe von zu Hause aus in den Katalogen der Deutschen Bibliothek in Frankfurt oder der Kongress-Bibliothek in Washington blättern. Sie können aber auch an Informationen kommen, die nur im Internet existieren.

Das Internet ist ein großer Informationsmarkt, auf dem jeder frei und ohne Einschränkungen veröffentlichen kann, was er will. So kann jeder sich auf »pages« oder »sites« darstellen. Diese können Sie im Internet suchen, finden, lesen und kopieren. Wenn Sie wissen, wie die Adresse lautet, ist das Suchen und Finden leicht. So finden Sie zum Beispiel das Netzwerk »FIM – Frauen im Management« unter *www.fim.de*.

Wenn Sie die Adresse der Information, die Sie suchen, nicht kennen, dann müssen Sie die so genannten »Suchmaschinen« und »Verzeichnisse« des Internet bemühen. Das sieht leichter aus, als es ist. In Kapitel 10 erhalten Sie eine kurze Einführung.

Das Internet ist ein vorzügliches Medium für die Kontaktsuche, die Selbstdarstellung und die Herstellung von Beziehungen. Daher werden Sie alle wichtigen und großen institutionellen Netzwerke auch dort finden. Netzwerke sind Profis der Kontaktvermittlung. Ihre Präsenz im Internet ist unverzichtbar.

Ein institutionelles Netzwerk prüfen

Wenn Sie das Netzwerk gefunden haben, das Ihnen gefällt, prüfen Sie es mit der folgenden Checkliste.

Checkliste: Eintritt in ein institutionelles Netzwerk

Was ist das für ein Netzwerk?

- Welche Aufgaben und Zielsetzungen gibt es? ....
- Gibt es örtliche Gruppen und persönliche Treffen? ....
- Gibt es Versammlungsprotokolle oder Mitteilungsblätter? ....
- Existiert eine Mitgliederliste? Wer wohnt in meiner Nähe? Kann ich anrufen? ....
- Welche Informationen sind verfügbar? Wie erhalte ich sie? ....
- Welches Serviceangebot hat das Netzwerk? ....
- Ist eine Gast-Teilnahme möglich? ....

Was will ich?

- Wo stehe ich beruflich? Wo will ich hin? Welche Hilfe brauche ich?
  ....
- Was könnte ich zu diesem Netzwerk beitragen? ....
  ....
- Was kostet mich das alles (Geld, Zeit)? ....
  ....

Die Qualität des Netzwerkes

- Welche bekannten Personen oder Firmen sind unter den Mitgliedern? ....
- Bieten die Veranstaltungen gute Chancen für Kontakte? ....
  ....
- Sind die Informationen gut aufbereitet? ....
  ....
- Welche Förderung erhalte ich? ....
  ....

Meine Entscheidung

	Ja	Nein
a) Ich trete ein/nehme teil und nutze das Serviceangebote des Netzwerkes.	☐	☐
b) Ich trete ein/nehme teil und nehme aktiv an der Netzwerkarbeit teil.	☐	☐
c) Ich trete nicht ein/nehme nicht teil.	☐	☐

Kontrolle

Bilanz nach einem Jahr (vor dem Ablauf einer möglichen Kündigungsfrist)	Ja	Nein
a) Die Teilnahme an diesem Netzwerk hat meine Erwartung erfüllt.	☐	☐
b) Kündigung notwendig?	☐	☐

Kapitel 8

Aus Kontakten werden Beziehungen

Wenn Sie einen fremden Menschen ansprechen, stellen Sie einen *Kontakt* zu ihm her. Sie halten den Kontakt dadurch aufrecht, dass Sie ihn öfter anrufen oder sich wiederholt mit ihm treffen. Aus den Kontakten wird eine *Beziehung*.

Kontakte sind zeitlich begrenzt. Es findet eine gegenseitige Einflussnahme statt, bei der sich die Beziehungsintelligenz der Gesprächspartner zeigt. Die Beziehung ist ein längerfristiges Verhalten und Erleben. Eine Beziehung stellt sich im Erleben als positiv oder negativ dar.

 Kurzfristige Einflussnahme und längerfristige Beziehungen sind zwei unterschiedliche Aufgaben und Erlebnisfelder menschlichen Handelns.

Es ist zu beobachten, dass jemand in einem Bereich sehr erfolgreich sein kann und in dem anderen häufig scheitert. Bei kurzen Kontakten gelingt es ihm, den anderen für sich einzunehmen. Bei längerfristigen Beziehungen gibt es immer wieder Schwierigkeiten.

Auch im Berufsleben existieren längerfristige Verhältnisse zu anderen Menschen. Sie kooperieren jahrelang mit Ihren Arbeitskollegen. Sie haben ein bestimmtes Verhältnis zu Ihrem Vorgesetzten und Ihr Vorgesetzter hat ein bestimmtes Verhältnis zu Ihnen.

In all diesen längerfristigen Beziehungen können Sie mehr oder minder erfolgreich sein. *Erfolg* bedeutet in diesem Zusammenhang, dass Sie erreichen, was Sie sich von einer Beziehung erwarten. Menschliche Beziehungen in der Arbeitswelt fördern das Ansehen, die Verwirklichung von Leistungszielen und die persönliche Entwicklung.

Die Beziehungen in der Familie und Beziehungen im Beruf sind unterschiedliche Welten. Das liegt daran, dass in diesen unterschiedlichen Welten unterschiedliche Bedürfnisse befriedigt werden. Ihre Erwartungen und Gefühle gegenüber Ihrem Lebenspartner sind andere als gegenüber Ihren Kollegen oder Vorgesetzten.

Die Unterschiede liegen auch in der Bedeutsamkeit, die diese Bezugspersonen für Ihr Leben haben. Familiäre Bindungen sind auf Dauer angelegt. Wenn Freundschaften auseinander gehen, ist das sehr schmerzhaft. Berufliche Beziehungen sind im Vergleich dazu eher austauschbar. Hier überwiegt der rationale Nutzen.

Mit Networking versuchen Sie stets, aus Kontakten längerfristige Beziehungen zu machen. Sie wollen aus flüchtigen Begegnungen ein dauerhaftes Netzwerk knüpfen. Die langfristige Gestaltung der Beziehungen zu anderen Menschen ist ein sehr komplexes Geschehen, das noch mehr als nur eine gute Beziehungsintelligenz erfordert. Beim Networking geht es darum, aus Kontakten Beziehungen entstehen zu lassen.

Was macht Sie für andere Menschen interessant?

Sie haben die Techniken kennen gelernt, mit denen Sie Kontakte herstellen. Wenn auch andere von sich aus mit Ihnen Kontakt aufnehmen sollen und um bestehenden Kontakt nicht einschlafen zu lassen, müssen Sie für andere attraktiv sein.

Markus von Berg treffe ich auf Lanzarote. Er hat mit 45 Jahren seine Praxis als Kieferchirurg verkauft und sich einen lebenslangen Traum erfüllt. Er ist mit einer Segelyacht jahrelang um die Welt gefahren und hat sich dann in Lanzarote niedergelassen. Sportfischen ist seine große Leidenschaft. Er berichtet, dass dies wie ein Rausch ist, so wie es Hemingway in *Der alte Mann und das Meer* erzählt hat. Er zeigt mir die Bilder der großen Schwertfische, die er gefangen hat und wie er stundenlang auf See seine acht Angeln hinter sich herzieht.

Markus ist ein Mann, der seinen Traum lebt. Er ist ein Mensch, der von etwas begeistert ist. Er lässt andere an dem großen Jagdabenteuer Sportfischen teilhaben. Er lädt mich ein, mit ihm herauszufahren.

Das, was Markus macht, macht ihn interessant. Die Art, wie er es vermittelt, weniger. Er erzählt:

»Ich bin der Einzige, der wirklich etwas fängt. Die Hotels und Restaurants kommen zu mir, wenn sie Fisch brauchen. Nicht zu den Berufsfischern. Die Polizei kommt auch zu mir, wenn ich jemanden aus Seenot retten muss. Ich habe im letzten Jahr mehr Menschen vor dem Ertrinken gerettet als alle Rettungsschwimmer zusammen.«

Und so geht es weiter. Markus gehört zu den Menschen, die ständig beweisen müssen, dass sie die ersten, schnellsten, besten und größten sind. Es gibt einen deutlichen Unterschied zwischen *interessant sein* und *sich interessant machen*.

 Setzen Sie alles daran, für andere interessant zu sein. Aber versuchen Sie niemals, sich interessant zu machen.

Wenn Sie Leute kennen lernen wollen, die nicht langweilig sind, dürfen Sie selbst kein Langweiler sein. Sie können hunderterlei Dinge tun, um interessant und attraktiv für andere zu sein. Sie können ein rasantes Auto fahren oder verwegene modische Kleidung tragen, wenn Ihr Berufsumfeld es erlaubt. Sie können ein verrücktes Ferienziel haben oder Ihr Äußeres sehr attraktiv gestalten. Sollten Sie von Natur aus einen Grundstock dafür mitbekommen haben, umso besser. Und Sie können sich ein außergewöhnliches Hobby aussuchen. Wählen Sie eins, das nicht nur für Ihre Hobby-Freunde von Interesse ist. Über Briefmarken kann man sich nur mit Philatelisten unterhalten. Sollten Sie aber Orchideen züchten, so interessieren sich für die Schönheit dieser Blumen nicht nur Ihre Züchterkollegen. Wählen Sie ein Hobby, über das man ganz allgemein reden kann und dessen Produkte von allgemeinem Interesse sind.

Sie sind für andere Menschen besonders attraktiv, wenn Sie *berühmt* sind. Wenn die Zeitungen öfter über Sie berichten, dann erhöht das Ihre Anziehungskraft. Anders als früher ist heute die persönliche Bekanntschaft mit einer berühmten Persönlichkeit keine Besonderheit mehr. Dass Sie den Minister privat kennen, macht Sie nicht viel attraktiver. Sie müssen schon der Minister selbst sein.

Vielleicht wird es nicht unbedingt Ihr Ziel sein, eine berühmte Persönlichkeit des allgemeinen öffentlichen Lebens zu werden. Aber in einem bestimmten, eng umgrenzten Bereich sollten Sie sich schon präsentieren. Sie können in Ihrem lokalen Umfeld relativ leicht öffentlich bekannt werden. Wählen Sie politische, karitative oder kulturelle Organisationen, die Ihnen einen leichten Aufstieg ermöglichen. Versuchen Sie, Orts- oder Kreisvorsitzender einer Organisation zu werden, die selbst einiges Ansehen genießt. Damit schlagen Sie für Ihr Networking zwei Fliegen mit einer Klappe: Sie lernen hier viele Menschen kennen, und viele Menschen suchen Ihre Bekanntschaft.

Unterhalten Sie andere

Viele Vorschläge, attraktiv auf andere zu wirken, sind umstritten. Die einen suchen Ihre Nähe, weil Sie mit Ihrem rasanten Auto einmal mitfahren wollen. Die anderen halten Sie für einen Spinner. Entschließen Sie sich für eine öffentliche Präsenz mit Hilfe der Partei X, so werden sich die Anhänger der anderen Parteien Ihnen gegenüber distanziert verhalten. Es gibt nur ein Verhalten, das Sie in den Augen aller Menschen attraktiv macht: andere Menschen gut zu unterhalten.

 Wenn Sie andere Menschen angenehm unterhalten können, sind Sie immer interessant.

Sie haben es schon mal mit Zaubern versucht, bauen Sie das aus. Wenn es Ihnen gelingt, Menschen zum Staunen und Lachen zu bekommen, wird man Sie nie vergessen. Spielen Sie ein Instrument oder können Sie singen, dann üben Sie ein paar Stücke ein, die allen Leuten gefallen. Es muss nicht gerade Zwölftonmusik sein. Sie können Dialekte nachmachen oder schauspielerisch einen Sketch vortragen. Versuchen Sie es. Bauen Sie Ihre Talente aus. Sie werden zu jeder Party eingeladen.

Was Sie in allen Situationen attraktiv macht und was leicht zu erlernen ist, ist das Erzählen von Geschichten. Eignen Sie sich eine emotionale Sprechweise an, mit der Sie kleine Ereignisse spannend darstellen können. Erzählen Sie Geschichten aus Ihrem Leben, kleine Ereignisse, die Ihnen passiert sind. Wenn Sie sie so erzählen, dass man darüber lachen kann, umso besser.

Machen Sie aus einer Mücke einen Elefanten. Tragen Sie mit gelungener Mimik, Gestik, Stimmklang und richtiger Pausensetzung vor. Übertreiben Sie ein bisschen. Überzeichnen Sie das, was Sie erlebt haben, aber schneiden Sie nicht auf. Und erinnern Sie sich daran, wie kreativ beispielsweise die Gutenachtgeschichten für Ihre Kinder sind oder waren! Sie stellen ein gutes Übungsfeld dar.

Haben Sie keine Kinder, wählen Sie sich eine andere Zuhörerschaft, zum Beispiel Ihren Lebenspartner oder Ihre Eltern. Hier sind dann Ereignisse aus Ihrem Leben ein besserer Übungsstoff als die Klassiker der Weltliteratur. Sie werden nach kurzer Übungszeit in diesem Metier Erfolg haben.

 Das Entscheidende beim Geschichtenerzählen sind die emotionale Sprechweise, die Mimik und Gestik und die Sprechpausen.

Wenn Sie das Geschichtenerzählen mit Kindern üben, können Sie den emotionalen Ausdruck auch einmal kräftig übertreiben. Das, was Sie mit Kindern *übertreibend* ausleben können, nehmen Sie dann, wenn Sie Ihre Geschichten Erwachsenen erzählen, ein wenig zurück. Manchmal ist der Grad zwischen wirkungsvollem Ausdruck und Lächerlichkeit sehr schmal. Erwachsene wollen natürlich nicht wie Kinder behandelt werden. Stellen Sie Ihren Erzählstil auf Ihr Publikum ein.

Worüber erzählen Sie Geschichten? Über Ihr Leben, über das, was Sie erfahren haben, über kleine Ereignisse aus dem Alltag. Auch wenn Sie noch so gut erzählen, nicht jeder interessiert sich für Ihre Computergeschichten oder Ihre Autopanne. Sie dürfen bei Ihren Geschichten durchaus ein wenig übertreiben. Vielleicht erfinden Sie auch Details, die besser passen als die Ereignisse der Wirklichkeit. Aber schneiden Sie nicht auf. Achten Sie auch darauf, dass Sie weder Neid noch Missgunst Ihres Publikums erregen.

Überprüfen Sie von Zeit zu Zeit, welchen Eindruck Sie auf andere Menschen machen. Wirken Sie so, wie Sie wirken möchten? Was müssen Sie verändern, um so attraktiv zu sein, wie Sie es sich wünschen? Beobachten Sie genau, wie Sie sich in sozialen Kontaktsituationen verhalten und wie andere Menschen auf Sie reagieren. Und fragen Sie die

Menschen, die Sie als gute Freunde bezeichnen würden. Von diesen dürfen Sie eine ehrliche Antwort erwarten, was Sie falsch machen.

Was Sie vermeiden sollten

Sollten Sie für andere nicht attraktiv sein, wirken Sie vermutlich entweder langweilig oder gar abstoßend. Vermeiden Sie beides. Statt einer langen Liste hier nur ein paar Beispiele:

Zu den langweiligsten Eigenschaften gehört das Schweigen. Solange Sie nichts zu sagen haben und nicht reden können, brauchen Sie mit Networking gar nicht erst anzufangen. Üben Sie also, Geschichten zu erzählen und Gespräche zu führen.

Von Ihnen gehen keine Impulse aus. Sie haben keine Ideen und zeigen keinerlei Initiative. Aber dagegen gibt es Heilmittel. Betrachten Sie nur einmal folgende Alternativen: einsam durch den Wald joggen oder Tennis im Verein spielen? Angeln oder Orchideen züchten? Flugmodelle basteln oder Galerien besuchen? Welche dieser Möglichkeiten bietet jeweils mehr Kontaktmöglichkeiten?

Sie sind unfreundlich und im Umgang mit Menschen manchmal auch aggressiv. Wenn Sie darauf aus sind, niemanden an sich heranzulassen, dann machen Sie nur so weiter. Im Business-Bereich nennt man so etwas auch »kühle Sachlichkeit«. Das ist aber gleichzusetzen mit »verschlucktem Stacheldraht«. Im Umgang mit Menschen gibt es nur zwei Möglichkeiten: Entweder ist man freundlich, verbindlich, nett und höflich, oder man ist es eben nicht.

 Lächeln Sie mehr als bisher. Sie werden sehen, die Leute sind plötzlich sehr viel netter als vorher.

Wenn Sie die Körperpflege vernachlässigen, werden Sie allenfalls die Fliegen anziehen, aber nicht Ihre Mitmenschen.

Die Kleidung hat heute wieder einen besonderen Stellenwert. Einerseits sind die Menschen situationsgemäß und sehr variabel gekleidet. Andererseits ist es oftmals schwer, eine *gepflegte* von einer *nachlässigen Kleidung* zu unterscheiden. An den Jeans alleine lässt es sich nicht festmachen. Es kommt sehr darauf an, welche Art von Jeans es sind und was dazu gerade getragen wird. Wenn Sie eine Karriere im Management anstreben, dann orientieren Sie sich in Kleiderfragen an denjenigen, die ganz oben sitzen. Damit haben Sie eindeutige Vorbilder. Im Verkaufsbereich können Sie die Vorbilder noch leichter finden. Vergleichen Sie die Kleidung eines Spitzenverkäufers mit einem Jahreseinkommen von dreihunderttausend Mark mit der eines Vertreters, und der seine Familie schlecht ernähren kann. Argumentieren Sie nicht so, dass der Spitzenverkäufer sich ja von seinem Gehalt die elegante Kleidung leisten könne. Erst umgekehrt wird ein Schuh daraus. Er hat nur rechtzeitig in hochwertige Kleidung investiert und ist dann zum Spitzenverkäufer geworden.

Starker Nikotin- und Alkoholkonsum über das übliche Maß hinaus grenzt Sie von Ihren Mitmenschen ab. Anfänglich sitzen sie gesellig mit Ihnen beisammen. Später lassen sie Sie fallen. Die Grundregel für Erfolg und Networking lautet:

 Trinken Sie nur mäßig und sehr kontrolliert Alkohol, und rauchen Sie möglichst nicht oder nur sehr wenig.

Psychische Störungen machen Sie für andere Menschen nicht interessant. Wenn Sie Einsicht in die Art Ihrer psychischen Probleme haben, setzen Sie alles daran, sie mit therapeutischer Hilfe zu überwinden. Den meisten Menschen kann geholfen werden. Ihre Erfolgskarriere setzt psychische Stabilität voraus. Es gibt Leute, die behaupten, dass besonderer Berufserfolg nur für die Leute möglich wäre, die psychisch eingeschränkt leben. Manche meinen sogar, Genie und Wahnsinn würden eng beieinander liegen. Es ist genau umgekehrt. Die erfolgreichen Menschen sind psychisch sehr viel stabiler und gesünder als diejenigen, die weniger erfolgreich sind.

Mobilisieren Sie die verborgenen Anlagen Ihrer Beziehungsintelligenz, dann werden Sie Ihre Attraktivität auch steigern. Sie müssen nur beobachten, wann und wodurch andere Menschen auf Sie interessant und anziehend wirken. Versetzen Sie sich daraufhin in andere Menschen hinein und betrachten Sie dann aus deren Blickwinkel Ihr eigenes Verhalten.

Das Gespräch zu einem Erlebnis machen

Jedes Gespräch, das Sie führen, hat neben dem Informations- auch einen Erlebnisgehalt. Bei den vielen Gesprächen und der Fülle der Telefonate, die Sie führen, ist Ihnen das oft nicht bewusst. Sie sind am Austausch von Informationen interessiert und schenken der Beziehungsseite keine Bedeutung. Nur wenn ein Gesprächsverlauf sich erheblich von anderen unterscheidet, werden Sie auch auf Ihre Gefühle aufmerksam, die das Ereignis begleiten.

Ein Gespräch hat Sie verärgert. Sie erleben Wut oder Zorn. Oder Ihr Gegenüber war in besonderer Weise liebenswürdig. Sie erlebten ein warmes Gefühl der Freude. Das Meeting war besonders konfliktreich. Sie fühlen sich ausgepowert und erschöpft.

Halten wir also fest: Bei jedem Gespräch gibt es immer mehrere Ebenen. Die eine ist die Sachebene, in der es um Inhalte und Informationen geht. Auf diese Ebene richten wir in der Regel unsere volle Aufmerksamkeit. Wir wollen uns verständlich ausdrücken und den anderen richtig verstehen. Normalerweise investieren wir darin alle unsere bewussten Gestaltungsbemühungen. Dann gibt es aber noch die Beziehungsebene, zu der unser emotionales Erleben gehört. Darauf werden wir normalerweise nur aufmerksam, wenn sich unsere Gefühle etwas stärker zu Wort melden.

 Alle unsere Gespräche enthalten Gefühle und Erlebnisse, aber wir machen die Gespräche normalerweise nicht zu Erlebnissen.

Wie lässt sich nun ein Gespräch zum Erlebnis machen? Richten Sie Ihre Aufmerksamkeit nicht nur darauf, *was* Sie sagen, sondern auch darauf, *wie* Sie es sagen.

Erzeugen Sie positive Gefühle bei Ihrem Gesprächspartner

Sprechen Sie Ihr Gegenüber einmal in einer besonders freundlichen und verbindlichen Form an. Welche Gefühle lösen Sie bei ihm dabei aus? Beobachten Sie seine verbalen und nonverbalen Reaktionen, und

Sie werden es wissen. Versuchen Sie einmal, durch Ihr kommunikatives Verhalten bei Ihrem Gegenüber Erstaunen auszulösen. Wie erzeugt man beim anderen Interesse und Aufmerksamkeit? Wie erzeugt man das Gefühl von Langeweile? Was muss man tun, um ihn zu verärgern? Versuchen Sie einmal experimentierend verschiedene Dinge durchzugehen.

All diese Einflussnahmen sind gar nicht so schwer zu realisieren. Beobachten Sie einfach nur, was andere tun, wenn Sie mit ihnen sprechen. Teilen Sie Ihre Aufmerksamkeit. Richten Sie sie zum einen auf den Inhalt und zum andern auf die Art und Weise des Gespräches. So wird es Ihnen möglich sein, das *Wie* des Gesprächs auch zielgerichtet zu gestalten.

Mit diesen Übungen verbessern Sie Ihre Beziehungsintelligenz. Lassen Sie Gespräche nicht einfach so laufen, sondern nehmen Sie emotional Einfluss auf den anderen.

Alle sehr erfolgreichen Menschen können diesen emotionalen Einfluss bewusst und zielgerichtet auf andere ausüben. Alle erfolgreichen Menschen können außerordentlich freundlich und charmant sein. Dies entspricht sowohl vielfältigen Erfahrungen als auch wissenschaftlichen Untersuchungen. Die Fähigkeit, bei dem Gesprächspartner gezielt positive Gefühle auszulösen, ist der entscheidende Erfolgsfaktor im Umgang mit anderen Menschen.

Nun werden Sie einwenden, dass Sie auch schon andere Erfahrungen gemacht hätten. Es gab Situationen, in denen erfolgreiche Menschen zu anderen sehr unfreundlich, aggressiv und verletzend waren. Das hat ihren allgemeinen Erfolg aber nicht geschmälert, sondern in manchen Fällen sogar verstärkt.

Der Schwerpunkt liegt ja auch darauf, dass Sie *freundlich sein können*. Sie besitzen die Fähigkeit, Ihr Gesprächsverhalten variabel zu gestalten. Niemals sind Sie dem Gesprächsverhalten anderer ausgeliefert. Aufgrund Ihrer Beziehungsintelligenz gelingt es Ihnen, den Erlebnisgehalt der Gesprächssituation in Ihrem Sinne zu beeinflussen. Und wenn Sie unfreundlich sein wollen, dann wollen Sie den anderen bewusst ärgern oder verletzen. Aber Sie sind auch durchaus in der Lage, außerordentlich charmant zu sein.

Kontrollieren Sie Ihre eigenen Gefühle

Wenn jemand etwas zu Ihnen sagt, dann nehmen Sie den Inhalt zur Kenntnis. Sie sind aber auch Gefühlen ausgesetzt, weil der andere etwas mit Ihnen *gemacht* hat. Auf der Beziehungsebene findet immer eine Einflussnahme statt. Nehmen wir ein Beispiel:

Das Telefon klingelt. Sie nehmen ab und der Anrufer fährt Sie ziemlich unfreundlich an:

»Da sind Sie ja endlich. Ich habe schon den ganzen Tag versucht, Sie zu erreichen!«

Nun gibt es zwei unterschiedliche Arten, darauf zu antworten. Die eine bestünde darin, es dem Anrufer mit gleicher Münze heimzuzahlen. Etwa in dieser Form:

»Im Gegensatz zu Ihnen habe ich auch noch andere Aufgaben, als den ganzen Tag auf einen Anruf zu warten.«

Oder aber Sie könnten Ihre Antwort etwa in folgender Art formulieren:

»Guten Tag, Herr Schmidt, schön, dass die Verbindung endlich zustande gekommen ist hat. Was kann ich für Sie tun?«

Sie würden Ihrer Stimme dabei einen freundlichen Klang geben. Menschen mit höherer Beziehungsintelligenz können auf Unfreundlichkeit auch sehr freundlich reagieren. Das stellt für sie keine Belastung oder Gefährdung ihrer Persönlichkeit dar. Sie sehen darin eigentlich überhaupt kein Problem. Ihnen steht dieses Verhaltensmuster frei zur Verfügung, und sie können es einsetzen, wenn sie es möchten.

Ich meine natürlich nicht, dass Sie auf jedes unfreundliche, aggressive oder patzige Verhalten Ihrer Mitmenschen immer freundlich reagieren *sollen*. Aber Sie sollten die *Freiheit* haben, es tun zu können, wenn Sie wollen.

 Sie müssen frei darüber verfügen können, welche Richtung Sie einem Gespräch geben und welche Gefühle Sie bei Ihrem Gegenüber dabei auslösen wollen, völlig unabhängig davon, welche Gefühle er bei Ihnen ausgelöst hat.

Die Kunst, Gespräche zu führen

Wir haben zwischen Kontaktgesprächen und Beziehungsgesprächen unterschieden. Bei den Kontaktgesprächen kommt es vorrangig darauf an, dass sie erfolgreich verlaufen. Der Erstkontakt soll dem Kennenlernen dienen und zum Adressenaustausch führen. Nun gilt es, die Verbindung zu diesem Menschen aufrechtzuerhalten und zu festigen. Von Zeit zu Zeit aber arrangieren Sie auch Beziehungsgespräche, in denen es nicht mehr vorrangig um den Austausch von Informationen geht, sondern um das *Erlebnis der Beziehung* selbst. Sie wollen dem anderen dabei nichts verkaufen und wollen kein Verhandlungsziel erreichen. Das Gespräch hat keinen anderen Zweck als sich selbst. Man spricht um des Gespräches willen.

Jede Zeit hat ihre Art, Gespräche zu führen. Auch in den verschiedenen Kulturkreisen werden Gespräche heute unterschiedlich geführt. In Männergesellschaften wird anders geredet als da, wo Frauen bei der Arbeit unter sich sind. Im Mittelalter war die Kommunikation zwischen Herr und Gefolgsleuten eine andere, als es die Debatte in der neuzeitlichen Demokratie ist. Die Art der Gespräche zwischen Mann und Frau, zwischen Eltern und Kindern und zwischen Vorgesetzten und Mitarbeitern ist ständig im Wandel begriffen.

Auch der Gesprächsstil einzelner Menschen ist recht unterschiedlich. Die einen sind stets bewusst oder unbewusst darauf bedacht, sich durchzusetzen. Sie erleben das Gespräch als einen Kampf, den sie nur dadurch gewinnen können, dass sie Recht behalten. Andere dagegen haben ständig das Gefühl, bevormundet zu werden. Sie erleben jede andere Meinung als Kritik und fühlen sich dadurch eingeschränkt.

Wiederum anderen macht es Spaß, Menschen etwas zu vermitteln. Sie wollen durch Informationen, Vorschläge und Kritik ihre Gesprächspartner verändern.

Gespräche zu führen ist ein menschliches Grundbedürfnis und ein Ausdruck der menschlichen Kultur. Menschen sehnen sich nach Berührung und Austausch in körperlicher und verbaler Weise.

 Wenn Gespräche gelingen, führt dies zu nachhaltiger Zufriedenheit. Wenn Gespräche misslingen, treten Frustrationen, Zorn, Ärger und Enttäuschung auf.

Zum Networking gehört die Pflege der Gesprächskulturen, und zwar in verschiedenen Spielarten. Small Talk und Kontaktgespräche, Informationsaustausch und Gespräche über Beziehungen: All das ist jeweils etwas anderes. Finden Sie von Zeit zu Zeit die Ruhe, Gespräche zu führen, in denen die Beziehung zu anderen Menschen bewusst gestaltet wird.

Ein positives Erlebnis herbeiführen

Um ein Gespräch zu einem Erlebnis zu machen, brauchen Sie einen oder mehrere Gesprächspartner, eine passende Situation oder ein angemessenes Umfeld und ein geeignetes Thema, über das Sie reden.

Der oder die Partner, mit denen Sie das Gespräch führen wollen, müssen das gleiche Interesse am Erlebnisgehalt der Kommunikation haben wie Sie. Je nach Anzahl der Gesprächsteilnehmer ist eine entsprechende Art der Gesprächsführung erforderlich. Große Tischgesellschaften neigen dazu, entweder in kleine Gruppen zu zerfallen oder auf der Ebene von Small Talk zu verbleiben. Es ist dagegen sehr viel leichter, Gespräche mit nur einem oder wenigen Partnern zu gestalten.

Situation und Umfeld müssen dem Gespräch förderlich sein. Über die Störungen durch Telefon und Fernsehen haben wir schon gesprochen. Eine geeignete Situation ist häufig das gemeinsame Essen im Restaurant oder im privaten Kreis. Aber auch die gemeinsame Wanderung oder das Liegen am Swimmingpool eignet sich für Gespräche.

Und schließlich brauchen Sie ein Thema, über das Sie reden. Je persönlicher das Thema ist, desto stärker sind die Gefühle, die bei dem Gespräch aufkommen. Über was kann man reden? Alles, was interessiert, wovon einer oder mehrere betroffen sind oder worüber man sprechen will, kann ein Thema sein.

 Im Gegensatz zum Small Talk gibt es beim Beziehungsgespräch keine Tabuthemen.

Selbstverständlich werden Sie auf die Bedürfnisse Ihrer Partner Rücksicht nehmen, aber prinzipiell können Sie auch über Religion, Politik oder Sexualität reden. Bestimmen Sie das Thema nicht allein nach

Ihrem Geschmack, sondern versuchen Sie Themen zu finden, die alle Beteiligten in gleicher Weise interessieren.

Sie haben Gäste zum Essen eingeladen. Sie bereiten das Essen vor, wählen den Wein aus, kleiden sich der Gelegenheit entsprechend. Vielleicht stellen Sie auch die Sitzmöbel ein wenig um und suchen angenehme Hintergrundmusik für die Unterhaltung aus. Aber haben Sie sich auch über das Gespräch, das Sie führen wollen, Gedanken gemacht? Damit Gespräche auch gelingen, bedarf es manchmal eines etwas größeren Aufwandes. Selbstverständlich sollen Sie keine Diskussion vorbereiten. Sie sollen auch keine Informationen sammeln, die Sie Ihren Gästen dann vortragen. Schauen Sie in die Kontaktnotizen über die Personen, die Sie eingeladen haben. Welche Interessen haben Sie alle gemeinsam? Was würde Sie an Informationen über die andere Person interessieren? Welche Themen könnten Sie versuchsweise anschneiden, um ein Gespräch in Gang zu halten? Auf welche Themen könnten Sie ausweichen?

Fragen Sie die anderen, wie wichtig ihnen persönliche Gespräche sind und wann sie Gespräche als zufrieden stellend erleben. Wie oft geschieht es, dass Gespräche einen nachhaltigen Eindruck hinterlassen? Wie laufen Ihre Gespräche in der Familie ab, und was geschieht beim gemeinsamen Abendessen? Wo gibt es Vorbilder für gelungene Gespräche? Welche Vorbildwirkung hat das Fernsehen, insbesondere die so genannten Talkshows auf unsere Gesprächskultur?

 Sprechen Sie mit anderen über das Gespräch.

Stoßen Sie Gespräche an, indem Sie von Ihren Erfahrungen und Erlebnissen berichten. Erzählen Sie eine Geschichte. Stellen Sie Fragen, und hören Sie zu.

Seien Sie aber vorsichtig, damit nicht der Kommunikationsstil Ihrer jeweiligen Berufstätigkeit durchschlägt. Partnerschaftliche Gespräche anzustoßen ist etwas anderes als ein Meeting straff zu leiten. Vorgesetzte, Lehrer, Richter, Professoren und Ärzte haben ihre eigene Art, mit anderen zu reden. Übertragen Sie dies nicht auf das Beziehungsgespräch mit den Mitgliedern Ihres Netzwerkes.

Gespräche gelingen einmal besser, das andere Mal schlechter. Sie können das Gespräch vorbereiten, aber den Verlauf natürlich nicht exakt vorweg planen. Menschen mit hoher Beziehungsintelligenz haben immer einen erheblichen Anteil am Gelingen eines Gesprächs. Sie können ihre Aufmerksamkeit verteilen – einmal auf den Inhalt des Gesprächs und zum anderen auf das Gesprächsgeschehen.

Sie hören nicht nur, was die Teilnehmer sagen, sondern nehmen auch wahr, was sie miteinander *machen*. Sie sind in der Lage zu erkennen, welche Verhaltensweisen welche Erlebnisse auslösen und welche Gefühle mit diesen Erlebnissen dann verbunden sind. Menschen mit Beziehungsintelligenz stehen Instrumente zur Verfügung, mit denen sie auf den Gesprächsverlauf Einfluss nehmen. Sie stellen Anteil nehmende Fragen, sie bringen spontan und glaubhaft ihre Gefühle zum Ausdruck. Sie hören interessiert zu, und sie werden niemals die Beziehungsebene zwischen den Gesprächspartnern negativ belasten. Sie sind immer tolerant gegenüber anderen Meinungen und anderen Ansichten. Sie können emotional über etwas reden und zeigen ihr Engagement. Sie sind aber niemals rigide in ihren Ansichten. Sie vermitteln den Eindruck einer heiteren Gelassenheit gegenüber allen allgemeinen Problemen der Welt. Bei konkreten Ereignissen jedoch, die Ihren Gesprächspartner belasten, können sie echte Betroffenheit erleben und auch zeigen. Genauso können Sie über freudige Ereignisse in gleicher Weise wie er begeistert sein.

Danke sagen

Ein guter Anlass, auf eine Begegnung mit einer Kontaktperson zu reagieren, ist das Bedanken. Rufen Sie Ihren Gesprächspartner an, und bedanken Sie sich für die wichtige Information, die Beratung oder die Hilfe, die Sie erhalten haben. Bedanken Sie sich für das interessante Gespräch und die gelungene Party. Bedanken Sie sich für Selbstverständlichkeiten, wie die gute Betreuung und Beratung bei einem Autokauf. Sicherlich haben Sie für Ihr Auto viel Geld bezahlt. Dass Sie aber auch noch wichtige Anregungen für Details erhalten haben und das Verkaufsgespräch in so angenehmer Atmosphäre ablief, ist nicht selbstverständlich.

Wenn Sie sich für eine Idee, Anregung oder ein gutes Gespräch bedanken, sagen Sie das nicht nur so allgemein dahin, sondern *begründen Sie es genau*. Was hat das Gespräch bei Ihnen ausgelöst? Auf welche Ideen hat es Sie gebracht? Warum war es so angenehm?

Wenn Sie jemanden um eine Gefälligkeit gebeten haben, werden Sie kaum vergessen, sich zu bedanken. Bedanken Sie sich nicht nur für großartige Geschenke, sondern auch für die kleinen Gesten des Alltages. Vieles ist selbstverständlich. Wenn jemand einen Termin nicht wahrnehmen kann, muss er ihn rechtzeitig absagen. Das ist ein Gebot der Höflichkeit. Sie können sich aber trotzdem für die Absage bedanken.

Es ist Ihnen gelungen, mit dem anderen ein gutes Gespräch zu führen. Bedanken Sie sich. Sie haben einen Menschen begeistert, ihn motiviert und ihn zu einem bestimmten Verhalten veranlasst. Bedanken Sie sich. Bedanken Sie sich auch dann, wenn es Ihre kommunikative Fähigkeit war, die zu diesem Ergebnis geführt hat.

Sie bedanken sich dafür, dass der andere als Partner des Gesprächs »gedient« hat. Sie benötigen sozusagen den Resonanzboden des anderen, um Ihre Fähigkeiten zu entfalten. Der Mond benötigt die Sonne, um zu scheinen. Danken Sie ihm für seine Teilnahme an der Kommunikation, für sein Verständnis und seine emotionale Synchronisation. Danken Sie dem anderen für seine Beiträge, sein Zuhören und seine offenen Worte.

Tun Sie es mit den Worten und Begriffen, die dem Gespräch angemessen sind. Vor allen Dingen danken Sie in einer Form, die ein angemessener Ausdruck Ihrer inneren Dankbarkeit ist. Es nützt gar nichts und schadet oftmals sogar, *gehaltlose* Dankformeln auszusprechen.

Bei einem persönlichen Kontakt schauen Sie dem anderen in die Augen und sprechen Sie die Worte so, dass Ihre aufrichtigen Gefühle der Dankbarkeit glaubwürdig erkennbar sind. Wenn möglich, sollte dabei auch eine körperliche Berührung, etwa das Händeschütteln, stattfinden. Bei schriftlichen und fernmündlichen Danksagungen müssen sich noch ausführlicher begründen, warum und in welcher Form Sie die Gefälligkeit des anderen erfreut hat.

Im Gesprächskontakt bringen Sie Ihren Dank genau da an, wo er hingehört. Bedanken Sie sich nicht im Voraus, sondern in dem Moment, in dem Sie etwas von dem anderen erhalten haben. Es gibt einige Ausnahmen, bei denen ein Dank vorweg als Höflichkeitsformel durchaus angebracht ist. Grundsätzlich jedoch ist es passender, seinen Dank nach dem Erhalt der Gefälligkeit auszudrücken.

 Das richtige Bedanken ist eine Kunst im Umgang mit anderen Menschen. Es wird viel zu selten gepflegt und oftmals nachlässig durchgeführt.

Vorbilder, Coaches und Mentoren

Sie wollen Karriere machen und Erfolg haben. Das bedeutet aber nicht, dass Sie alles selbst regeln müssen. Sie sind mit der Networking-Idee vertraut und wissen, dass andere Menschen Ihnen auch behilflich sein können. Sie sind gut beraten, sich innerhalb Ihres Netzwerkes nach Vorbildern, Mentoren und Coaches umzusehen oder auch Personen, die für diese Aufgaben geeignet sind, in Ihr Netzwerk aufzunehmen.

Suchen Sie sich Vorbilder

Am einfachsten ist es, einen Menschen zu seinem Vorbild zu machen. Sie brauchen ihn nicht zu fragen, ob er Ihr Vorbild werden will. Sie müssen nicht einmal eine nähere Network-Beziehung zu ihm haben.

 Suchen Sie sich Ihre Vorbilder dort, wo Sie erfolgreich sein wollen.

Wenn Sie in Ihrem Unternehmen in die obere Führungsetage einziehen wollen, dann halten Sie dort nach Vorbildern Ausschau. Ein erfolgreicher Politiker, Beamter oder Unternehmensberater hätte es in Ihrem Unternehmen vielleicht nur bis zum Sachbearbeiter geschafft. Wollen Sie als Rechtsanwalt gutes Geld verdienen, orientieren Sie sich nicht an Juristen, die in den Vorstandsetagen der Großunternehmen sitzen. Schauen Sie auf die Kollegen, die genau in dieser Sparte Erfolg hatten. Die Spielregeln für den Erfolg sind in den verschiedenen Bereichen sehr unterschiedlich. Die Strategien müssen jeweils den dort herrschenden Bedingungen angepasst werden. Wählen Sie also für Ihren Karriereerfolg die *passenden* Vorbilder.

Wichtig ist, dass Sie die Verhaltensweisen nachahmen, die für den Erfolg Ihres Vorbildes verantwortlich sind. Eine bestimmte Anzugsmarke, eine Krawattenfarbe oder eine bestimmte Haartracht wird es ganz gewiss nicht sein. Eine große Rolle spielt sicherlich die Art, wie Ihr Vorbild kommuniziert. Auch das, was normalerweise im Hintergrund bleibt, die Arbeitstechnik und die private Lebensführung dieses Menschen, kann Ihnen als Vorbild für Ihr Erfolgsstreben dienen.

Ein Vorbild nachzuahmen meint natürlich nicht, einen anderen Menschen zu kopieren, sondern von ihm zu lernen. Ihr Chef ist Ihr großes Vorbild. Er begrüßt jeden Morgen alle seine Mitarbeiter mit einem freundlichen »Ich wünsche frohes Schaffen«. Lernen Sie von ihm, jedermann mit freundlicher Aufmerksamkeit zu begrüßen. Übernehmen Sie aber keinesfalls exakt seine Formulierung des Morgengrußes. Kopieren Sie nicht seinen Sprachklang, und machen Sie nicht seine Mimik und Gestik nach.

Sie können die offensichtliche Wirksamkeit von Vorbildern in vielen Unternehmen beobachten. Wenn die Sekretärin freundlich und höflich mit Gästen umgeht, verhält sich der Chef meist auch so, und umgekehrt.

Echte Mentoren sind selten

Mentoren zu finden ist schon etwas schwieriger. Ein Mentor ist ein Förderer und Fürsprecher, der diese Rolle auch aktiv ausfüllen muss. *Mentor* war nach der griechischen Sage der Lehrer des *Telemach*, des Sohnes von *Odysseus*, der ihn während dessen Abwesenheit unterrichtet und erzogen hat. Heute verstehen wir darunter etwas anderes.

 Mentoren sind die Personen, die innerhalb eines Systems die Macht und die Möglichkeit haben, andere Personen zu fördern.

So finden wir in Universitäten den Doktorvater, der die Doktoranden über die Promotion hinaus in ihrer Hochschulkarriere unterstützt. In der Politik lässt sich deutlich die Wirksamkeit von Mentoren erkennen, etwa wenn sehr junge Personen zu Ministern oder Staatssekretären ernannt werden. In verschiedenen Wirtschaftsbereichen gibt es ausdrückliche Mentorenprogramme, die den Führungsnachwuchs fördern sollen. Ältere Manager nehmen sich einzelner Nachwuchskräfte an. Insbesondere sind einige Projekte zur Förderung von Frauen unter dem Begriff »Mentoring« angetreten. Allerdings ist es fraglich, ob sich innerhalb organisierter Förderungsprogramme ein wirkliches Mentorenverhältnis entwickeln kann. Es wird in regelmäßigen Abständen einer Führungsperson eine Nachwuchskraft zugeteilt, die auf diese Weise Einsichten in den Management-Alltag erhält. Vieles, was »Mentoring« genannt wird, ist eher ein Trainee-Programm.

Sie müssen zwischen Mentorenprogrammen zur Förderung des Nachwuchses und persönlichen Mentorenverhältnissen unterscheiden. Wenn bestimmte Organisationen Mentorenprogramme ins Leben rufen, dann ist das eine organisierte Form der Qualifizierung von Führungskräften. Wenn aber ein Einzelner über längere Zeit die Karriere eines anderen fördert und unterstützt, dann handelt es sich um ein persönliches Mentorenverhältnis. Echte Mentoren sind selten. Dies funktioniert in einem Unternehmen nur dann, wenn der Mentor eine *sehr viel höhere* Position in der Hierarchie innehat. Denn ein Vorgesetzter fördert seinen unmittelbaren Mitarbeiter nur so weit, wie es für ihn und seine Abteilung nützlich ist. Eine erfolgreiche Förderung der Person heißt immer, dass er ihn verliert oder sogar aus seiner Position verdrängt wird. Eine andere Variante besteht darin, dass der Mentor in einem anderen Unternehmen tätig ist als der Mentee.

 Ein Mentor fördert seinen Schützling langfristig und persönlich.

Der Mentor erhält für seine Förderung kein Honorar. Aber wirklich umsonst tut er es auch nicht. Doktorväter fördern ihre Doktoranden, damit sich ihre wissenschaftliche Meinung verbreitet und ihr Renommee wächst. Politiker arbeiten lieber mit ihren Schützlingen zusammen als mit denen, auf die sie weniger Einfluss haben. Frauen fördern Frauen, um die Anzahl weiblicher Führungskräfte zu vergrößern.

Manager sind Mentoren für Nachwuchskräfte, weil sie Befriedigung aus der Rolle eines »Vaters«, Lehrers oder Vorbild ziehen.

All diese Motive für eine Mentorentätigkeit sind nicht unehrenhaft. Es liegt in der menschlichen Natur begründet, dass alles, was wir tun, auch motiviert ist. Anerkennung finden, Zustimmung suchen, Lehrmeinungen verbreiten und Macht aufrechterhalten sind als Motive genauso edel oder unedel wie die Erwartung, für eine Beratungsleistung Geld zu kassieren.

Mentor und Schützling müssen sich finden. Wer einen Mentor sucht, muss dies auch signalisieren. Und wer Mentor werden möchte, muss sich dazu ausdrücklich entschließen. So entwickelt sich allmählich ein Klima von Förderung und Förderungsbereitschaft. Der Schützling darf keine Berührungsängste oder Ängste vor einer Abhängigkeit entwickeln. Der Mentor ist bereit, Dinge zu tun, die nicht der unmittelbaren Förderung seiner eigenen Macht und des eigenen Ansehens dienen.

 Ob Sie nun die Rolle eines Mentors übernehmen wollen oder ob Sie einen Mentor suchen: Signalisieren Sie offen Ihre Bereitschaft.

Einen Coach können Sie kaufen

Ein »Coach« ist nach heutiger Definition etwas anderes als ein Mentor. Im Sport ist der Coach ein Trainer, der über das Training der sportlichen Leistungsfähigkeit hinaus seinen Sportler auch persönlich betreut. Der Coach ist niemals der bessere Sportler. Vielleicht war er es früher einmal. Der Mentor ist immer derjenige, der die Sache besser beherrscht und weiter gekommen ist als sein Schützling.

Coaches werden meist bezahlt. Sie trainieren Ihre beruflichen Fertigkeiten und Ihre persönlichen Fähigkeiten. Coaching ist irgendwo zwischen Organisationsberatung, Persönlichkeitsberatung und Psychotherapie angesiedelt. Coaching kann sich auf verschiedene Bereiche beziehen wie etwa Kommunikationsfähigkeit, Konfliktmanagement, allgemeine Führungsfähigkeiten, Persönlichkeitsentwicklung, Lebensführung und Gesundheitsbewusstsein. Sie können sich einen

Für das Training auf der Laufbahn Ihrer Karriere müssen Sie Ihren Coach auch noch bezahlen

Coach nehmen, der Ihre Networking-Fähigkeiten trainiert und Ihre Karriere begleitet. Sie können aber auch für kürzere Lernziele einen Coach engagieren, wie zum Beispiel für ein Vortrags- und Präsentationstraining.

Sie können einen oder mehrere Coaches haben. Ihr Coach kann aus Ihrem Unternehmen stammen oder völlig branchenfremd sein. In einem Coaching- oder Beratervertrag müssen Sie ein Honorar vereinbaren und die erwartete Leistung beschreiben. Vielleicht ist aber auch Ihr Großvater, Ihr Nachbar oder Ihr Freund bereit, für Sie umsonst den Coach zu spielen. Wenn Sie eine Förderung von einem Menschen ohne finanzielle Gegenleistung erhalten, dann kann das entweder ein Mentorenverhältnis oder ein Coaching sein. Ein Mentorenverhältnis ist es, wenn Ihr Förderer auch die Macht hat, Ihnen konkrete Vorteile zu verschaffen. Ein Coach vermittelt Ihnen lediglich Fähigkeiten und Fertigkeiten, mit deren Hilfe Sie Ihre Erfolgsziele besser erreichen.

Es wird in der Fachliteratur zurzeit heftig diskutiert, ob ein Personalvorgesetzter auch Coach sein soll oder nicht. Die Befürworter meinen, dass Mitarbeiterführung ein Coaching-Prozess ist. Sie argumentieren, zu den Führungsaufgaben gehöre auch die Aufgabe der Personalförderung. Aber der Coaching-Prozess besteht aus mehr als nur einer Förderung der Leistungsfähigkeit des Mitarbeiters. Beim Coaching-Prozess kommen immer auch sehr persönliche Dinge zur Sprache. Diese Aspekte sollten in Ihrem Dienstverhältnis zu Ihrem Vorgesetzten nicht berührt werden.

Es ist sehr viel leichter, einen Coach zu finden als einen Mentor. Sie müssen nur Ihr Problem genau definieren und dann eines der Institute oder Personen ansprechen, die Coaching-Leistungen anbieten.

Welcher Coach ist für Sie der richtige? Das ist schwierig zu beantworten, genauso schwierig wie die Auswahl des richtigen Psychotherapeuten und des richtigen Arztes. Die meisten Mediziner haben aber immerhin noch eine recht ähnliche naturwissenschaftliche Grundausbildung. Bei Psychologen, Psychotherapeuten und Coaches ist das nicht der Fall.

Beim Coaching geht es immer um eine Veränderung Ihrer Person und die Veränderung Ihrer Verhaltensweisen. Wie Verhaltensweisen zu verändern sind, darüber gibt es sehr unterschiedliche Meinungen. Sie stammen weitgehend aus der Psychologie und Psychotherapie und sind von den einzelnen Coaches zu verschiedenen Systemen ausgebaut worden. Hier ein paar Bespiele für unterschiedliche theoretische Ansichten, die dann auch zu verschiedenen praktischen Trainingsverfahren führen.

1. Die einen glauben, dass es bei der Veränderung von Verhaltensweisen zuerst auf das *richtige, vernünftige und rationale Wissen* ankommt.
2. Die anderen dagegen meinen, dass die *irrationalen Glaubenssätze* und Überzeugungen im Inneren eines jeden Menschen zuerst verändert werden müssen, ehe sein Verhalten sich ändert.
3. Eine dritte Ansicht gründet darauf, dass die *Veränderung der Wahrnehmung* die Grundlage jeder Verhaltensveränderung ist. Eingefahrene Wahrnehmungsmuster müssen verlassen werden. Die Sensibilität gegenüber der Realität soll sich verändern.
4. Wiederum andere Coaches legen großen Wert auf die *Willenskraft und die Vorsätze*, die einen Menschen antreiben. Hier werden Trainingspläne aufgestellt und mit nicht nachlassender Willensanstrengung immer wieder geübt.

5. Für manche Coaches sind die *Rahmenbedingungen des Systems,* in dem jemand lebt, entscheidend. Sie werden analysiert und der Gecoachte wird zu einer neuen Organisation seiner Arbeitstechniken und seiner Lebensführung veranlasst.
6. Eine weitere theoretische Grundannahme lautet: Veränderungen entstehen erst dann, wenn das *emotionale Erleben* verändert ist. Die Verarbeitung negativer Emotionen und die Steuerung des emotionalen Erlebens stehen hier im Vordergrund.
7. Wieder andere Coaches orientieren sich an der *Psychoanalyse*. Die verborgenen *unbewussten* Motive sind für sie entscheidend für alle Verhaltensweisen. Daher gilt es, unbewusste Kräfte zu erkennen, psychische Mechanismen zu entschlüsseln und Unbewusstes bewusst zu machen.

Wenn Sie einen Coach für sich auswählen, fragen Sie ihn, auf welcher psychologischen Theorie seine Strategie aufbaut.

Unterschiedliche Lehrmeinungen werden leider oft wie Glaubenskämpfe ausgetragen. Solche Diskussionen finden meist mit Fachbegriffen statt, die nur noch die Experten verstehen. Wenn ein Coach die Basis für seiner Handlungsstrategie nicht verständlich darstellen kann, besteht der Verdacht, dass er sie selbst nicht verstanden hat. Er sollte in der Lage sein, Ihnen seine Grundannahme über den Veränderungsprozess menschlichen Verhaltens verständlich erläutern zu können.

Vereinbaren Sie mit Ihrem Coach eine genaue Zielsetzung, und klären Sie, wann dieses Ziel erreicht ist.

Lassen Sie sich auf keine Verträge ein, bei denen das Ende eines Beratungsprozesses offen bleibt. Es bleibt Ihrem Coach unbenommen, Ihr Problembewusstsein im Laufe des Coaching-Prozesses zu erweitern. Es sollte aber Ihre eigene Entscheidung bleiben, ob Sie für die Bewältigung des neu entstandenen Problems weitere Coaching-Leistungen in Anspruch nehmen wollen.

Verlassen Sie sich bei der Auswahl Ihrer Coaches auf Ihr Gefühl.

Wenn nicht nach kurzer Zeit eine gewisse Vertrauensbasis und eine gewisse Sympathie herrscht, wird das Coaching nicht erfolgreich sein. Der Anbietermarkt von Coaches ist sehr groß. Wählen Sie nach den Unterlagen Berater aus, die für Ihr Problem fachlich qualifiziert sind. Sodann vereinbaren Sie mit mehreren Bewerbern ein persönliches Kontaktgespräch. Versuchen Sie, über Ihr Netzwerk Auskünfte und Referenzen zu erhalten.

Sie können natürlich auch einen Coach finden, den Sie nicht mit Geld, sondern mit einer Gegenleistung honorieren. Suchen Sie einen solchen Coach allerdings nicht unter denjenigen, die Coaching im Hauptberuf betreiben. In Industrie- und Handelskammern, Vereinen und Verbänden gibt es Mitteilungsblätter, in denen Sie inserieren können: »Ich biete Ihnen Unterstützung bei Reden und Präsentationen an und suche als Gegenleistung Beratung und Hilfe für Verhandlungsführung mit japanischen Geschäftspartnern.« Je genauer und branchenspezifischer Sie Ihr Angebot und Ihre Nachfrage formulieren, desto größer ist die Chance, einen geeigneten Partner zu finden.

Jedes Mitglied Ihres Netzwerkes kann natürlich für Sie ein Coach werden. Bedenken Sie aber immer, dass ein längerfristiger Beratungsprozess niemals umsonst zu haben ist. Überlegen Sie sich selbst, was Sie als Gegenleistung anbieten können.

Kapitel 9

Zwölf wichtige Regeln für Ihr Networking

Abschließend möchte ich Ihnen zwölf hilfreiche Regeln nennen, mit denen Sie Ihr Networking zum Erfolg führen:

1. Machen Sie Gespräche zu einem Erlebnis. Kontakte sind immer kommunikative Begegnungen, die von Ihren Worten und Ihrer Körpersprache leben. Werden Sie zum Kommunikationsprofi. Lernen und praktizieren Sie die feinen Unterschiede der verschiedenen Gesprächsarten.

Reden ist Gold, Schweigen ist Silber. Schweigen Sie nur dann, wenn Sie aufmerksam zuhören. Nur wenn Sie auf andere zugehen und etwas sagen, werden Sie auch Menschen kennen lernen. Reden Sie nicht blind drauflos und quasseln Sie kein dummes Zeug. Das, was Sie sagen, muss immer positiv sein und Ihr Gegenüber persönlich betreffen. Überlegen Sie, was für die Situation und den Gesprächsablauf passend ist. Unterscheiden Sie sich in dem, was Sie sagen, von anderen. Seien Sie prägnant. Erzählen Sie Geschichten. Unterhalten Sie andere, indem Sie kleine Ereignisse emotional ansprechend darstellen.

2. Seien Sie aufmerksam und dem anderen zugewandt. Wenden Sie sich jedem Menschen mit voller Aufmerksamkeit zu. Schauen Sie ihn an, und lassen Sie ihn Ihr Interesse und Ihre Anteilnahme auch spüren. Interessiert zu fragen ist besser, als das Gegenüber mit Feststellungen zuzuschütten. Ihr Interesse an dem anderen darf nicht taktlos sein und dadurch seine Intimsphäre verletzen. Seien Sie immer ein guter und interessierter Zuhörer.

3. Geben Sie sich immer wohlwollend und positiv. Negative Kritik hat beim Erstkontakt nichts zu suchen. Geben Sie dem anderen auch keine ungebetenen Ratschläge. Wenn Sie ihm sagen, was er tun soll, benennen Sie zugleich, was er bisher falsch gemacht hat. In einer längerfristigen Beziehung haben Kritik und Ratschläge einen anderen Stellenwert. Sie sind dann möglich, wenn eine stabile emotionale Basis für die Beziehung besteht.

4. Stellen Sie sich gekonnt vor. Lernen Sie, sich einprägsam vorzustellen. *Wie* Sie das genau machen, sagt viel über Sie aus. Haben Sie den Mut, sich anderen zu präsentieren. Wenn Sie bemerkt werden und bekannt sind, können Sie mühelos Ihre Kontakte vervielfältigen. »Bescheidenheit« ist nicht das richtige Wort für Ihre Selbstdarstellung. Sie darf niemals übertrieben oder peinlich sein. Sie sollte aber auch nicht zu schüchtern und abwehrend, also zu bescheiden ausfallen.

5. Suchen Sie Gemeinsamkeiten. Gegensätze ziehen sich niemals an. Erst Gemeinsamkeiten stellen die Brücke zum anderen her: Herkunft, Interessen, Tätigkeiten, Wünsche, Vorstellungen, Erlebnisse und Erfahrungen. Tauschen Sie Ihre Adresse und Visitenkarte dann aus, wenn Sie die ersten Anzeichen von Gemeinsamkeiten entdeckt haben. Versuchen Sie in jedem Kontakt und in jedem Gespräch weitere Gemeinsamkeiten zu finden und zu vertiefen.

6. Werden Sie Meister im Small Talk. Die kleine Unterhaltung dient dazu, sich kennen zu lernen, Kontakte aufrechtzuerhalten und ernsthafte Gespräche vorzubereiten. Beim Small Talk geht es niemals darum, Probleme zu diskutieren oder Konflikte zu lösen. Meiden Sie kontroverse Themen der Politik, Religion und Weltanschauung. Machen Sie auch keine Witze auf Kosten anderer. Humor ist nur dann angebracht, wenn er positiv und unterhaltend wirkt. Small Talk ist die einzige Gesprächsart, die nur bei positiver emotionaler Grundstimmung funktionieren kann.

7. Bleiben Sie im Kontakt mit anderen. Stellen Sie zu den Menschen, die Sie kennen gelernt haben, immer wieder eine Verbindung her. Die

Mittel dazu sind vielfältig: telefonieren, schreiben, treffen und besuchen. Treten Sie immer wieder mit dem anderen in Kontakt, auch wenn Sie ihm nichts verkaufen wollen und kein konkretes Anliegen haben. Erst wenn Sie Kontakte der Kontakte wegen pflegen, werden daraus Beziehungen.

8. Bedanken Sie sich. Für alles, was Sie erhalten, sollten Sie sich bedanken: eine Einladung, die Teilnahme an einem Essen, ein interessantes Gespräch, wichtige Informationen, nützliche Tipps und Ratschläge, Präsente und alle anderen »Kleinigkeiten«. Bedanken Sie sich aber niemals, bevor Sie etwas erhalten haben, sondern immer danach. Bedanken Sie sich nicht pauschal, sondern konkret mit einer detaillierten Beschreibung, welchen Wert das Erhaltene für Sie hat. Benutzen Sie das Bedanken auch als Anlass, den Kontakt zu Personen herzustellen.

9. Reden Sie nicht schlecht über andere. Negativer Klatsch und Tratsch ist manchmal recht vergnüglich und schafft eine Gemeinsamkeit mit dem Gesprächspartner. Sie erhalten dafür aber im Endeffekt nur Minuspunkte: von Ihrem Gesprächspartner und von dem Objekt Ihres Tratsches, wenn derjenige davon erfährt.

10. Machen Sie Komplimente, und nehmen Sie Komplimente an. Komplimente zu machen bedeutet nicht, leere Schmeicheleien zu verteilen. Suchen und finden Sie bei den Menschen positive Eigenschaften und Verhaltensweisen, und sagen Sie ihnen, wie sehr Sie sie schätzen. Weisen Sie Komplimente, die andere machen, nicht zurück oder werten Sie sie ab. Da Sie ehrlich erfreut sind, zeigen Sie es auch und bedanken sich für das Kompliment.

11. Vermitteln Sie Kontakte. Wer Networking betreibt, will nicht nur selbst Kontakte haben, sondern soll immer auch anderen Kontakte vermitteln. Überprüfen Sie ständig die Mitglieder Ihres Netzwerkes, um Verbindungen unter Ihnen herzustellen. Wer könnte sich für wen interessieren? Wer könnte für wen ein Problem lösen? Wenn Sie selbst einen Kontakt vermittelt bekommen haben, halten Sie den Vermittler über den Verlauf der Beziehung zu dieser Person auf dem Laufenden.

12. Fragen Sie andere um Rat und Hilfe. Über Networking können Sie nicht nur Menschen kennen lernen und Kontakte pflegen. Networking basiert auf dem Gegenseitigkeitsprinzip von Rat, Hilfe und Unterstützung. Haben Sie auch den Mut, die Mitglieder Ihres Netzwerkes sozialer Beziehungen um etwas zu bitten. Beachten Sie aber, dass einige Menschen vom Verkauf ihrer Informationen leben. Sie können nicht erwarten, durch Networking jeden Rat umsonst zu bekommen.

Anhang:
Informationen, die weiterhelfen

Üblicherweise erhalten Sie in einem Fachbuch an dieser Stelle eine Reihe von Daten und Fakten: Büchertitel, Namen und Adressen. Nun haben wir heute mit dem Internet ein Medium, das unseren gesamten Umgang mit Informationen tiefgreifend verändert. Listen von Buchtiteln und Adressen sind sehr schnell nicht mehr aktuell. Deswegen ist es besser, derartige Informationen im Internet abzufragen.

Neben einigen Buchtiteln finden Sie hier ein paar kurze Hinweise, was Sie bei der Informationsbeschaffung im Internet beachten müssen. Abschließend soll Ihnen eine Liste von Stichwortgruppen bei Ihrer Recherche helfen.

Bücher

Sie wollen das Thema »Networking« sicher nicht wissenschaftlich angehen. Wenn Sie dieses Buch hier gelesen haben, müssen Sie für Ihre praktische Anwendung nicht unbedingt noch weitere Werke durcharbeiten. Ich habe sehr viele Bücher zu diesem Thema gelesen und alle wichtigen Einsichten und Empfehlungen aufgenommen und für Sie aufbereitet.

Wenn Sie das Thema »Networking« vertiefen wollen, folgen Sie bitte den anschließenden Empfehlungen. Sie umfasssen auch die im Buch zitierten Titel.

Carnegie, Dale: Wie man Freunde gewinnt. Zürich, Stuttgart 1966.
Ellis, Albert: Training der Gefühle. Wie Sie sich hartnäckig weigern, unglücklich zu sein. Landsberg 1998.
Fey, Gudrun: Kontakte knüpfen und beruflich nutzen. Erfolgreiches Netzwerken. Regensburg, Düsseldorf 1999.

Goleman, Daniel: Emotionale Intelligenz. München, Wien 1996.
Goleman, Daniel: EQ². Der Erfolgsquotient. München, Wien 1999.
Gottman, John: Laß uns einfach glücklich sein. Der Schlüssel zu einer harmonischen Partnerschaft. München 1998.
Gross, Stefan F.: Beziehungs-Intelligenz. Talent und Brillanz im Umgang mit Menschen. Landsberg 1997.
Jung, Carl Gustav: Gesammelte Werke. Düsseldorf 1995.
Knigge, Adolph Freiherr von: Über den Umgang mit Menschen. (Erstmals erschienen: 1790) Frankfurt 1977.
Mackay, Harvey: Networking. Das Buch über die Kunst, Beziehungen aufzubauen und zu nutzen. Düsseldorf, München 1997.
Molcho, Samy: Körpersprache als Dialog. Ganzheitliche Kommunikation in Beruf und Alltag. München 1988.
RoAne, Susan: Natürlich zum Erfolg. Networking, der smarte Weg, ein dichtes Kommunikations- und Beziehungsnetz zu knüpfen. Landsberg 1997.
Saiger, Helmut: Die Zukunft der Arbeit liegt nicht im Beruf. Neue Beschäftigungs- und Lebensmodelle. München 1998.
Scheler, Uwe: Informationen präsentieren. Offenbach 1997.
Scheler, Uwe: Management der Emotionen. Emotionale Intelligenz umsetzen mit 22 Übungen. Offenbach 1999.
Scheler, Uwe: Networking, in: Flockenhaus, Ute (Hrsg.): Zukunftsmanagement. Trainings-Perspektiven für das 21. Jahrhundert. Offenbach 1999.
Scheler, Uwe: Vortragsfolien und Präsentationsmaterialien planen, gestalten, herstellen. Wien 1996.
Schulz von Thun, Friedemann: Miteinander reden. Das »Innere Team« und situationsgerechte Kommunikation. Hamburg 1998.
Schulz von Thun, Friedemann: Miteinander reden: Störungen und Klärungen. Psychologie der zwischenmenschlichen Kommunikation. Hamburg 1981.
Schur, Wolfgang: Wahnsinnskarriere. Wie Karrieremacher tricksen, was sie opfern, wie sie aufsteigen. Frankfurt/M. 1999.
Sternberg, Robert J.: Erfolgsintelligenz. Warum wir mehr brauchen als IQ und EQ. München 1998.
Tullier, Michelle L.: Networking for Everyone. Contacting with People for Career and Job Success. Indianapolis 1998.
Watzlawick, Paul u. a.: Menschliche Kommunikation. Formen, Störungen, Paradoxien. Bern, Stuttgart, Wien 1974.
Wolf, Inge: Business-Knigge von A bis Z. Niedernhausen 1997.
Wolf, Kirsten: Karriere durch Networking. Erfolgreiche Beziehungen knüpfen im Beruf. Niedernhausen 1999.

Seminare und Coaching zum Buch

Das vorliegende Buch bietet Ihnen alle Grundinformationen für ein erfolgreiches Networking. Wenn Sie selbst Networking zu Ihrem Erfolgsfaktor machen wollen, können Sie den Autor

Prof. Dr. Uwe Scheler

auch zu Ihrem Coach machen. Sie erhalten von ihm individuelle Beratung und ein auf Ihre Person zugeschnittenes Training in allen Fragen des Networking. Auch Einzeltrainings und Coachings für die Aufgaben *Präsentieren* und *Vortragen* sind im Angebot enthalten.

Übrigens: Coaching ist unter bestimmten Voraussetzungen auch als Telefonberatung möglich.

Wenden Sie sich für nähere Informationen an das

Institut für Vortragstraining und Präsentationen (IVP)
Richard-Zanders-Straße 54
51469 Bergisch Gladbach
Fax: (0 22 02) 4 23 14

Oder direkt an den Autor: *www.uwe-scheler.de*,
E-Mail: *u.scheler@onlinehome.de*

David Allen
Wie ich die Dinge geregelt kriege
Selbstmanagement für den Alltag. Aus dem Amerikanischen von Helmut Reuter. 315 Seiten. Serie Piper

Jeder klagt darüber: Zuviel Arbeit und zuwenig Zeit. Doch wie organisiere ich meine tägliche Arbeit so, daß ich leistungsfähig und effizient bin, ohne mich dabei kaputtzumachen, ja dabei sogar noch Spaß habe? Ob es nun um die Bewältigung der täglichen E-Mail-Flut geht oder um das Jonglieren mit eiligen Terminen: Mit ganz einfachen, anwendungsorientierten Strategien zeigt David Allen, wie man seinen Alltag in den Griff bekommt. Sein Schlüsselwort wird jeder gerne hören: Entspannung. Wer entspannt und überlegt seinen Tag angeht, wird kreativer, effizienter und wirklich produktiv sein.

Annette Simmons
Mit guten Geschichten Menschen gewinnen
Der Story-Faktor. Aus dem Amerikanischen von Ursula Held. 279 Seiten. Serie Piper

Mit einer guten Geschichte können Sie Menschen für sich gewinnen – sei es bei der Mitarbeiterführung, im Verkaufs- oder Verhandlungsgespräch oder bei der PR-Arbeit. Annette Simmons erklärt die psychologische Wirkung von Geschichten und zeigt, wie Sie auch unwillige und desinteressierte Menschen begeistern und motivieren können. Sie überzeugt nicht zuletzt, indem sie selbst eine Fülle von Geschichten erzählt, von denen jeder Leser sofort profitieren kann.

»Durch Stories sehen wir die Welt. Wenn eine Story unser Herz und Hirn bewegt, dann hat sie in uns eine Bereitschaft geschaffen, etwas zu verändern.«
Vera F. Birkenbihl

SERIE PIPER

Richard Stengel
Handbuch für Schmeichler & Arschkriecher
Aus dem Amerikanischen von Karin Schuler. 363 Seiten. Serie Piper

Schmeicheln ist, das hat der amerikanische Journalist und Politikberater Richard Stengel herausgefunden, der Kitt, der die Gesellschaft zusammenhält. Aber – man muß wissen, wie! Sonst wird es gefährlich, oder noch schlimmer: Es wird peinlich ... In seinem amüsanten Streifzug durch die Geschichte dieser alten Kunst zeigt Stengel, wie man es richtig macht. Ob Pharao, Kaiser, Staatschef oder unser Boß: Niemand ist immun, alle brauchen sie die geschickte und intelligente Schmeichelei. Und: Wir brauchen die Chefs! Also – rauf auf die Schleimspur und nicht ausrutschen!

»Stengels facettenreiche Kulturgeschichte der Schmeichelei schafft die selbstironische Gratwanderung zwischen unterhaltsam Informieren und fundiert Ratgeber-Spielen. Mein Kompliment!«
Norddeutscher Rundfunk

Robert B. Reich
The Future of Success
Wie wir morgen arbeiten werden. Mit einer Einleitung des Autors zur deutschen Ausgabe. Aus dem Amerikanischen von Wolfgang Buchalla. 415 Seiten. Serie Piper

Die Wirtschaft befindet sich in einem radikalen Umbruch. Neue Arbeitsfelder mit neuen Herausforderungen entstehen. Alles soll schneller, billiger, kundenorientierter werden. Diese Entwicklung fordert von jedem einzelnen äußersten Einsatz. Wie werden wir in Zukunft arbeiten? Werden wir unter den Vorzeichen der neuen Wirtschaft leben können wie bisher? Oder drohen die Diktatur der Arbeit und der zunehmende Druck, den jeder von uns spürt, unser soziales Umfeld und das private Glück zu zerstören?

Robert B. Reich, einer der einflußreichsten Wirtschaftswissenschaftler der Welt, analysiert, was geschehen muß, damit wir, als einzelne wie die westliche Gesellschaft insgesamt, Erfolg haben können – ohne uns zu zerstören.

Wolfgang Stehling
Ja zum Stress
Höchstleistungen bringen und im inneren Gleichgewicht bleiben.
145 Seiten. Serie Piper

»Ja zum Stress« ist ein Ratgeber, der gerade beruflich stark engagierten Menschen Wege zeigt, wie sie die täglichen Herausforderungen bewältigen und ihre Leistungsfähigkeit steigern können, ohne die Gesundheit zu gefährden. Wolfgang Stehling erklärt die drei Säulen im Umgang mit Stress – Konzentration, Ziele setzen und Gelassenheit. So schafft man die Basis für ein erfülltes und erfolgreiches Leben, beruflich und privat.

»Eine leicht verständliche Anleitung, wie man schädlichen Reaktionsmustern auf die Schliche kommt.«
Capital

Roman Braun
Die Macht der Rhetorik
Besser reden – mehr erreichen.
284 Seiten. Serie Piper

Die Qualität Ihrer Kommunikation bestimmt Ihren beruflichen Erfolg, Ihre Zufriedenheit und Ihr Lebensglück. Entscheidend ist, wie Sie Ihre Qualitäten präsentieren, Konflikte lösen und Beziehungen aufbauen. Profitieren Sie vom Rhetorik-Know-how der letzten 2500 Jahre, von Aristoteles bis zur Hypno-Rhetorik®. In diesem Buch zeigt Roman Braun Ihnen nicht nur die zehn Einsteiger-Tipps, sondern auch bewährte und innovative Wege zur Rhetorik für Fortgeschrittene.

»So wünscht man sich einen Ratgeber: konsequent praktisch aufbereitete Tipps, die zur sofortigen Umsetzung einladen, illustriert mit Fallbeispielen, die das Thema nachvollziehbar und plastisch machen, und das alles flott und mit viel Hintergrundwissen verfasst. Absolut vorbildlich.«
Zeit zu leben

SERIE PIPER

Elisabeth Haberleitner, Elisabeth Deistler, Robert Ungvari

Führen, Fördern, Coachen

So entwickeln Sie die Potentiale Ihrer Mitarbeiter. 267 Seiten.
Serie Piper

Führungskräfte haben es schwer! Unter den ständig wachsenden Anforderungen haben herkömmliche Führungsmodelle längst ausgedient. Leitende Angestellte müssen heute qualifizierte Begleiter ihrer Mitarbeiter sein. Coaching ist eine Führungsmethode, die Selbstverantwortung und unternehmerisches Denken der Mitarbeiter fördert. Ausführliche Beispieldialoge und zahlreiche praktische Hinweise zu typischen Coaching-Situationen klären grundsätzliche Fragen: Wem nützt Coaching? Wonach fragt der Coach? Wie ist der Ablauf eines Coachingprozesses? Ein wertvoller Ratgeber im Führungsalltag.

»Wer wissen will, wie Coaching im Unternehmensalltag funktioniert, sollte sich diesen Ratgeber zulegen.«
Wirtschaftsblatt

Fritz Maywald

Phantasie und Management

Wege zum kreativen Bewußt-Sein.
224 Seiten. Serie Piper

Schöpferisch-Sein ist keine Auszeichnung nur ganz weniger großer Geister. Jeder kann kreativ sein und sollte diese Fähigkeit für sich und sein Unternehmen nutzen. Was Kreativität eigentlich ist und wie sie fruchtbar werden kann, veranschaulicht Fritz Maywald in seinem Buch: Nur wer auf den subtilen, plötzlichen Impuls von unerwarteter Seite hört und seiner eigenen inneren Vision folgt, kann bisher Unentdecktes offenlegen und neue Wege gehen. Die notwendigen Kräfte sind in jedem Menschen vorhanden und müssen nur entdeckt und freigesetzt werden. Praktische Übungen geben konkrete Anleitungen, die eigene Kreativität bewußt zu machen und sie nutzbringend im Beruf und im Privatleben einzusetzen.

Nathaniel Branden
Die 6 Säulen des Selbstwertgefühls
Erfolgreich und zufrieden durch ein starkes Selbst. Aus dem Amerikanischen von Anni Pott.
355 Seiten. Serie Piper

Ein stabiles Selbstwertgefühl und positive Ausstrahlung sind entscheidende Voraussetzungen für privaten und beruflichen Erfolg. Die Selbstwahrnehmung der eigenen Stärken und Schwächen beeinflußt tatsächlich jeden Moment der persönlichen Existenz. Leider ist man sich jedoch selbst am meisten im Weg und verhindert dadurch Zufriedenheit und Erfolg. Wer den Weg zu einem gesunden Selbstwertgefühl sucht, findet den Schlüssel dazu in diesem Buch. Nathaniel Branden stellt die Grundprinzipien vor, die zu innerer Stärke, Gleichgewicht und Harmonie führen. Anhand vieler Beispiele und Übungen zeigt der Erfinder des modernen Begriffs des Selbstwertgefühls, wie Sie dies in Ihrem eigenen Leben umsetzen können.

Fritz Maywald
Der Narr und das Management
Leistungssteigerung im Unternehmen zwischen Shareholder Value und sozialer Verantwortung.
203 Seiten. Serie Piper

Fritz Maywald entdeckt den Narren für das Management: Der Narr ist sowohl Symbol für Lust an der Veränderung als auch für Kreativität und Engagement. Er sieht klar und ungetrübt, denn er kümmert sich nicht um die gegebenen Zwänge. Alles Eigenschaften, die für ein zukunftsweisendes Management unerläßlich sind: Denn Veränderung heißt, Bedenkenträger hinter sich zu lassen, eingefahrene Geschäftsprozesse kritisch zu analysieren und neue Wege zu beschreiten. Dafür sind mutige und erfinderische Mitarbeiter gefragt. Die praktische Klugheit des Narren, seine Unerschrockenheit und seine Unabhängigkeit stehen in Analogie zu den Anforderungen an den Manager, der innovative Prozesse in Unternehmen befördern soll. Man kann ihn Joker nennen – oder noch besser: Veränderungsmanager.

SERIE PIPER

Jürgen Lürssen
Die heimlichen Spielregeln der Karriere
Wie Sie die ungeschriebenen Gesetze am Arbeitsplatz für Ihren Erfolg nutzen. 224 Seiten. Serie Piper

Erfolg und Karriere resultieren nur zu 10 Prozent aus fachlicher Kompetenz – zu 90 Prozent werden sie von anderen Faktoren bestimmt. Dieser erfolgreiche Ratgeber zeigt, über welche Fähigkeiten und Kenntnisse man verfügen sollte, um die heimlichen Spielregeln im Betrieb zu durchschauen und Einfluß zu gewinnen. Vom kleinen Einmaleins der Büropolitik über das Verhältnis zu Chef und Kollegen, den Umgang mit Informationen bis hin zur Kunst, andere zu überzeugen und Macht zu gewinnen – diese zentralen Punkte für die Karriereleiter erläutert Jürgen Lürssen umfassend, anschaulich und amüsant.

Richard R. Gesteland
Global Business Behaviour
Erfolgreiches Verhalten und Verhandeln im internationalen Geschäft. 272 Seiten. Serie Piper

Parallel mit der Globalisierung wächst die Zahl der Menschen, die auf den Schauplätzen des Welthandels zurechtkommen müssen. Viele Verträge scheitern immer noch an der Unkenntnis über die kulturellen Sitten des Partners. Denn nicht nur, was gesagt wird, ist ausschlaggebend, sondern auch, wie man sich dabei verhält. Der Autor listet auf der Basis von Länderporträts viele wichtige Details auf, so daß Geschäftsreisende die manchmal frappierenden Unterschiede im globalen Geschäftsgebaren erkennen und darauf reagieren können.

»Gangbare Wege durch die kulturellen Minenfelder. So klappt's auch mit den Chinesen! Nützliche Anleitungen für Manager, Verkäufer und Jobsucher, die im internationalen Geschäft erfolgreich sein wollen.«
manager magazin

Hermann Simon (Hg.)
Geistreiches für Manager
374 Seiten. Serie Piper

Führungskräfte und Unternehmer müssen Vorträge halten, referieren, kommunizieren. Gut vorbereitet oder spontan – ein treffendes Zitat an richtiger Stelle kann da nur hilfreich sein, denn in vielen Aphorismen steckt hochverdichtete Wahrheit über die wesentlichen Probleme menschlicher Interaktion. Sei es Platon, Aristoteles, Seneca oder Konfuzius – die Aussagen und Wahrheiten großer Denker überdauern die Zeiten und bleiben aktuell wie eh und je.

Ob besonderer Einstieg in einen Vortrag oder überraschende Pointe, die das Publikum zum Schmunzeln bringt – hier werden Manager fündig.

Michael Dell mit
Catherine Fredman
Direkt von Dell
Die Erfolgsstrategie eines Branchenrevolutionärs. Aus dem Englischen von Frank Baeseler. 269 Seiten. Serie Piper

Die Zahlen sind mehr als beeindruckend: Gewinne und Umsätze von Dell Computer brechen schon seit Jahren alle Rekorde. Auch auf den Hitlisten der Wirtschaftsmagazine steht Dell ganz oben. Worin liegt das Erfolgsgeheimnis von Dell? Gegründet wurde das Unternehmen 1984 von Michael Dell, der auch heute noch die Fäden in der Hand hält. Seitdem setzt das Unternehmen auf den Direktvertrieb über Telefon, Fax und Internet sowie auf die Erfüllung individueller Kundenwünsche – jeder gelieferte PC ist praktisch ein Unikat. In diesem Buch erläutert Michael Dell sein Strategiekonzept, das direkte Geschäftsmodell, das die gesamte Computerindustrie revolutioniert hat. Unternehmer und Manager aller Branchen finden hier wertvolle Anregungen für ihre Geschäftstätigkeit.

Helma Sick
frau & geld
Ein Finanzratgeber.
Aktualisierte Neuausgabe.
174 Seiten. Serie Piper

Emanzipation ohne finanzielle Unabhängigkeit gibt es nicht. Und doch haben immer noch viele Frauen eine tief verwurzelte Scheu vor dem Thema Geld, vor nüchterner, selbstbewußter Finanzplanung. Helma Sick gibt engagiert und gut verständlich Auskunft: über den richtigen Umgang mit Geld, über Altersvorsorge, Vermögensplanung und sinnvolle Geldanlagen für jede Lebensphase. Für die aktualisierte Neuausgabe hat die Autorin alle Informationen, darunter zur Steuer- und Rentenpolitik, auf den neuesten Stand gebracht.

»Ein überaus nützliches, aber auch spannendes Buch, weil Helma Sick Frauen klarmacht, warum Geld nicht länger ein Tabu-Thema sein darf.«
Brigitte

Helma Sick
Wie frau sich bettet
Wege zum Wohlstand im Alter.
Aktualisierte Neuausgabe.
173 Seiten. Serie Piper

Altersvorsorge – ein trockenes Thema? Nicht bei Helma Sick. Die bekannte Münchner Finanzberaterin und »Brigitte«-Kolumnistin schreibt engagiert und spannend, warum Altersvorsorge gerade für Frauen so wichtig ist, und gibt wichtige, konkrete Tips für Frauen in jeder Lebensphase. Am Ende dieses Buches weiß frau, welche Anlagestrategien garantiert zum Erfolg führen, welche Geldanlagen gemieden werden sollten und was gute von weniger guten Beratern unterscheidet. Interessante Geschichten rund ums Geld und viele praktische Beispiele machen das Buch nicht nur zu einem unentbehrlichen Ratgeber bei der Vermögensplanung, sondern auch zu einem echten Lesevergnügen.
Der erfolgreiche Ratgeber der »Brigitte«-Finanzexpertin in aktualisierter Neuausgabe.

Deborah Tannen

Warum sagen Sie nicht, was Sie meinen?

Jobtalk – wie Sie lernen, am Arbeitsplatz miteinander zu reden. Aus dem Amerikanischen von Maren Klostermann und Michael Benthack. 447 Seiten. Serie Piper

Sie haben ein Gespräch mit Ihrem Vorgesetzten geführt und konnten Ihren Standpunkt nicht überzeugend vertreten? Sie haben als Chefin den Abschlußbericht eines Angestellten gelesen, wissen aber nicht, wie Sie Ihre Kritik am besten verpacken sollen? Oder sind die Gehaltsverhandlungen für Sie wieder einmal mehr als unbefriedigend verlaufen? Nicht nur in Gesprächen im Privatleben, sondern auch am Arbeitsplatz spielen Muster und Rituale eine große Rolle. Deborah Tannen zeigt Wege auf, wie man diese Muster durchbrechen und zu einer erfolgreichen und positiven Verständigung gelangen kann.

Elizabeth Perle McKenna

Wenn Arbeit nur noch Arbeit ist

Frauen, Beruf und Identität. Aus dem Amerikanischen von Juliane Gräbener-Müller. 335 Seiten. Serie Piper

Millionen von Frauen sind zunächst mit Schwung und Optimismus in ihren Beruf gegangen, haben Erfüllung in ihrer Arbeit gefunden, ihre Chancen genutzt und sich eine Position erobert. Zehn, zwanzig Jahre später geraten viele von ihnen in eine Krise, die scheinbar ausweglos ist: Alles ist zu viel! Und das Ganze ist zu wenig! Für diese Frauen hat Elizabeth Perle McKenna ihr Buch geschrieben. Als sie nach jahrzehntelanger erfolgreicher Tätigkeit als Verlagsmanagerin alles plötzlich nur noch stressig und sinnlos fand, fing sie an, andere Frauen zu befragen, entdeckte ähnliche Erlebnisweisen, recherchierte und fand schließlich eine Reihe von Regeln für die weibliche Arbeitswelt. Frauen müssen aufhören, sich immer nur anzupassen und »gute Mädchen« zu sein. Sie müssen lernen, nein zu sagen.

SERIE PIPER

Werner Tiki Küstenmacher
mit Lothar J. Seiwert
SIMPLIFY YOUR LIFE
Einfacher und glücklicher leben
2004 · 388 Seiten · Gebunden
ISBN 3-593-37441-2

Der aktualisierte Bestseller

Leiden auch Sie unter der Kompliziertheit des Lebens? Dann sollten Sie den einzigartigen simplify-Prozess kennenlernen! Man beginnt die Reise zur Vereinfachung in sieben Etappen mit dem Aufräumen des Schreibtischs und der Organisation der Zeit, gelangt dann zu den sozialen Beziehungen und bringt seine Geldangelegenheiten in Ordnung. Schließlich führt der Weg weiter zu Körper und Gesundheit und endet bei der Frage nach dem Selbst und dem Sinn des Lebens.

»Das Buch hilft beim Entrümpeln, Entwirren und Neueinrichten des Lebens.« *Stern*

AUCH ALS HÖRBUCH!
2004 · 2 CDs · 140 Min. ISBN 3-593-37441-2

Gerne schicken wir Ihnen unsere aktuellen Prospekte:
vertrieb@campus.de · www.campus.de